KB036846

자연의 위반에서 자연의 유희로

자연의 위반에서 자연의 유희로

— 계몽주의와 낭만주의 시기 프랑스의 괴물논쟁

이충훈

도서출판 b

동서고금을 막론하고 좀처럼 잠자리에 들지 않으려는 아이들에게 괴물이 온다는 으름장만큼 잘 통하는 것이 없다. 체액설을 주장하는 고대 의학이라면 이 놀라운 효과를 뜨거워진 피를 식혀 진정시키는 요법의 한가지로 볼 것이다. 고대 로마 시대의 의사 갈레노스는 피에 수분이 많은 동물은 그렇지 않은 동물보다 겁이 많은데, 그 이유는 "공포가 피를 차갑게 하기 때문"[1]이라고 말했다. 무서운 이야기를 들을 때 오싹하는 느낌을 받는다면 다소 강한 심리적 자극이 피에 작용하여

. .

1. Galien, *Œuvres anatomiques, physiologiques et médicales*, t. I, éd. Ch. Darem berg, Paris, J.−B. Baillière, 1854, p. 69.

열을 빼앗는다는 논리이다. 사실 근대에 이르기까지 대부분의 의학 요법은 과잉이나 과소 상태에 빠진 신체의 구성 요소들의 불균형을 바로잡고자 하는 일이었다. 그러니 피가 뜨거워져서 흥분 상태에 놓이면 식혀주고, 과잉의 피나 오염된 피가 문제라면 사혈瀉血하여 몸 밖으로 내보내면 된다.

물론 무엇이든 지나치면 독이 된다. 19세기 독일 작가 E. T. A. 호프만의 환상소설 『모래 사나이』의 경우가 그 대표적인 예이다. 주인공 나타나엘의 어머니는 아이들을 일찍 재우려고 "모래 사나이가 온다"라는 말로 겁을 준다. 하녀가 모래 사나이의 이야기를 보다 생생하게 들려주자 어린 나타나엘의 두려움은 더욱 커진다. 하녀에 따르면 모래 사나이가 아이들의 눈을 자루에 담아 제집으로 가져가면, 그의 아이들은 "올빼미같이 갈고리처럼 생긴 부리로다가 말 안 듣는 아이들 눈을 콕콕 쪼아 먹어"[2]버린다고 을러댄다. "눈을 콕콕 쪼아 먹어버린다

· ·

2. "[…] 그런 밤이면 어머니는 매우 슬퍼하셨고, 9시만 되면 곧 "애들아, 이제 자러 가거라. 모래 사나이가 오는 소리가 들린다" 하고 말씀하셨지. 그때마다 실제로 천천히 층계를 올라오는 무거운 발소리가 들렸어. 그래서 나는 그게 모래 사나이라고 생각했지. […] 모래 사나이와 우리 아이들에 대한 관계를 좀 더 자세히 알고 싶은 호기심에 가득 차서 나는 마침내 막내 누이동생을 돌보는 늙은 유모에게 물어보았지. "모래 사나이는 도대체 어떤 사람이에요?" "나타나엘, 아직 그것도 모르니? 모래 인간은 아주 나쁜 사람인데, 잠자리에 들려 하지 않는

picken der […] Augen auf"는 말만 들어도 어린 나타나엘은 제 눈에 정말 통증을 느끼면서 급기야 눈이 빠져버리기라도 하는 것 같은 공포에 사로잡힌다. 나타나엘이 상상한 괴물의 이미지 는 그 어린 주인공의 섬세한 시각, 청각, 촉각을 동시에 자극하면서 끔찍한 공포를 일으킨다. 프로이트가 이 대목에 주목했음은 잘 알려져 있다. 나타나엘은 물론 하녀의 과장으로 가득한 모래 사나이 이야기를 고스란히 믿을 나이는 이미 지났지만 그 괴물이 "어린 그의 마음속에 불안감을 깊게 드리웠다"[3]는 점은 분명하다. 나타나엘의 불안감l'angoisse은 그가 직접 본

• •

아이들을 찾아와서 눈에 모래 한 줌을 뿌려댄단다. 그럼 눈에서 피가 뚝뚝 흐르겠지. 그 눈알을 확 뽑아내서는 자루에 처넣고 반달의 빛을 받으면서 그걸 가져가 제 아이들에게 먹이는 거야. 모래 인간의 아이들 은 저쪽에 새 둥지 같은 곳에서 웅크리고 있다가 올빼미처럼 끝이 구부러진 부리로 말 안 듣는 아이들의 눈을 쪼아 먹는단다(wie die Eulen, damit picken sie der unartigen Menschenkindlein Augen auf.)"하고 말했어. 그리하여 내 마음속에는 잔인한 모래 사나이가 소름 끼치는 모습으로 그려졌지. 그래서 밤에 층계를 올라오는 소리가 들리면 나는 공포와 두려움으로 몸을 떨고 눈물을 흘리며 "모래 사나이야! 모래 사나이야!" 하고 더듬거리며 소리쳤어." (E. T. A. 호프만, 『모래 사나이』, 김현성 역, 문학과지성사, 2001, pp. 38)

3. Sigmund Freud, *Œuvres complètes*, t. XV, PUF, 1996, p. 161. 베르트랑 페롱의 번역에서는 이 독일어 단어 Angst의 번역어로 peur를 선택했다 (Sigmund Freud, L'inquiétante étrangeté et autres essais, trad. Bertrand Féron, Gallimard, Folio, 1985, p. 227).

적 없는 상상 속의 모래 사나이에게서 비롯된 것으로 그 허구의 존재가 나타나엘의 인생 전반에 커다란 불행을 몰고 오는 원인이 되었다.

그런데 사람을 겁주는 동물과 흔히 괴물이라는 존재를 보게 될 때 느끼는 두려움이 정확히 똑같은 것일까? 어렸을 때 들은 모래 사나이의 이야기가 성인이 되어서도 여전히 나타나엘을 불안하게 만들었다면 그가 상상력으로 제게 두려움을 일으키는 존재를 마음속에 깊이 새겨 놓았기 때문이다. 나타나엘의 괴물은 그와 완전히 별개의 종種에 속한 것으로 머물지 않고, 그와 닮은 존재로 변해 그가 머무는 어디서나 그를 위협한다. 그러므로 그가 느끼는 불안의 감정은 무엇보다 괴물을 바라보는 주체인 나와 내가 바라보는 대상으로서의 괴물이 갖는 상상적인 종차種差에서 비롯하는 것이 아닐까? 여기서 '상상적인'이라고 한 까닭은 이 지각은 실제 차이가 아니라 우리의 상상력에 그려진 차이이기 때문이다. 그래서 이 차이가 상당히 약화되거나 심지어는 전혀 존재하지 않은 것으로 밝혀질 때 우리는 그 존재에게서 더는 불안한 감정을 느끼지 않는다. 잠을 자지 않으려는 아이들을 호랑이나 늑대가 온다고 을러댈 수도 있지만, 아이들이 그런 맹수는 동물원에나 있을 뿐, 더는 그들이 사는 도시에 나타날 수 없다는 사실을 깨닫게 되는 순간부터 그런 으름장은 통할 리가 없다. 그래서 나타나엘이 두려워했던 모래 사나이가 아버지를 방문한 코펠리우스일 뿐이었음을 그가 알았다면 어머니와 하녀가 들려준 모래 사나이를 더는 두려워하지 않았을 것이다. 그러나 호프만의 소설에서 어린 나타나엘의 '망상fantaisie, fantasme'은 해소되지 않은 채로 남았고, 그가 대학생이 되었을 때 주제페 코폴라라는 이름의 한 떠돌이 안경 상인에게서 "그 공포스러운 얼굴cette figure d'effroi"4을 다시 발견하게 된다. 그런데 그의 공포는 어디에서 왔는가? 나타나엘은 모래 사나이가 자신과 완전히 다른 존재여서가 아니라, 오히려 그 공포를 일으키는 얼굴이 자기와 닮은 존재였음을 느끼기 때문에 그를 두려워한다. 발터 벤야민이 정확히 말했듯이 "인간 마음 깊숙이 경악을 자아내는 것은 […] 혐오를 일으키는 동물들에게는 그다지 낯설지 않아서 그 동물이 알아차릴 수 있는 어떤 요소가 우리 안에도 남아 있다는 그런 의식"이다. 그러므로 "혐오감을 극복함과 동시에 그 혐오감을 매우 세심하게 키워나가는 태도가 인간에게 요구된다."5 서로 반대 방향으로 나아가는 이 이중의 태도에 주목하자. 어린 시절 지식의 부족으로 상상력을 자극했던 괴물은 철이 들고 세상에 대한 지식을 더 많이 갖출수록 제어하고

• •

4 . Sigmund Freud, *Œuvres complètes*, t. XV, *op. cit*., p. 162.
5 . Walter Benjamin, *Le Sens unique*(『일방통행로/사유 이미지』, 김영옥·윤미애·최성만 역, 길, 2007, p. 78).

통제할 수 있을 것이다. 그러나 단순히 '괴물은 없다'는 확신만으로 상상력이 구축한 허구의 존재가 더는 공포의 대상이 되기를 멈추는 것은 아니다. 괴물에 대한 혐오감은 완전히 사라지기는커녕 주체의 다양한 지성 능력에 따라 다양한 반응으로 나타난다. 어떤 경우 괴물은 지성 능력의 통제와 제어를 뿌리치고 상식적이고 친숙한 모습을 완전히 배반하며 우리 앞에 광포한 얼굴을 하고 마주 선다. 그때 공포를 느끼지 않을 사람은 누구일까. 테크놀로지의 비약적 발전 때문에 파국을 맞게 되는 세상을 그리는 공상과학소설과 영화의 주제를 바로 이렇게 요약할 수 있지 않겠는가.

괴물은 낭만주의 문학과 예술에 단골로 등장하는 주제였다. 중세에 이르기까지 신화나 설화에 등장했던 가공의 존재인 괴물이 민중을 두려움에 떨게 했다면, 르네상스 이후 이성의 방법을 채택한 과학은 합리적인 추론과 새로이 발견된 지식을 축적하면서 그런 괴물은 존재할 수 없음을 밝혀내고자 했다. 사이렌과 폴리페모스, 수많은 머리를 가졌다는 메두사와 반인반마伴人伴馬의 존재인 사티로스는 이제 이성보다 상상력에서 우월했던 고대인들의 신화에서나 등장하는 몸서리쳐지거나 유쾌한 가상의 존재일 뿐임이 밝혀졌다. 구전으로 전해지는 괴물의 이야기나, 연감에 기록된 먼 나라에서 발견되었다는 기이한 괴물들은 지리상의 발견과 자연사의 확장된 연구를 통해 과장된 소문에 불과했거나, 서유럽에서는 볼 수 없었던 색다른 종種의 동물이었음이 드러났다. 자연은 완벽하게 운행되는 질서를 따른다는 사실이 밝혀지면서 정신과 이성에 충격을 가하게 될 끔찍한 괴물이 존재한다는 사실을 더는 믿을 수 없게 되었다.

하지만 이성이 승리를 구가하면서 미신과 편견의 소산에 불과한 가공의 존재인 괴물이 일소되리라 믿었던 바로 그 시대에 기이하게도 괴물이 다시 등장하게 된다는 사실을 어떻게 보아야 할까? 18세기 후반에 등장한 퓌슬리와 고야의 그림들에서, 그리고 사드의 소설에 등장하는 주인공들에게서 이미 이성의 힘으로 제압되었다고 생각했던 괴물이 더 끔찍한 모습으로 복귀했다는 점을 어떻게 생각해야 할까? 마치 괴물은 세기말 영국 고딕소설과 낭만주의 문학예술 운동에서 다시 예전의 영향력을 회복하기라도 한 것 같다.

물론 고대부터 르네상스기에 이르기까지 괴물을 재현했던 이미지와 18세기 후반의 전낭만주의부터 낭만주의 시기에 다시 등장한 괴물의 이미지를 동일하다고 보아서는 안 된다. 무엇보다 18세기 이전의 괴물은 구전이나 일부 기록으로 전해진 설명과 기술을 토대로 이 마을 저 마을을 떠돌던 이발외과의 barbier-chirurgien가 전한 내용을 판각화가들이 듣고 그 특징을 과장해서 전파한 것이 대부분이다. 흔히 신체의 일부가 개나 돼지의 형상을 하고 태어났다고 알려진 아이들의 이야기가 많았다. 그렇지만 이들의 특징은 쉽게 과장되고 그런 소문이 사람들의 입을 거치면서 그 아이들은 개나 돼지의 일부분을 고스란히 갖고 태어난 기괴한 존재로 그려졌다. 이미지가 글로 기록된 것이 아니라, 글로 기록된 것을 상상으로 이미지화한 것이다. 캉킬렘은 그 원인을 "현실과 허구를 구분하는 일의 무관심"으로 보았다. "괴물이 존재하는 것은 상상되었기 때문이고, 괴물들이 상상된 이상 존재할 수밖에 없다고, 달리 말하자면 허구가 실재를 빚어내고 실재가 허구를 확증한다고 동시에 기꺼이 믿었"[6]던 것이다.

그렇지만 18세기 이후의 낭만주의적 괴물은 예술가가 상상력을 통해 머릿속에 그린 이미지를 즉각 글이나 형상으로 옮긴 것이다. 물론 괴물이 이종異種의 특징을 기이하게 결합해 놓은 존재로 이미지화되었다는 점에서는 동일하다. 그러나 18세기 이전의 괴물의 이미지가 서로 뒤섞인 여러 형태들을 알레고리적으로 배치해 놓은 것이었다면, 18세기 이후의 괴물은 이렇게 결합된 형태들을 은유의 방식으로 표현한 것이다. 요컨대 14세기의 것으로 알려진 『죄 많은 여인』의 <그림 1>을

• •

6 . Georges Canguilhem, *La Connaissance de la vie*, Paris, J. Vrin, 1965(『생명에 대한 인식』, 여인석·박찬웅 역, 그린비, 2020, p. 272).

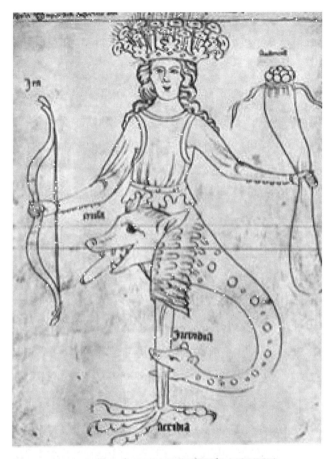

FIG. 2 – FEMME-PÉCHÉ : LES SEPT PÉCHÉS MORTELS.
MANUSCRIT D'ORIGINE BOHÉMIENNE (?).
1350-1360. VIENNE. COD. 370.

〈그림 1〉

보면 이 여인은 의도적으로 강조된 여러 특징을 포함하고 있다. 그녀의 발은 새의 것인데 이는 '태만accidia'의 알레고리이며, 이 발을 뱀 모양을 한 다른 발이 물고 있는 모습은 '질투invidia'를 나타낸 것이다. 배에 늑대 머리가 붙어 있다면 이는 '탐식gula'이며, 양팔로 잡고 있는 활과 돈 자루는 각각 분노ira와 탐욕Avaritia이며, 머리에 쓴 공작의 깃털로 만든 왕관은 교만superbia의 알레고리이다.[7]

이 대척점에 요한 하인리히 퓌슬리의 1782년 작 『악몽』(<그림 2>)을 둘 수 있다. 이 그림에서 잠든 여인의 배 위에 올라타 있는 괴물은 중세에 흔히 등장했던 주제인 몽마夢魔, incube로 보이지만 그 의미는 사뭇 다르다. 그 괴물은 잠든 여인의 꿈의 은유라고 해야겠다. 그림의 오른편에서 그 괴물의 무게로 늘어진 여인의 잠든 머리는 고통인지 환희인지 모를 정념을 표현하고 있는데, 여인의 배 위에 올라탄 괴물의 시선은 그 그림을 그리고 있는 화가를(혹은 그 그림을 바라보는 당신을) 향한다. 끔찍한 얼굴을 한 괴물의 응시는 그 꿈이 바로 당신의 것임을 말하며, 그래서 그 괴물은 꿈속에 도사린 통제할 수 없는 힘의 은유이다. 여인의 머리는 그림의 우측 하단에서 가없이 추락하

· ·

7 . Jurgis Baltrusaitis, *Réveils et prodiges. Les métamorphoses du gothique*, Flammarion, 1988, p. 309.

〈그림 2〉

고 있다. 더욱이 그 머리의 방향과 사선으로 일치하는 그림 좌측 상단의 초점 없는 두 눈의 말 머리는 꿈을 꾸는 여인을 바라보는 여인 안의 또 다른 자아를 표현하는 것이다. 이렇게 낭만주의 예술가들은 중세의 흔한 괴물의 주제를 다시 취하고 있지만, 이를 표현하는 의미와 목적은 전혀 달랐던 것이 아닐까?

이러한 변화를 어떻게 설명해야 할까? 놀라운 과학혁명을 가능케 했던 이성의 시대에, 추방되고 억압되었던 괴물이 결국 복귀하기 시작한다는 사실을 어떻게 보아야 할까? 이를 흔히 보듯 분열하는 이성, 정념의 승리로 설명해야 할까? 하지만 이 시기가 동시에 괴물의 체계적이고 완전한 분류가 시도되었던 시대였음을 잊지 말아야 한다. 신이 창조한 이 세계의 모든 피조물들은 아주 단순한 것으로부터 인간과 같이 가장 복잡한 존재에 이르기까지 보이지 않는 끈으로 이어져 있으며, 따라서 이들 피조물을 합리적이고 체계적인 방식으로 분류하여 간단한 표에 고스란히 담을 수 있으리라는 생각이 구체화된 시기이다. 모든 피조물을 잇고 있는 그 보이지 않는 끈에서 매끈하게 들어맞지 않는 존재가 있다면 그것이 괴물일 것이다. 괴물은 이때 두 계界나 두 종種의 특징이 묘하게 결합되어 있는 존재인 것이다. 그러나 신의 경이로운 창조에 빈 곳이 있거나 결함이 있는 것이 아니냐고 성급히 단언하지 말자. 그 빈 곳은 언젠가 새로운 발견과 지식의 발전으로 메워질 것이다. 인간의 협소한 시각과 지성으로 신이 창조한 세상에 결함이 있다고 말하면 그야말로 오만한 주장이 아닌가. 이런 맥락에서 19세기 초, 조프루아 생틸레르 부자父子는 기형학la tératologie이라는 이름의 새로운 학문을 창안했다. 우리가 괴물이며 기형이라고 부르는 존재들은 이들을 잇는 연쇄가 있음을 부정하는 존재가 아니라, 끊어진 사슬의 자리를 지적하고 언젠가 그 단절을 이어줄 수 있는 가능성으로 존재한다. 기형을 갖고 태어난 모든 존재는 각자 그 기형의 원인을 가지는 것이니, 이를 신의 징벌이나 악마의 농간이라고 단정했던 옛 편견과 미신에서 벗어나야 한다. 그러니 괴물의 '복귀'를 놓고 추론과 관찰에 근거한 과학의 논의와 상상력에 근거한 예술의 창안의 완전한 결별이라고 단순화해서는 안 될 것이다.

오히려 18세기야말로 괴물의 연구가 본격화된 시대였다고 해야 하지 않을까? 이 책은 괴물에 대한 과학적 접근과 상상력의 접근이 보여주는 격차를 강조하는 대신, 이 두 관점이 갖고 있는 일관성을 밝혀보고자 하는 시도이다. 어떤 점에서 18세기는 이전 세기에 이성을 통해 괴물을 순화할 수 있으리라는 믿음과 노력이 내부에서 무너지게 되는 시기이다. 이 세기에 괴물의 문제가 항상 자연과 섭리의 힘을 인간의 능력으로 이해하고 통제하고자 했던 노력과 분리되지 않았던 까닭이 여기에 있다.

괴물의 발생에 대한 지식이 증가하고, 보다 완벽한 분류법이 시도되었던 이 시대에 자연의 질서가 가지런한 표로 정리될 수 있으리라는 믿음이 커졌던 것은 사실이지만, 그럼에도 반복되는 괴물의 출현과 마주하면서 사람들은 이성과 지식이 여전히 허약하고 부족하다는 점을 시인할 수밖에 없었다. 자연법에 근거한 이상적인 정치체제의 프로그램이 한계에 부딪히고, 자연에서든 사회에서든 인간이 마주할 수밖에 없는 도덕적이고 정치적인 괴물, 즉 폭군이 반복적으로 등장한다는 사실은 이성을 통한 괴물의 순화와 자연의 통제에 대한 신념과 희망을 꺾어버렸다. 세기말의 프랑스혁명이 바로 전형적인 사례라 할 것이다. 혁명기에 루이 16세와 마리 앙투아네트를 단죄하고 처형했다면, 그들이 바로 자연법을 위반한 괴물로 간주되었기 때문이다. 그러나 그 구체제 괴물들의 처형을 집행했던 혁명의 급진적 주도 세력 역시 테르미도르의 반동으로 괴물로 몰려 똑같은 길을 걸었다. 그렇다면 도대체 괴물은 어디에 존재하는 가? 이 시대에 예술가들은 인간 내부에 도사린 괴물의 특징에 주목했다. 반면 과학자들은 해부학적 상동성相同性과 상사성相似 性을 밝히면서 종종 과장되곤 한 괴물의 특징을 해소하고 약화 하고자 노력했다. 이 둘 모두 맥락은 다르지만 괴물이라는 존재가 주는 두려움과 공포의 표출이라는 점에서는 동일하다. 우리는 서양 근대 문화와 예술에서 '괴물'의 주제가 갖는 특수 하면서도 일반적인 의미를 여기서 찾는 것이다.

제1부

섭리와 무지

어원과 의미

    1690년에 출판된 『퓌르티에르 사전』은 괴물monstre을 "자연의 질서를 거스르는 경이로, 감탄의 대상이거나 두려움의 대상"이라고 정의하고 있다. 18세기에 예수회 신부들이 편찬한 『트레부 사전』도 『퓌르티에르 사전』의 정의를 그대로 가져왔다. 이 두 사전이 괴물을 어떻게 설명하는지 살펴보자.

    괴물. 남성명사. 자연의 질서를 거스르는 경이로 감탄의 대상이거나 두려움의 대상이다. 아리스토텔레스는 괴물을 자연의 오류로 보았다. 그에 따르면 자연은 어떤 목적에 이르기 위해 작용하고자 하지만 자연의 몇 가지 요소들이 타락하면 원칙적으로 일어날 수 없는 일이 일어난다. 아프리카에는 괴물이 아주 많은데 그 이유는 서로 다른 종의 짐승들이 교미를 했기 때문이다. 생제르맹 장터에서 괴물을 많이 볼 수 있다. 외눈 괴물, 켄타우로스, 헤라클레스의 히드라 등이 괴물이다. 머리가 둘이고 다리가 넷으로 태어난 아이나, 신체의 어떤 부위가 보통보다 더 많거나 더 적은 동물 혹은 이상한 방식으로 결합되어 있는 동물은 괴물로 간주된다. 괴물들은 생식 능력이 없기 마련인데, 어떤 사람들은 이 때문에 노새를 괴물의 범주에 넣기도 한다. 또 어떤 사람들은 자웅동체의 동물을 괴물로 보기도 한다 […].

이 단어의 라틴어 어원은 *monstrum*인데, 에밀 벤베니스트는 그리스어 및 다른 인도유럽어와는 달리 라틴어에 징조와 전조와 관련된 어휘가 대단히 풍부하다는 점을 지적한다. 이 말에 해당하는 단어는 "그리스어에서는 *téras*(신적 징조, 전조, 기적)밖에 없으며, 더욱이 어원도 명확하지 않다. 다른 언어들은 아주 특징적인 지칭조차 없다." 반면, 라틴어에는 여섯 개에 이르는데 "*miraculum, omen, monstrum, ostentum, portentum, prodigium*"[1]가 그것이다.

. .

1. Emile Benveniste, *Le Vocabulaire des institutions indo-européennes. 2. pouvoir, droit, religion*, Eds. de Minuit, 1969, p. 255(『인도유럽사회의 제도문화어휘연구 II』, 김현권 역, 아르케, 1999, pp. 306–307. 위의 번역은 인용자가

중성명사 *monstrum*은 *monstrare*와 분명히 관련되어 있기는 하지만 의미의 차이가 뚜렷이 드러난다. *monstrum*과 *monstrare* 중 어느 쪽이 먼저 존재했는지 선험적으로 결정할 수는 없다. 그렇지만 형태론적 이유로 -*strum*으로 끝나는 명사형이라는 점 때문에 명사 *monstrum*에서 동사 *monstrare*가 파생되었을 것이다. 그러나 전통의 초기부터 이 두 용어에는 공통점이 전혀 없다. *monstrare*는 '보여주다'와 거의 비슷한 의미인 반면, *monstrum*은 일반적으로 '일상적인 것에서 벗어난 것'을 가리키고, 때로는 사물의 자연적 질서를 역겹게 위반한 흉측스런 어떤 것, '괴물'을 가리킨다. 베르길리우스는 *monstrum horren-dum*^{끔찍스러운 괴물}이라고 말했다.

[…] *monstrare*는 어떤 대상을 '보여주다'라기보다는 교사가 그렇게 하듯 '품행을 가르치다, 따라야 할 방도를 규정하다'를 의미한다. […] 따라서 *monstrare*에서 *monstrum*으로 소급해 올라가서 종교적 용례가 지워버린 말 그대로의 뜻을 되찾아보 자면 *monstrum*을 신이 내린 '권고'와 '경고'로 이해해야 한다. 그런데 신들은 인간의 이해력을 혼란스럽게 만드는 경이나 기호로 뜻을 전한다. 신의 '경고'는 어떤 사물이나 초자연적

• •

수정한 것이다).

존재의 모습을 취한다. 페스투스가 말한 것처럼 "자연의 세계를 벗어난 존재를 괴물monstra이라고 부른다. 다리가 달린 뱀, 날개가 넷인 새, 머리가 두 개인 사람 등이 그것이다." 오직 전능한 신만이 자신의 '경고'를 이런 방식으로 제시할 수 있다. 이러한 이유로 *monstrum*이 뜻했던 의미가 폐지되어 더는 종교적인 의미를 뜻하지 않게 되었다. 전조의 교리에서 '괴물'이 '가르침' 신의 '경고'를 나타냈다는 사실을 제외한다면 *monstrum*의 형태만 놓고 봤을 때 '흉칙스러운monstrueux'의 개념은 들어설 자리가 전혀 없다.[2]

그러므로 괴물의 어원은 고대와 현대의 많은 저자들이 생각하는 것처럼 후기 라틴어의 동사 *monstrare*가 아니라 종교적인 의미로 사용되었던 명사 *monstrum*에서 왔다는 벤베니스트의 지적을 따라야 할 것 같다. 이 단어를 단지 교사가 제시하는 가르침의 대상이 아니라, 인간의 지성으로는 결코 이해할 수 없기에 차라리 종교의 영역에서 다루는 '사건'으로 고려해야 할 것이다. 괴물은 우리의 눈앞에 보이는 대상을 가리키고*monstare*, 더욱이 세부적으로 가리켜 보여야 할*demonstare* 대상이 아니라, 그 출현 자체가 인간의 논리와 지식의 근본적인 무능을

● ●

2. *Ibid.*, pp. 256–258(김현권 역, pp. 308–309).

웅변하는 그 무엇이다. 그래서 벤베니스트가 분석하는 것처럼 *monstrum*과 그 명사의 유의어인 *miraculum, omen, ostentum, portentum, prodigium*을 함께 이해할 필요가 있다. 따라서 라틴어에서 이들 단어는 공히 신이 인간에게 제시했으나 인간으로서는 그 의미를 분명히 이해할 수 없는 전조나 기적을 가리키는 말이었다고 정리하도록 하자.[3]

그러므로 괴물은 인간으로서는 정확한 의미를 알기 어려운

· ·

3. 여기에 벤베니스트가 분석한 각 단어의 의미를 간단히 지적하고 넘어가기로 한다. *ostentum*과 *portentum*은 모두 어간으로 '늘이다, 펼치다'를 의미하는 *tendo*를 포함하는데, 전자는 이 동사에 "일반적으로 행위가 '어떤 것과 우연히 부딪쳐서, 길을 방해하듯이 반대 방향으로' 일어났음을 가리키는"(*Ibid.*, 258) 접두사 *ob*, 후자는 "'전체 크기로 펼치다, 늘어놓다'의 개념을 함축하는"(Ibid., p. 259) *por*가 붙은 것이다. 이런 의미에서 벤베니스트는 전자를 '정면에 펼쳐진, 눈앞에 제시된' 것으로서 '보여진, 제시된' 뿐만 아니라 '해석해야만 되는 징조로서 시야에 일어난'을 의미하며, 후자는 "*ostentum*과는 다르게 단 하나의 사건만이 아니라 전체 파노라마에 대한 전조를 보여주며, 지속적인 전망으로서 미래를 거의 그대로 드러내 보여준다"(Ibid., p. 260)고 했다. 한편 *prodigium*은 접두사 '*pro(d)*'에 동사 *aio*(말하다)가 결합된 단어로 여기서 말하다 동사 *aio*는 "'그 자체에 어떤 권위를 지니고 있는' 것으로 단호하고, 긍정적인 단언의 의미 가치를 가지"므로, 이 단어 *prodigium*은 "신의 목소리(-*agium*)의 발성(*prod*)으로 특징지어지고 다른 여러 징조 가운데 그 소리를 들리게 만드는 신의 음성의 '전조'(Ibid., p. 263)라고 본다. 아울러 벤베니스트에 따르면 *omen*은 '진리의 선포'의 뜻을 가졌으며 상서로운 '길조'의 말, 운명을 예고하는 말로 쓰였다(*Ibid.*, p. 256).

'신의 언어', 즉 물질적인 음성voix을 거치지 않고 직접 사물로 혹은 기호les signes로 제시된 것이다. 이렇게 인간에게 제시된 존재며 그 존재의 의미는 신성하고 비교秘敎적인 것이니 인간이 생각을 나누는 보통의 방식으로 번역될 수 없다. 그렇지만 이 존재는 추론의 논리를 거치지 않고 직접적으로 정념에 호소하므로 이 의미를 해석하고 이해할 수만 있다면 누구든 이러한 기호의 강력한 의미를 직접 느낄 수 있다.[4] 그래서 괴물은 '자연의 위반'일 뿐 아니라, 도덕적으로 타락하여 스스로 자연의 질서를 어지럽히는 인간에게 임박한 파국을 예고하는 심각한 의미로 받아들여졌다.

고대에서 르네상스에 이르기까지 괴물은 자주 신의 직접적인 현전이며, 분노에 찬 신의 복수를 인간에게 드러내주는 기호로 간주되곤 했다. 16세기 프랑스 작가 피에르 보아스튀오

• •

4. 루소는 기호(les signes)가 갖는 이러한 직접적 전달의 기능을 확신한다. 스키타이 정복에 나섰던 다리우스 왕이 받은 "개구리 한 마리와 새 한 마리, 생쥐 한 마리 그리고 화살 다섯 개[…]가 뜻하는 끔찍한 훈계를 알았기 때문에 최대한 서둘러 자기 나라로 돌아갈 수밖에 없었"던 사례를 언급하며, 바로 그 뒤에 아내의 죽음에 복수하고자 했던 에브라임의 레위 사람이 "이스라엘 지파들에게 글을 써서 전하지 않고, 자기 아내의 시신을 열두 토막 내어 그들에게 나누어 보냈"던 사례를 언급한다(루소, 『언어기원에 관한 시론』, 주경복·고봉만 역, 책세상, 2002, p. 20).

가 편집하여 출판한 『경이로운 이야기들*Histoires prodigieuses*』[5]에는 "교회와 세속의 이야기들에는 신이 호색한들에게 내린 중대한 처벌, 끔찍한 형벌, 분노와 저주가 넘쳐난다"[6]는 지적이 보인다. 자연의 질서를 벗어나는 존재의 출현은 그 자체로 죄 많고 타락한 인간에 대한 경고이자, 제 미래를 알 수 없는 인간의 좁은 시야의 보충이라고 생각되었다. 이런 관점에서 올리비에 루는 "16세기에 팸플릿이나 진지한 저작이나 가릴 것 없이 기록되고 이미지로 표현된 혼종混種의 존재들은 신의 분노의 현현으로 간주되곤 했다"[7]는 점을 강조한다. 흔히 괴물은 기이하기 짝이 없는 방식으로 두 종 혹은 여러 종의 특징들이 뒤섞여 나타나는데, 이는 단일하고 단순한 방식으로 영구히

• •

5 . 원제는 『예수 그리스도의 출생으로부터 현 세기에 이르기까지 관찰되던 가장 기억할 만한 경이로운 이야기들. 저명한 그리스와 라틴 작가들, 종교와 세속 작가들의 저작에서 가려 뽑은 발췌문(*Histoires prodigieuses les plus mémorables qui ayent esté observées, depuis la Nativité de Iesus Christ, iusques à nostre siècle: Extraites de plusieurs fameux autheurs, Grecz, & Latins, sacrez & profanes*)』으로, 1560년에 파리의 장 롱지스와 로베르 드 마니에 출판사에서 간행되었다. 이 책에는 괴물, 악마, 기이한 바다 동물에 대한 이야기들이 들어 있다. 우리는 스테판 방포르트가 편집한 Pierre Boiastuau, *Histoires prodigieuse*, Genève, Droz, 2010에서 인용하기로 한다.

6 . Pierre Boiastuau, *Histoires prodigieuse*, ch. XXXVII, *Ibid.*, p. 718.

7 . Olivier Roux, *Une histoire générale de la tératologie des origines à nos jours*, Paris, CNRS éditions, 2008, p. 193.

반복되는 자연의 질서에 대한 명백한 위반이자, 그 자체로 자연을 주재하는 존재의 의도적인 저주를 웅변적으로 보여주는 것이다. 마크 블럼버그는 "괴물의 존재는 인간으로 하여금 자신의 행동을 반성하도록 고무함으로써 죄악으로부터 벗어나게 하는 의미가 있었다"[8]고 말했다. 신은 이 저주받은 존재를 통해 세계에 도입된 혼란과 무질서를 징벌하는 것이다. 그 혼란과 무질서의 책임이 신의 뜻을 거역하면서 과오를 저지른 인간에게 있음은 물론이다.

중세는 물론 르네상스 시대에 괴물과 경이를 주제로 한 수많은 저작들은 괴물의 출현을 나름의 방식으로 '해석'하고자 했다. 괴물은 원칙적으로 인간의 지성으로 이해할 수 없고 인간의 언어로 설명이 불가능한 존재이므로, 그 존재는 어떤 방식으로든 인간의 이성과 언어를 초월한 어떤 절대자의 의도와 손길을 가리키고 있음이 분명하다. 현재 우리가 살고 있는 세계를 창조한 그 전능한 절대자는 우리의 세계에 중단 없이 개입하고 앞으로도 영원히 그의 영향력을 행사할 것이다.

그러나 인간은 절대자의 개입의 방식과 그가 발휘하는 영향력을 판단하고 예비할 능력이 없다. 1557년에 예수회원 콘라드

• •

8. Mark S. Blumberg, *Freaks of Nature*, 국역 『자연의 농담』, 김아림 역, 알마, 2012, p. 28.

리코스텐Conrad Lycosthènes이 출판한 『경이와 현시의 연대기 *Prodigiorum ac ostentorum chronicon*』역시 괴물 존재의 출현에는 신이 그 존재에 부여한 가치가 들어 있으므로, 이를 해석할 필요가 있다고 한다. 프랑스 르네상스 시대를 살았던 이 인문학 자의 눈에는 괴물의 출현 이상으로 신의 징벌을 뚜렷이 계시해 주는 것이 없는 것이다. 장 세아르는 리코스텐이 괴물을 신의 징벌의 증언이라고 생각했던 점에 주목했다. "신은 시간의 흐름 속에서 이러한 괴물을 통해 끊임없이 우리에게 위협과 놀라움을 주었으며 앞으로도 그러할 것"[9]이다. 이러한 관점은 앞서 언급한 보아스튀오의 경우와 정확히 같다. 리코스텐의 책보다 3년 뒤인 1560년에 나온 보아스튀오의 『경이로운 이야 기들』에서도 "괴물과 경이라 불리는 대부분의 신의 징조들은 신의 징벌"[10]임을 분명히 했다.

그러나 르네상스 시대에 괴물이 사람들의 관심과 흥미를 끌었다면 그 까닭을 민간에 미신과 편견이 널리 퍼졌던 탓으로 돌릴 수만은 없다. 미셸 잔느레는 이러한 "기이한 현상들과 비정상적인 형태들을 매혹적으로 받아들인" 사람들이 오히려 학자들이었음에 주목한다. 이 시대의 학자들은 "능산적 자연

• •

9 . Jean Céard, *La Nature et les prodiges*, Genève, Droz, 1996, p. 191.
10 . Pierre Boiastuau, *Histoires prodigieuse, op. cit.*, p. 262.

*natura naturans*의 역동성을 증언하는 모든 것이 기록될 가치가 있다고 생각"[11]했으며, 지리상의 발견을 통해 이국을 여행하고 돌아온 이들이 여행기를 써서 직간접적으로 언급한 기이한 존재에 대한 이야기들을 적극적으로 해석하고자 했다. 그들은 이러한 '경이'와 '괴물'들의 보고에 매혹되어, 이를 신이 창조한 세계의 무한한 다양성을 증명하는 것이라고 진지하게 받아들었다. 신대륙과 아프리카 또는 동양을 탐사하고 돌아온 여행자들이 전한 기이하고 환상적인 이야기들이야말로 이 혼종적인 존재들이 전능한 신의 처벌의 여러 양상임을 웅변해주는 것이었다.

이런 점에서 중세와 르네상스 기독교 세계에서 최후의 심판의 주제를 다룬 여러 예술작품에 괴물의 이미지가 두드러지게 나타나는 것도 당연하다. 라트비아 출신의 예술사가 유르기스 발트루샤이티스는 중세미술을 다룬 저작 『각성과 경이』에서 "시험의 지옥, 지옥의 시험이 경이로운 것과 끔찍한 것의 형이상학적인 종합 속에서 환상적인 다양한 목록의 발전을 이끌어냈다"[12]고 지적한다. 이 주제를 담은 대표적인 작품으로 히에로니무스 보슈의 세 폭 제단화 <최후의 심판>을 주저 없이 꼽을

. .

11. Michel Jeanneret, *Perpetuum mobile. Métamorphoses des corps et des œuvres de Vinci à Montaigne*, Paris, Macula, 1997, p. 136.

12. Baltruisaitis, *Reveils et prodiges, op. cit.*, p. 293.

수 있다. 이 작품에서 보슈는 기존에 잘 알려진 괴물뿐만 아니라 자신의 상상력을 동원하여 새로운 형태의 괴물을 마음껏 창안하여 그려냈다. <그림 4>를 보면 거대한 칼을 짊어지고 있는 괴물과 둥근 칼을 들고 바구니를 뒤집어쓴 채 달려가는 괴물이 보이며, <그림 5>에서는 벌거벗은 사람들을 단지에 넣고, 한 사람을 프라이팬에 올려 요리하고 있는 괴물들이 보이는데, 하나는 부스럼이 잔뜩 난 배를 가진 파란 피부의 괴물이고, 다른 하나는 개구리의 발을 가진 붉은 망토의 괴물이다. <그림 6>에는 오리너구리를 닮은 괴물이 화살이 몸을 관통한 남자를 메고 가는 모습이 보이며, 그 뒤를 몸통이 없는 괴물이 따라가고 있다. <그림 7>에서는 뱀인지 용인지 모를 초록빛 괴물이 칼을 들고 통 속에 숨어 있는 남자에게 으르렁대고 있다. 그러므로 보슈의 <최후의 심판>은 당대 예술가들이 상상하고 이해했던 신의 분노와 파국을 기이하고 잔인한 동물들의 이미지가 결합된 괴물의 알레고리에 담아 표현하고자 했던 작품으로 볼 수 있겠다. 이 그림에서 보통의 상상력을 훌쩍 뛰어넘는 괴물들이 역겹고 끔찍하게 보일수록 최후의 심판 앞에서 인간이 느끼게 될 두려움은 그만큼 더 커진다.

하지만 같은 시대에 그리스 로마 신화의 장면을 재현하고 있는 그림에서 전혀 다른 방식으로 괴물이 등장하기도 한다. 피렌체 출신의 이탈리아 르네상스 화가 피에트로 디 코지마는

〈그림 3〉 히에로니무스 보슈, 〈최후의 심판〉 중앙패널.

오비디우스의 『변신』에서 따온 주제를 여러 차례 그린 것으로

〈그림 4〉 히에로니무스 보슈, 〈최후의 심판〉 중앙패널 우측 하단 세부.

유명하다. 그리스 신화에서 늙은 사티로스로 알려진 실레누스

〈그림 5〉 히에로니무스 보슈, 〈최후의 심판〉 중앙패널 좌측 하단 세부.

〈그림 6〉 히에로니무스 보슈, 〈최후의 심판〉 중앙패널 중앙 하단 세부.

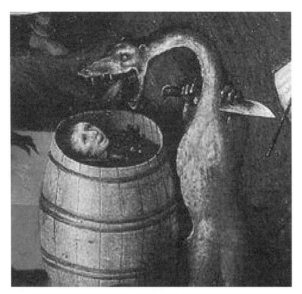

〈그림 7〉 히에로니무스 보슈, 〈최후의 심판〉 중앙패널 중앙 하단 세부.

〈그림 8〉 피에트로 디 코지모, 〈실레누스의 불행〉, 1505-1510경, 캠브리지, 포그 아트 무지움.

<그림 9> 피에트로 디 코지모, <안드로메다를 구해내는 페르세우스>, 1515경, 피렌체, 우피치 미술관.

를 그린 <실레누스의 불행>(<그림 8>)에는 인간과 괴물(사티로스)들이 서로 같은 장소에 어울려 등장한다. 인간은 완전한 형태를 갖춘 반면, 사티로스들은 그렇지 못하다. 이것이 개화된 인간과 여전히 개화되지 못한 인간들이 함께 살아가는 르네상스 세계의 알레고리임을 어렵지 않게 생각할 수 있다. 한편 <안드로메다를 구출하는 페르세우스>(<그림9>)에서 코지마는 괴물의 등 위로 타고 올라 최후의 일격을 가하기 직전의 페르세우스를 그려내고 있다. 두말할 것 없이 괴물을 무찌르는 페르세우스의 승리는 낡은 미신과 신화의 세계의 종말과 이성의 우위를 선언하는 르네상스의 이상을 재현한 것이다.[13]

• •

13. Michel Jeanneret, *op. cit.*, pp. 128–129 참조.

〈그림 10〉 안드레아 만테냐, 〈미덕의 정원에서 악을 추방하는 미네르바〉, 1502.

그러므로 16세기에 괴물의 의미는 양면적이었다. 하나는
묵시록의 최후의 심판 앞에 선 파국과 타락의 종말론적 재현이
며, 다른 하나는 낡은 편견과 미신의 세계의 알레고리이다.
안드레아 만테냐의 <미덕의 정원에서 악을 추방하는 미네르
바>(<그림10>)에 등장하는 괴물들은 지혜의 여신 미네르바의
창^槍 앞에 허겁지겁 달아나기에 바쁘다. 만테냐는 이 그림에서
르네상스의 개화된 문명이 인간을 부덕^{不德}과 야만의 세계에
가두었던 고대와 중세에 승리를 거두는 모습을 그렸다.

여기서 우리는 16세기 이발외과의로, 나중에 국왕의 외과의 사 직위까지 승진했던 입지전적인 인물 앙브루아즈 파레의 기념비적 저작인 『괴물과 경이*Des monstres et prodiges*』(1573)를 언급하지 않을 수 없다. 이 책의 서문에서 파레는 "괴물은 자연의 운행을 거스르는 것처럼 보이(고 자주 미래의 어떤 불행의 전조가 되)는 존재를 말한다. 팔 하나만을 갖고 태어나 거나 머리 둘을 갖고 태어나는 아이나, 보통 볼 수 없는 사지四肢 를 갖고 태어나는 아이가 그런 존재이다. 경이는 자연을 거스르 는 모든 것에서 비롯한 것으로 뱀이나 개, 혹은 기타 자연을 거스르는 다른 것을 낳는 여인이 그러하다"[14]고 밝혔다. 그 뒤에 파레는 괴물이 세상에 나타나는 원인을 다음 열세 가지로 분류했다.

괴물이 태어나는 원인에는 여러 가지가 있다.
첫 번째 원인은 신의 영광이다.
두 번째 원인은 신의 분노이다.
세 번째 원인은 정액이 과다하게 많은 경우이다.
네 번째 원인은 정액이 과소하게 적은 경우이다.
다섯 번째 원인은 상상력이 작용한 결과이다.

• •

14. Ambroise Paré, *Des monstres et prodiges*, Paris, L'œil d'or, 2003, p. 85.

여섯 번째 원인은 자궁이 지나치게 작거나 협착된 결과이다.

일곱 번째 원인은 산모의 자세가 올바르지 않은 결과이다. 임신 중에 지나치게 오랫동안 다리를 꼬고 앉았거나 배를 조인 경우이다.

여덟 번째 원인은 임신 중인 산모가 낙상을 하거나 복부에 충격을 받은 경우이다.

아홉 번째 원인은 유전적인 질병이나 우연히 발생한 질병의 결과이다.

열 번째 원인은 정액이 부패했거나 건강하지 못한 결과이다.

열한 번째 원인은 정액이 섞이거나 이종 교배된 결과이다.

열두 번째 원인은 사악한 거지들의 교활한 사기이다.

열세 번째 원인은 악마나 악령이 개입한 결과이다.[15]

물론 현대의 관점에서 본다면 파레가 든 대부분의 사례는 사실무근이다. 블럼버그는 파레가 "수정受精에서 탄생까지 인간의 초기 발생 과정에 초점을 맞췄다는 사실은 놀랍지만 그렇다고 해도 그가 발생학에 대해 무지했다는 사실이 가려지지는 않는다"[16]고 비판하면서도, 괴물과 경이를 구분하고자

15. *Ibid.*, p. 86.
16. 블럼버그, 『자연의 농담』, 앞의 책, 31쪽.

했던 점은 이 시대의 맥락에서 보자면 적지 않은 의미가 있다고 본다. 앞에서 보았듯이 괴물을 신의 분노의 징조 및 전조로 해석하는 대신, 파레는 기본적으로 동물 및 인간의 발생에서 부모의 공동의 역할을 인정했고, 많은 괴물들이 부모 양쪽의 생리학적, 해부학적, 심리학적, 유전학적 결과라고 생각했다.

그렇지만 파레는 위의 책에서 전혀 개의치 않고 괴물 발생의 자연적인 원인과 초자연적인 원인, 합리적인 이유와 불합리한 이유, 과학적인 원인과 미신에 근거한 원인을 뒤섞는다. 사실 히포크라테스와 갈레노스를 비롯한 권위적인 고대 의학 전통은 물론, 동시대 리코스텐과 보아스튀오의 논의까지 종합하고자 했던 파레로서는 그때까지 알려진 괴물 발생과 관련된 어떤 원인도 누락할 수 없었다. 그가 한 일은 그 원인들을 범주화한 것에 불과하다고 말할 수도 있다. 그러나 파레의 『괴물과 경이』가 르네상스 시대에 고대와 현대의 의학적 전통과 발견을 종합하여, 초자연적인 해석으로 일관했던 중세의 괴물 논의를 반성적으로 성찰하고자 했다는 의의가 있음을 부정할 수 없다. 불완전하나마 최초로 괴물과 기형에 대한 과학적 접근의 길을 닦은 것이다.

이제 다시 18세기로 돌아가 보자. 디드로와 달랑베르가 편집한 『백과사전』 10권에 실린 「괴물」 항목은 대단히 짧다. 이 항목은 두 부분으로 구성되어 있는데, 첫 번째 부분은 사뮈엘

포르메가 쓴 괴물을 정의하는 부분이고, 두 번째 부분은 상대적으로 최근에 발표된 모페르튀의 『자연의 비너스*Vénus physique*』에서 괴물의 발생과 관련된 논의를 요약한 것이다.[17] 여기서는 포르메가 괴물을 어떻게 정의하고 있는지만 먼저 살펴보자.

　괴물. 남성명사. (동물학). 자연의 질서와 상반되는 형태를 갖고 태어난 동물, 즉 원래 동물 종이 특징적으로 가진 신체의 부분과는 아주 다른 부분으로 구성되어 태어난 동물. 신체 구조와 관련해서 괴물의 종류는 대단히 많으며, 괴물의 발생을 설명하는 데 다음의 두 가지 가설이 있다. 첫 번째 가설은 난卵이 애초에 괴물로 태어나도록 되어 있었다는 것이고, 두 번째 가설은 신체의 여러 부분이 형성되는 동안 발생한 우발적인 원인에서 기원을 찾는 것이다. 거의 눈에 띄지 않는 가벼운 차이를 갖는 경우, 그 동물이 엄청난 놀라움을 일으키지 않는 경우에는 그런 차이가 있는 동물을 괴물이라고 부르지 않을 것이다.

　신체의 일부가 지나치게 많거나 충분히 많지 않은 경우, 그러니까 머리가 둘 달렸거나 팔 혹은 다리가 없이 태어난

---

17. 이 내용에 대해서는 2부에서 모페르튀의 이론을 설명하면서 다루기로 한다.

괴물이 있고, 기이하고 이상한 신체 구조를 갖거나, 불균형한 크기가 보이거나, 신체의 부분들 일부가 상당한 이상異常을 가졌거나, 이러한 이상이 기이하게도 다른 곳에 자리를 잡아 태어난 괴물이 있고, 자연의 질서에 따르고 기능을 실행할 수 있으려면 당연히 분리되어야 하는 어떤 부분이 서로 결합되었거나, 자연의 질서에 따르고 기능을 실행할 수 있으려면 당연히 결합되어야 하는 어떤 부분이 서로 떨어져 있는 괴물이 있다.[18]

포르메가 괴물을 "자연의 질서와는 상반되는 형태를 갖고 태어난 동물"이라고 정의할 때, 이는 동시대 『아카데미 프랑세즈 사전』의 정의를 그대로 가져온 것이다. 『아카데미 프랑세즈 사전』은 앞서 언급한 『퓌르티에르 사전』과 『트레부 사전』의 정의에서 "자연의 질서와는 상반된"이라는 부분은 그대로 유지하지만, 그 대상을 "[자연의 질서에 반하는] 형태를 갖고 태어난 동물"로 국한했다는 점에서 차이가 있다. 요컨대 앞의 두 사전에서 언급한 식물계에서 발생하는 괴물은 여기에 더는 포함되지 않는 것이다. 그러나 포르메는 『아카데미 프랑세즈 사전』의 정의에 "즉 원래 동물 종이 특징적으로 가진 신체의

●●
18. Samuel Formay, 「괴물」항목, 『백과사전』, 10권, p. 671b.

부분과는 아주 다른 부분들로 구성되어 태어난 동물"이라는
부분을 보충해 놓는다. 달리 말하면 괴물이란 어떤 개체의
종種적 특징이 모호하거나 둘, 혹은 여럿의 종적 특징이 나타나
는 경우이다. 이 시기 스위스의 자연학자인 샤를 보네 역시
『자연의 관조』에서 "해당 종種이 갖는 부분들보다 더 많거나
더 적은 부분들을 가졌거나 그 부분들이 다른 식으로 구성된
유기체가 발생toute production oragnique했을 때 이를 괴물이라고
한다"[19]고 말하면서, 모든 종류의 혼종hybride, 混種이나 잡종bâ-
tard, 雜種을 괴물로 간주했다.

그런데 괴물을 이런 관점으로 정의하기 위해서는 개별 종들
의 특징과 종들 사이의 차이의 지식이 필요하다. 한 종에 속한
개체들이라고 모두 똑같은 모습을 보이는 것이 아니다. 원래
종이 갖는 부분들의 수數적 차이와 형태의 차이를 통해 괴물을
정의하는 방식은 아종亞種과 변종變種까지 모두 괴물의 범주에
넣어야 할 위험이 있다.

이런 점에서 『백과사전』이 완간된 후, 1776년에서 1777년
사이에 출판업자 샤를 조셉 팡쿠크Charles-Joseph Panckoucke의
주도로 네 권으로 묶여 편찬된 『백과사전 보유Supplément à

• •

19. Charles Bonnet, *Contemplation de la nature*, t. I, Amsterdam, Marc-Michel
Rey, 1764, pp. 177-178.

l'Encyclopédie』에 당대 스위스의 저명한 의사이자 생리학자였던 알브레히트 폰 할러가 실은 「자연의 유희와 괴물들」이라는 제목의 항목에 주목해보자. 할러는 이미 『괴물에 대하여*De monstris*』(1734)를 출판하여 레므리와 윈슬로가 주도한 왕립과학아카데미의 '괴물논쟁'에 참여한 저자이기도 하다.[20] 할러는 위의 항목에서 그때까지 알려진 괴물들과 괴물의 발생 원인들을 정리하면서 "이러한 자연의 일탈에 대해 독자들이 다소 명확하게 생각할 수 있도록 괴물을 유형화하고 특별한 신체 기관들의 구조를 제시하고 불규칙적인 구성을 갖게 한 원인은 무엇인지 찾"[21]고자 했다. 할러는 엄정한 해부학과 생리학적 지식을 토대로 괴물에 대한 기존 논의를 두루 살피면서 상이한 괴물들을 유형별로 정리했다. 이러한 할러의 연구가 다음 세기 초 조프루아 생틸레르 부자가 창시하는 기형학la tératologie에 큰 영향을 미치게 된다[22]는 점은 분명하다. 다음은

• •

20. 괴물에 대한 할러의 입장에 대해서는 이 책의 1부 마지막 장에서 상세히 다루겠다.

21. Albrecht von Haller, 「자연의 유희와 괴물」 항목, 『백과사전 보유(*Supplément à l'Encyclopédie*)』, t. III, p. 551.

22. 아버지 에티엔 조프루아 생틸레르의 과업을 이어받아 세 권으로 된 기념비적인 『인간과 동물 구성에서 비정상성에 대한 보편적이고 개별적인 역사』를 쓴 이지도르 조프루아 생틸레르는 이 책의 서문에서 18세기 후반의 괴물 이론에 할러가 미친 영향이 얼마나 컸는지

할러가 그의 항목의 첫머리에서 괴물을 정의한 부분이다.

　자연의 유희, 괴물(해부학. 생리학). 우리는 이 두 항목을
분리하지 않기로 한다. 각 항목이 어디에서 끝나고 어디에서
시작하게 되는지 알기 어렵다. 괴물이라는 말은 통상적인 구조
와는 동떨어졌기 때문에 보면 놀라게 되고 자연학자의 주의를
끌게 되는 구조를 가진 모든 동물을 가리킨다. 독자에게 자연
의 이러한 일탈을 보다 분명히 이해시켜주기 위해서는 이들을
분류해야 하고, 신체 기관들의 특별한 구조를 제시해야 하고,
불규칙적인 형성의 원인을 찾아야 한다. 본고에서는 사실만을
받아들여야 한다. 이 주제는 다른 어느 곳 이상으로 우화와
진실이 접목되기 때문이다.

• •
　지적한다. 그에 따르면 "할러는 중대한 여러 가지 관찰을 통해 괴물의
학문을 풍성하게 했다 …. 그때까지 맹목적인 신뢰를 받았고 확실하
지 않았던 수많은 사실들이 거짓으로 판명되어 거부되었고 의심스러
운 것으로 지적받았다. 생리학자들이 상상했던 모든 가설들이 명확하
게 제시되었고, 몇 가지 가설들은 솜씨 있게 논의되었다 …. 할러는
그가 생리학 자체를 일신했듯이 괴물의 학문을 일신했다." (Isidore
Geoffroy Saint-Hilaire, *Histoire générale et particulière des anomalies
de l'organisation chez l'homme et les animaux*, t. I, Paris, J. B. Baillère,
1832, p. 10)

할러는 괴물을 "통상적인 구조와는 동떨어졌기 때문에 보면 놀라게 되고 자연학자의 주의를 끌게 되는 구조를 가진 모든 동물"로 정의했다. 앞서 살펴본 18세기 사전에 등장하는 괴물의 정의와 할러의 정의의 가장 큰 차이점은 '자연의 질서'라는 말의 유무에 있다. 할러는 '자연의 질서'를 '통상적인 구조'로 대체한다. 자연의 권위를 내세워 정상과 비정상을 구분하는 것이 아니라, 흔히 보기 때문에 익숙해진 구조와 지리적인 거리 때문에 기이하다고 생각하기 쉬운 구조를 가진 동물을 구분하려는 것이다. 그가 이 항목에서 제시한 여러 '괴물'의 설명에 그 괴물이 살고 있는 지리적인 위치를 부가하는 까닭이 여기에 있다. 그러한 괴물은 흔히 볼 수 있는 것이 아니므로 보는 사람을 '놀라게 만든다.' 그러므로 괴물의 판단은 객관적이면서 동시에 주관적인 것이기도 하다. 피부색의 차이, 육손이, 언청이, 과도하게 많은 체모, 상대적으로 크거나 작은 신장의 인간 및 동물을 보고 사람들은 크게 놀라지도 충격을 받지도 않는다. 이런 존재를 처음 접하는 사람들이라면 그 존재의 특이성에 놀랄 수도 있겠지만, 이들을 자주 접하면서 그런 존재가 자연에 드물지 않을 뿐 아니라 규칙적으로 나타나고 있다는 점을 깨닫게 되면 그들과 자신의 이질성보다는 유사성이 더 강조될 것이다. 이성적인 판단은 세상의 수많은 개체가 내포하는 이질성을 사상捨象하고 이들을 친숙하게familier, heimlich 받아들이도록 한다. 지식이 증가되고 확산되면서 괴물에 대한 사람들의 생각도 바뀐다. 앞선 시대에 괴물로 규정되었던 존재가 더는 특이한 존재가 아니라는 점을 알게 되기 때문이다. 파레는 『괴물과 경이』의 부록에서 '바다 괴물', '비행 괴물', '천상의 괴물'도 언급한다. 그는 "고래 역시 괴물의 자리에 놓아야 한다"고 주장한다.[23] 이런 식으로 그는 코끼리며 카멜레온 등도 괴물로 규정했다.

반면 구조의 차이가 일정 정도를 넘게 되면 사람들은 그 존재를 자신과는 다른 '괴물'로 판단한다. 친숙성을 낯설게 받아들이기 시작하는 것이다. 물론 이러한 판단은 주관적이기 일쑤다. 그러므로 할러는 어떤 존재를 괴물로 판단하고 규정하는 사람은 오직 '자연학자'가 되어야 한다고 명시한다. 괴물은 사람들이 '보면 놀라게 되고' 그리하여 '자연학자의 주의를 끌게 되는' 존재이다. 할러는 자연학자의 주의를 끌 만한 존재가 아니라면 그 존재를 괴물로 받아들여서는 안 된다고 본다. 세상의 수많은 존재들이 어떻게 형성되고 어떤 구조를 가지고 있는지 직접 살펴보고 그들의 유형을 세우는 사람이 아니라면 어떤 존재를 막연히 나타나는 신체 구조의 차이에 따라 괴물로 판단할 수 없기 때문이다.

· ·

23. Ambroise Paré, *Des monstres et prodiges*, *op. cit.*, p. 204.

마지막으로 19세기 초의 자연학자 이지도르 조프루아 생틸레르가 그의 기념비적 대작『인간과 동물 구성에서 비정상성에 대한 보편적이고 개별적인 역사』에서 괴물을 어떻게 설명하는지 간략히 살펴보도록 하자. 조프루아 생틸레르는 괴물의 어원으로 라틴어 *monstrare*를 취하고, 이 말이 "시선을 끌고, 그 존재를 바라보는 사람들의 정신에 대단한 충격을 가할 만큼 특별한 존재에게 적용될 수 있다"[24]고 설명한다.

일반적으로 쓰는 언어에서 괴물이라는 말의 의미는 어원과 완벽히 일치하며 내가 과학의 언어에서 그 존재에 부여하는 의미와 전혀 다르지 않다. 괴물은 저속한 사람들이 바라볼 때 놀라움을 주는 존재이며, 거의 항상 그 존재는 시선을 거스르기 마련이다. 그 존재는 심각한 비정상성을 제시할 뿐 아니라 유감스러운 질서의 비정상성을 제시하기도 한다. 그래서 괴물과 괴물성이라는 말은 그것을 비유적으로 사용할 때 항상 나쁜 쪽의 의미를 갖기 마련이다. […] 그러므로 괴물과 괴물성이라는 말은 일반적인 언어에서 내가 그 말에 부여한 의미를 가진다. 그러나 이것으로는 충분하지 않다. 과학은 특별한 명

· ·

24. Isidore Geoffroy Saint-Hilaire, *Histoire générale et particulière des anomalies de l'organisation chez l'homme et les animaux*, t. I, *op. cit.*, p. 30.

명법을 갖추기 마련이다. […] 해부학자들은 과학적인 언어에서 쓰는 괴물이라는 말에 통상 사용하는 언어에서 일반적으로 받아들여지는 의미와는 다른 의미를 부여한다. 그러나 이런 변화는 그것이 대단히 유용할 때만 받아들여질 수 있다. 용례의 권위는 유사한 주제에 있어서 자의적인 권위를 가지므로 명백한 필요성이 있을 때만 사라질 수 있을 뿐이다. 그런데 괴물성이라는 단어의 의미를 바꾸고, 그것의 의미를 상당히 확장하고, 그것을 비정상이라는 말의 동의어로 만들 필요가 있을까? 그럴 필요가 없다. 왜냐하면 우리에게는 이미 '비정상'이라는 말이 있기 때문이다. 한 가지 관념을 표현하는 데 두 단어가 있을 이유가 뭔가? 모든 구분된 사물은 개별적인 명사를 가져야 하며 어떤 단어도 동시에 구분되는 두 가지 사실에 적용되어서는 안 된다. 올바른 명명법을 세우는 데 필요한 이중의 원칙이 이러하다.[25]

19세기 초에 조프루아 생틸레르 부자는 '비정상anomalie'을 다루는 과학을 창시했다. 그에 따르면 '괴물' 및 '괴물성'이라는 단어는 지난 세기까지 그가 탐구한 학문에서 '비정상'이라는 말과 큰 구분 없이 써왔다. 그러나 질병을 일시적으로든

25. Ibid., pp. 30–31.

주기적으로든 건강하지 않은 상태로 봐야지, 그것을 항상적인 비정상 상태로 간주할 수 없는 것처럼, 통상적인 패턴을 벗어났다고 판단되는 존재를 항상 규범으로서의 정상과 반대쪽에 놓을 수만은 없다. 여기가 상대주의적인 입장이 들어서는 곳이다. 괴물을 괴물로 규정하고 선언할 수 있는 '척도'는 도대체 어디에 있는가? 정상과 괴물을 구분할 수밖에 없는 '넘어설 수 없는 극단'의 지점이 있다면 그 지점에 이르렀거나 이르지 못했다는 판단은 도대체 누가 할 것인가? 또한 괴물을 바라보는 우리는 그 괴물의 입장에서는 똑같은 방식으로 '괴물'로 간주되지 않겠는가? 이런 식으로 생각해본다면 '정상'에는 항상 '비정상'이 내포되어 있고, 과거는 물론 미래에도 '비정상'은 '정상'의 곁에 나란히 존재할 수밖에 없게 된다. 그러므로 비정상은 정상으로 간주되는 존재가 가져야 할 한두 가지 속성의 결여나 상실이기는커녕, 적어도 생명을 가진 존재들에게는 서로 다른 상이한 방식의 구성과 삶의 방식임을 인정해야 한다.

따라서 어떤 존재를 고대부터 지난 세기말 할러에 이르기까지 신화와 미신에 깊이 영향을 받고 있었고, 근본적으로 이성에 근거한 분류법의 부재를 가리키는 '괴물'이라는 단어로 지시하는 대신, 정상과 비정상이라는 상대적이고 상호보완적인 개념의 쌍을 사용하는 것이 바람직하다. 조프루아 생틸레르 부자가 그들의 새로운 학문을 라틴어 어원에서 취해 *mon-strologie*로 부르는 대신 그리스어 테라스^{téras}를 어원으로 한 기형학^{ératologie}으로 명명한 까닭이 여기 있다.

몽테뉴의 경우

앞에서 보았듯이 고대에서 18세기 말까지 괴물을 바라보는 시각은 크게 두 가지로 나뉜다. 하나는 전통적인 신학의 관점에선 해석으로 괴물의 출현을 인간의 지성으로 파악할 수 없고 인간이 얻을 수 있는 지식의 범위를 넘어선 신의 섭리^{Providence}로 보는 관점이다. 인간은 왜 그리고 어떻게 괴물이 지상에 나타나는지 그 이유를 알 수 없다. 괴물은 인간으로서는 정확한 뜻을 밝힐 수 없는 기호^{signes}로써 신이 자신의 뜻을 피력하는 방식이다. 이때 괴물은 신의 전조 혹은 경이라고 할 수 있다.

다른 하나는 자연에 대한 인간의 지식이 확장될수록 기존에 괴물로 분류되었던 동물들과 정상적이지 않은 자연현상들을 인간 스스로 해석하고 판단할 수 있다는 실증주의적인 관점이다. 괴물을 '자연의 위반'으로 본다면 눈에 잘 띄지 않는 사소한 차이를 가진 모든 존재들이 괴물로 분류될 위험이 있다. 과거에 지리적 한계와 해부학적 지식의 부족으로 괴물로 분류된 존재들이 실제로는 독자적인 종을 구성하는 개체들이었으며, 신의 손길로 잘못 빚어진 존재라기보다는 산모의 태내에서 발생한 우연적인 사고에서 기인했거나 심지어는 유전적 소인에 의해 발생하게 되었다는 사실이 강조되면서 새롭게 등장한 과학적인 입장이 앞에서 언급한 신의 섭리를 주장하는 신학적인 입장보다 우월한 자리를 차지하게 된다.

그러나 여전히 괴물을 신의 분노와 징벌의 소산으로 해석했던 16세기에 이 두 가지 입장을 동시에 회의하는 경향이 나타난다. 우리가 살펴볼 텍스트는 몽테뉴의 『에쎄』 2권에 실린 「괴물 아기에 대하여」라는 짧은 글이다. 리코스텐, 보아스튀오, 파레의 동시대인이었던 몽테뉴는 틀림없이 이들의 독자였다. 그러나 몽테뉴가 이 주제를 다루는 방식과 이 주제로부터 끌어내는 결론은 동시대인들의 입장과 사뭇 다르다. 바로 이러한 이유로 이지도르 조프루아 생틸레르는 그의 『비정상의 일반적이고 개별적인 역사』에서 몽테뉴의 괴물에 대한 성찰이 대단히 현대적이라고 높이 평가한다.

모든 시대에 동시대인들보다 더 낫거나 더 못했던 사람들이 존재했다. 몇몇 저작은 그것이 출판된 날짜를 본다면 [괴물연구의] 최초의 단계에 속하기는 해도 실질적으로 [괴물연구의] 두 번째 단계에, 간혹 세 번째 단계와 관련되기도 한다. 나는 몽테뉴가 1580년경에 몸에 작은 다른 몸이 달린 괴물hétéradelphe에 대해 썼던 한 대목을 인용할 수 있다. […] 반대로 이와 짝이 되는 안타까운 사례라 하겠지만, 최근에 대단히 훌륭한 이론이 정립된 뒤에도 여전히 두 번째 단계의 정신을 갖고 연구하는 사람들이 있고, 심지어 어떤 이들은 최초의 단계에나 있었던 일부 편견이며, 모호하고 부정확한 방식을 여전히 버리지 못하고 있다.[1]

히포크라테스와 갈레노스, 아리스토텔레스가 제시한 교의와 논의 밖에서 동물의 발생을 추론하는 것 자체가 불가능했던 시대에 몽테뉴는 괴물의 발생의 문제에서 어떻게 동시대인들을 넘어설 수 있었는가? 16세기에 괴물의 문제를 성찰한 누구라도 신학에서 제시된 입장을 의심할 수 없었으며, 동시대 민간에 널리 퍼진 괴물에 대한 미신과 편견을 손쉽게 내던질

. .

1. Isidore Geoffroy Saint-Hilaire, *Histoire générale et particulière des anomalies de l'organisation*, t. I, Paris, J.-B. Baillière, 1832, p. 26-27. 에티엔 볼프 역시 같은 의견이다. Etienne Wolff, *La Science des Monstres*, Paris, Gallimard, 1948, p. 15.

수 없었던 것이 사실이다. 그러나 몽테뉴는 어떤 배타적인 교리나 믿기 어려운 증언들을 따르는 대신 상식과 이성에 따라 괴물의 문제를 성찰해보고자 한다. 그는 "우리의 습관이나 이성의 능력을 벗어나는 모든 존재를 괴물로 치부하는 것이 지나치게 쉬운 일"[2]이 아닌지 묻는 것이다. 괴물이 출현하는 사건에는 언제나 초자연적인 원인이 필요한가? 그 '사건'은 범상치 않은 것으로, 인간의 지성으로는 쉽게 파악할 수 없는 신의 의지의 표현인가? 그렇다면 전능하고 자비로운 신이 그의 창조물을 완벽하게 빚어내는 대신 그러한 불완전한 존재가 지상에 나타나도록 허용했던 것인가? 이 끔찍하고 가련한 존재들 역시 신이 자신의 형상을 따라 빚은 그의 피조물이라고 생각해야 할까? 그렇지만 이 시대의 과학적인 지식으로는 이러한 문제들에 전혀 답할 길이 없었다. 자신이 직접 마주한 괴물 아이에 대한 몽테뉴의 서술에 주저함과 신중함이 담긴 것이 그 때문이다. 다소 길기는 하지만 몽테뉴의 「괴물 아이에 대하여」의 전문을 아래에 옮겨보겠다.

[A] 이 이야기는 아주 간단하게 진술될 것이다. 이 이야기에

· ·

2. Pierre Magnaud, "Au-delà du spécisme", *Qu'est-ce qu'un monstre?*, éd. Annie Ibrahim, PUF, p. 55.

관련한 토론은 의사들에게 맡겨두고자 한다. 나는 그저께 한 어린아이를 보았는데, 그 아이의 아버지, 숙부, 숙모라는 두 남자와 한 여인이 아이를 데리고 다니며 돈 몇 푼을 받으려고 그 괴상한 모습을 보여주었다. 이 아이는 정상적인 형태를 가지고 제 발로 지탱하고 걸음마를 하며, 같은 나이 또래의 아이들처럼 중얼거렸다. 아이는 아직까지 숙모의 젖밖에 다른 것을 먹으려고 하지 않았다. 그리고 내 앞에서 그 아이에게 먹여보려고 했던 것은 조금 씹어보다가는 뱉어 버렸다. 아이의 우는 소리에는 무엇인지 특이한 데가 있는 것 같았다. 생후 10개월밖에 되지 않은 아이였다.

아이의 가슴 밑에는 머리가 없는 다른 아이의 몸통이 붙어 있고, 다른 부분은 모두 완전히 갖추었지만 항문은 막혀 있었다. 팔 하나는 좀 짧았는데 출생할 때 사고로 부러진 탓이었다. 이 둘은 마주 보고 붙어 있는데, 더 작은 아이가 큰 아이 목에 매달려 있기라도 한 것 같았다. 그들이 붙어 있는 자리의 너비는 네 손가락이 들어갈 만큼밖에 안 되며, 그래서 이 불완전한 아이를 쳐들어 보면 아래에 다른 아이 배꼽이 보였다. 즉 결착은 가슴과 배꼽 사이에서 이루어졌다. 불완전한 아이의 배꼽은 보이지 않았으나 그 나머지는 모두 볼 수 있었다. 이런 식으로 이 불완전한 아이의 팔, 볼기짝, 허벅다리, 다리같이 붙어 있지 않은 모든 부분은 다른 아이에 매달려서 흔들거리며 그 아이의 다리 중간까지 닿았다. 숙모의 말을 들어보면 오줌은 두 아이가 다 싼다고 한다. 그러니 이렇게 매달린 아이의 사지는 살아 있는 것이며, 그것이 작고 가늘다는 점을 제외하면 본 아이의 것과 같은 조건에 있었다.

두 개의 신체와 많은 사지가 한 머리에 달려 있는 것으로 보아 우리나라를 이루는 부분들과 파당이 통일된 한 법률 아래에 유지될 수 있는 유리한 길조라고 국왕께 말씀드릴 수도 있을 것이다. 그러나 일이 반대가 되면 곤란하니, 그대로 두고자 한다. [C] "사건이 일어난 후에 이것을 어떤 조짐으로 삼는, 무슨 해석을 내리기 위하여" 지난 일을 가지고 점치는 일밖에 아무것도 아니니 말이다. [B] 마치 에피메니데스가 뒷걸음치며 점친다고 사람들이 말하던 식이다.

나는 메독에서 방금 한 양치기를 보고 왔는데 서른 살쯤 된 자로 생식기의 흔적이 없었다. 그에게는 구멍 셋이 나 있어서 그리로 끊임없이 물을 내보낸다. 그는 털보이고, 정욕을 느끼며, 여자들과 접촉해보려고 한다.

[C] 우리가 괴물이라고 부르는 것을 신은 그렇게 보지 않는다. 신은 자기 작품의 무한대 속에 자신이 그곳에 포함시킨 무한수의 형태를 본다. 그리고 우리를 놀라게 하는 이 형상은 인간에게 알려지지 않은 동일한 종족의 다른 형상에 관련되고 결부되어 있는 것이라고 믿어야 할 것이다. 그의 예지 전체로

부터는 선하고 공통되고 정상적인 것밖에 아무것도 나오지 않는다. 그러나 우리는 그 조절과 관계를 알지 못한다.

"그가 빈번히 보는 것은 어째서 그렇게 되는가를 그가 알지 못할 때라도 그를 놀라게 하지는 않는다. 그가 전에 본 적이 없는 일이 일어나면, 그것은 기적이라고 생각한다." (키케로)

우리는 습관에 반해서 일어나는 것을 자연에 반하는 일이라고 부른다. 무슨 일이건 자연에 따라서 되지 않는 일이란 없다. 보편적이고 자연적인 이성이 새로움이 일으키는 과오와 경악을 우리에게서 불식하게 하라.[3]

위 인용문에 표시된 알파벳 [A], [B], [C]는 각각 『에쎄』의 초판인 1580년과, 1588년의 수정판, 그리고 그 이후에 추가된 부분을 가리킨다. 『에쎄』의 다른 장과 마찬가지로, 몽테뉴는 「괴물 아이에 대하여」의 장도 세 번에 걸쳐 손을 본다. 먼저 이 장의 대부분을 차지하는 [A]에서 그는 가슴에 다른 아이의 하복부가 붙은 채 태어난 한 괴물 아이에 대한 묘사로 일관한다. 몽테뉴는 이 괴물의 형태와 생태를 최대한 객관적으로 서술해 보려고 한다. 몽테뉴의 동시대 저자들이 괴물과 마주했을 때

• •

3. Montaigne, *Les Essais*, II. XXX, éd. Villey–Saulnier, PUF, Quadrige, 2004, pp. 712–713.

경이와 공포의 감정을 직접 내세웠던 것과 비교해본다면 그가 이 기형의 아이 앞에서 감정적인 표현을 최대한 자제했다는 점은 특징적이다. 그는 이 괴물을 기존의 관점에 따라 경이와 기적의 범주에 넣지 않고 있는 그대로 보고자 노력한다.

몽테뉴가 이 장을 "아주 간단하게 진술할 것"이며 이 문제에 대한 토론은 "의사들에게 맡겨두"겠다는 말로 시작한다. 그는 이 도입부에서 본 주제에 대해 사전에 어떤 입장도 취하지 않겠다는 신중함과, 공연히 세부 사항을 늘어놓게 되면 자신의 의지와 다르게 개인적인 의견이 반영될 수 있을지 모른다는 주저함을 동시에 피력한다. 그리고 아이의 부모며 친척들이 대중의 값싼 호기심을 자극하기 위해 가여운 아이를 구경거리로 내몰았다는 점을 잊지 않고 기록한다. 민간에서 대부분의 '괴물'들은 이런 방식으로 사람들 앞에 나타나지 않는가. 그러나 몽테뉴는 이 괴물 아이에게서 "정상적인 형태"며 "같은 또래 아이들"과의 유사성을 먼저 보고자 한다.

두 번째 단락에서 그는 아이의 특이성을 최대한 객관적으로 기술하는데, 선입견이며 감정의 동요를 내비치지 않고자 노력한다. 조프루아 생틸레르가 그의 서술 방식을 높이 평가한다면 바로 이러한 감정에 치우치지 않고 흔들리지 않는 기술記述 방식 때문이었다. 1580년 초판본에서 몽테뉴는 이 장을 처음에 말했던 대로 "간단하게" 끝내면서 자신의 관찰과 세속적 해석을 슬쩍 대립시키는 것으로 마무리한다. 하나의 머리에 다수의 사지가 결합된 이 괴물이 출현한 것을 16세기 후반 내내 지속되었던 프랑스 종교전쟁의 참화가 결국 극복되리라는 하나의 전조로 받아들일 수 있지 않을까? 몽테뉴는 리코스텐이나 보아스튀오라면 틀림없이 이 괴물을 그런 의미로 받아들였을 것임을 모르지 않았다. 그러나 몽테뉴는 이런 해석의 유혹을 물리치면서 "그대로 두자"고 말한다. 이런 그의 신중한 입장 자체가 동시대에 널리 퍼졌던 성급하고 주관적인 관점에 대한 더할 수 없이 강한 비판인 것은 아닌가? 1588년에 추가한 부분에서 몽테뉴는 자웅동체의 양치기를 만나보았던 일화를 추가하지만 역시 개인적인 해석은 자제했다.

그러나 이후에 삽입된 [C] 부분에는 몽테뉴의 신중한 '해석'이 나타난다. "우리가 괴물이라고 부르는 것을 하느님은 그렇게 보지 않는다"는 문장을 직접적으로 성 아우구스티누스에서 가져왔다고 보는 연구자들도 있다. 특히 장 세아르는 아래에 인용한 성 아우구스티누스의 『신국론』의 내용의 유사성을 내세워 몽테뉴가 [C] 부분을 추가했던 것은 성 아우구스티누스를 통해 그가 기독교로 회심한 까닭이라는 점을 강조한다.

[…] 우리가 어떤 괴물 아이들에 대해 할 수 있는 설명은 어떤 괴물의 종족으로 넓혀질 수 있다. 만물을 창조하신 신은

어떤 것이 어디서 언제 창조되어야 하는지 알고 계신다. 신은 전체의 아름다움을 어떤 유사성과 대조의 미묘한 차이를 두어 명령해야 하는지 알고 계시기 때문이다. 하지만 전체를 파악할 수 없는 인간은 부분과 전체의 관계와 조화를 알 수 없으므로 겉으로 보이는 한 부분의 기형을 보고는 놀라게 마련이다.[4]

확실히 신의 포괄적인 관점과 인간의 협소한 관점을 대비하는 성 아우구스티누스는 괴물과 지상에 나타나는 악의 주제를 신학적으로 해석하고 있다.[5] 지상에 괴물과 악을 내보낸 신의 뜻을 인간은 그것을 어떤 전조로 보든, 신의 완전성과 자비심에 반하는 증거로 보든 자의적으로 해석해서는 안 될 일이다. 그런 점에서 [A]와 [B]를 썼던 1588년 이전의 시기와 [C]의 부분을 추가했던 이후의 시기를 비교해봤을 때 몽테뉴에게 어떤 사상의 변화 혹은 확신이 생겼다는 해석이 가능한 것

· ·

4. Saint Augustin, *La cité de Dieu*, XVI, VIII, trad. Louis Moreau, t. III, Eds. du Seuil, 1994, p. 265.
5. 리처드 커니는 그의 책 『이방인, 신, 괴물(*Strangers, gods and monsters*)』 (이지영 역, 개마고원, 2004)에서 "악이 우주에 심어진 실체가 아니라 인간 원죄에 대한 징벌이라는 것을 보여주기 위해 성 아우구스티누스는 새로운 '무'의 범주를 발명한다. 악은 선의 결핍이 초래한 존재의 불완전성의 결과로 드러난다. 세상에 악이 있다면 그것은 오로지 인간 행위의 결과일 뿐이다"라고 정리했다(위의 책, 153쪽).

같다. 이전에 몽테뉴는 자신이 직접 눈으로 확인한 괴물에 대해 어떤 합리적이고 납득할 만한 해석도 내릴 수 없었다. 그는 동시대 사람들이 호들갑스럽게 주장했던 경이와 기적에 대해서도 동의할 수 없었고, 반대로 저 기이하고 가여운 존재가 과연 신이 자신을 창조한 것과 같은 방식으로 태어난 것인지 확신할 수도 없었다. 이제 성 아우구스티누스를 다시 읽고 무한하고 전능한 신의 창조를 찬양할 준비가 된 몽테뉴가 예전에 마주쳤던 괴물의 존재를 비로소 '해석'하게 되었던 것일까?

그런데 이 '해석'을 그의 '뒤늦은' 성 아우구스티누스의 재발견과 회심으로만 설명할 수 있는지에 대한 반론도 있을 수 있다. 물론 몽테뉴가 성 아우구스티누스를 읽었고 그의 교리에 친숙했다는 점에는 이론의 여지가 없다. 그렇지만 몽테뉴의 『에쎄』에 나타나는 사상을 성 아우구스티누스로 한정하는 것도 협소한 해석이기는 하다. 특히 휴고 프리드리히는 몽테뉴가 "신학 저작을 거의 읽지 않았다"는 점을 지적하면서, "『에쎄』에 등장하는 신학적 원천의 대부분은 그저 성 아우구스티누스의 『신국론』에서 가져온 것에 불과하다"[6]고 말한

- -
6. Hugo Friedrich, *Montaigne*, trad. Robert Rovint, Paris, Gallimard, 1968, p. 94.

바 있다.

이런 맥락에서 트리스탕 다그롱은 장 세아르의 해석과는 달리 괴물에 대한 몽테뉴의 입장을 성 아우구스티누스로의 회심으로 볼 수 없다는 점을 지적한다. 다그롱은 르네상스 시대의 괴물 논의를 다룬 한 논문[7]에서 세아르가 이 두 작가의 친연관계를 지나치게 강조한 것은 오류라고 본다. 앞서 언급한 몽테뉴의 "우리가 괴물이라고 부르는 것을 하느님은 그렇게 보지 않는다"는 구절이 성 아우구스티누스의 입장을 따랐다고 볼 수 있는 것은 사실이다. 몽테뉴가 위의 구절에서 신의 창조의 완벽함을 온전히 이해할 수 없는 인간 지성의 한계를 지적하고 있음은 두말할 필요가 없다. 그런데 다그롱은 몽테뉴와 성 아우구스티누스의 뚜렷한 입장 차이를 밝혀보고자 한다. 성 아우구스티누스가 신 존재와 그의 불완전한 피조물인 인간의 넘어설 수 없는 절대적 차이를 강조하는 반면, 몽테뉴는 인간 "지식 능력의 한계"에는 동의하지만 인간이 차츰 더 확장된 지식을 갖추게 됨에 따라 한계는 좁혀지고 결국 극복될 수도 있다고 본다. 성 아우구스티누스의 입장은 괴물 역시 똑같이 신이 창조한 피조물로 신의 세계 창조에 조화롭게 참여하는

• •

7. Tristan Dagron, "Les Etres contrefaits d'un monde malade. La Nature et ses monstres à la Renaissance: Montaigne et Vanini", *Seizième siècle*, n°1, 2005, pp. 289–311.

존재이며, 우리가 그들을 판단하는 것과는 다른 방식으로 신에게 봉사한다는 것이다. 이것이 왜 신이 간혹 우리 앞에 괴물의 존재를 내세워 그의 징벌을 예고하는가 하는 이유이다. 그렇지만 몽테뉴가 과연 이러한 성 아우구스티누스의 종말론적 입장을 전적으로 수용하고 있다고 보아야 할까? 특히 다그롱은 세아르가 "우리를 놀라게 하는 이 형상은 인간에게 알려지지 않은 동일한 종족의 다른 형상에 관련되고 결부되어 있는 것이라고 믿어야 할 일이다"라는 몽테뉴가 뒤에 추가한 문장에 특별히 주의를 기울이지 않았다고 본다. 몽테뉴는 지금 이 순간 우리가 신의 예지 전체의 "조절과 관계"를 모르기 때문에 괴물의 존재를 두려워하고 그 존재를 보고 놀라움을 느끼게 되는 것임을 강조했을 뿐이라는 것이다.

여기서 몽테뉴가 왜 [C] 부분의 두 번째 문단에 키케로의 "우리는 빈번하게 보는 것에 놀라지 않는다"는 인용문을 추가했는지의 이유를 설명할 수 있다. 몽테뉴는 오히려 우리가 습관적으로 만나 보지 못했기 때문에 갖게 마련인 "과오와 경악을 우리에게서 불식"해야 한다는 점을 강조하고 있다고 해석해야 하지 않을까? 사물에 대한 지식은 우리가 그것에 익숙해짐에 따라 증가하거나 수정되기 마련이다. 언젠가는 괴물 역시 신의 창조의 다양성이 드러난 한 양상임을 이해하게 되지 않을까?

몽테뉴가 스스로에게 던진 "내가 무엇을 아는가?"라는 질문은 성 아우구스티누스를 따라 전지전능한 신의 뜻을 헤아리기에 내가 아무것도 아는 바가 없다는 고백도 아니고, 그렇기 때문에 더 알아야겠다는 의욕의 표현도 아니다. 그 물음은 사람들이 내세우는 의견이 완전무결한 것은 아닐지라도 그 의견 전체가 거짓이라고 부정할 수도 없는 몽테뉴의 회의주의를 요약하고 있다. 다른 이들의 의견을 부정한다는 것은 자신을 진리의 확보자로 내세우는 일이다. 그러나 몽테뉴는 그들의 의견을 확실하게 허위라고 몰아붙일 수 없는 처지이다. "그 역시 그들처럼 진리에 이르는 확고한 길을 아직 발견하지 못했기 때문이다. 그러므로 몽테뉴의 '내가 무엇을 아는가'라는 질문은 확실하지 않은 입장을 내세우는 자아와 그 입장을 공박할 견고한 체계를 갖지 못한 또 다른 자아가 전전긍긍하는 상황에 대한 정확한 묘사이다."[8]

다그롱에 따르면 "신의 뜻에 따라 창조된 자연을 변모시킬 수 있는 것은 그저 신의 의지라거나 자연 질서 자체를 넘어서는 신의 섭리라고 보아서는 안 되며, 오히려 자연의 질서만을 따르는 신의 지성"[9]이다. 그러니 인간은 조금씩 노력하여,

• •

8. 이충훈, 「장 스타로뱅스키 비평에서 메를로 퐁티의 영향」, 프랑스어문교육, 70집, 2020, pp. 158-159.
9. Tristan Dagron, "Les Etres contrefaits d'un monde malade…", *art. cit.,*

언젠가는 그런 신의 지성을 이해하는 데 이를 수 있지 않을까?
그럴 때 왜 괴물이 인간 세상에 등장하게 되는지 인간의 지성의
힘으로 깨달을 수 있지 않을까?

• •
    pp. 293-294.

상상력에 의해 태어나는 괴물

앞서 언급한 앙브루아즈 파레는 『괴물과 경이』의 아홉 번째 장에서 괴물이 태어나는 주요 원인으로 산모의 상상력을 꼽는다. 비록 이런 주장이 현대의 관점으로 본다면 터무니없어 보이겠지만, 이 이론은 그리스 고대 의학의 전통을 따른 것이다.[1] 플라톤은 『법률』 7권에서 "모든 여인 중에서도 뱃속에 아이를 지니고 다니는 이들을 그해 동안에는 각별히 보살펴야" 하는데, 그 이유는 "임신부가 많은, 동시에 음란한 쾌락들을 추구하지도 그렇다고 해서 괴로움을 추구하지도 않고, 심기가

· ·

1. Galien, *Les Aphorismes d'Hippocrates avec le Commentaire de Galien*, IV, 1, Lyon, Thibaud, 1557, p. 167; Tertullien, *De l'âme*, §XXV dans *Œuvres*, t. II, trad. de Genoude, Paris, Louis Vivès, 1852, pp. 49-53을 참조.

편하고 살가우며 유연한 것을 높이 사면서 그 기간을 살아가도
록'²해야 하기 때문이다. 플라톤의 입장을 수용한 교부 철학자
테르툴리아노스 역시 방금 인용한 플라톤의 『법률』편을 참조
하면서 태아와 산모 사이에 다음과 같은 밀접한 관계가 있음을
확신했다.

> 오 어머니들이여! [⋯] 여러분이 무언가를 먹고자 하는 욕망
> 을 느꼈거나 무언가를 먹고 싶지 않았던 것은 바로 아이를
> 위해서가 아닌가? 산모와 아이의 건강은 서로 밀접한 영향을
> 주고받는 것이기에 여러분이 몸에 입었던 상처가 여러분의
> 뱃속에 들어 있던 태아에 새겨지는 것이 아닌가? 태아는 그렇
> 게 어머니의 고통을 함께 나누는 것이다!³

그러므로 산모의 영혼이 우발적으로 격렬한 동요에 휩싸였
을 경우 자궁 속의 태아에게 어머니의 영혼이 받은 충격이
고스란히 전해져 새겨진다. 고대 그리스의 자연사가 플리니우
스는 상상력의 작용으로 감각기관을 통해 마음에 새겨진 이미
지가 작용하거나, 기억의 작용으로 산모의 생각이 태아에 영향

..

2. 플라톤, 『법률』, 792e, 박종현 역, 서광사, 2009, p. 487.
3. Tertullien, *Œuvres, op. cit.*, p. 50.

을 줄 수 있다고 생각했다.[4] 이런 점에서 파레는 고대 철학자들

• •

4. "세속적인 보고에 따르면 상해가 일어나지 않은 개인들이 간혹 사지가
절단된 아이들을 낳으며, 사지가 절단된 개인들이 아무런 상해도 없는
아이들을 낳거나 동일한 부위에 상해가 일어난 아이들을 낳기도 한다.
아울러 어떤 기호들, 모반(母斑)들, 상처들이 네 번째 세대에까지 계속된
다는 점도 알려져 있다. 다키아 사람들의 팔에 새겨진 흔적들은 계속
이어진다. 그리스 레피데스 사람들의 가족 가운데 막이 덮인 눈을
갖고 태어난 세 명이 있었는데 이러한 기형이 한 세대 걸쳐 태어났다는
보고가 있다. 어떤 이들은 선조를 닮기도 한다. 쌍둥이 중 하나는 아버지
를 닮고 다른 하나는 어머니를 닮는 경우가 자주 있다. 연년생 아이
역시 쌍둥이처럼 형을 닮는 일이 자주 있다. 어떤 여인들은 자기들을
닮은 아이들만 낳고 다른 여인들은 남편을 닮는 아이들을 낳고, 또
어떤 다른 여인들은 부모를 전혀 닮지 않는 아이들을 낳는다. 또 다른
여인들은 아버지를 닮은 딸을, 어떤 여인들은 자신을 닮은 딸을 낳기도
한다. 비잔틴에서 태어난 유명한 투사였던 니카이아의 관찰은 의심할
여지가 없다. 그의 어머니의 할아버지는 에티오피아 남자였다. 그녀의
피부색이 다른 사람들과 전혀 다르지 않았지만 아들은 에티오피아
인이었던 할아버지처럼 검은 피부색을 가졌다.

유사성은 상상력 때문에 나오는 것이 틀림없다. 상상력에 따라 많은
우연한 환경들이 시각, 청각, 기억에 영향력을 발휘한다고들 생각한다.
임신 중에 충격을 준 이미지들도 그렇다. 갑작스럽게 부모 어느 쪽의
정기에 자극을 준 생각이 이러한 유사성을 결정하거나 변형시킨다고들
한다. 그래서 다른 동물들에서보다 사람에게서 차이가 더 심한 것이다.
사유가 빨리 일어나고, 정기가 신속하게 작용하고, 여러 가지 다양한
방식으로 배치됨으로써 다양화된 흔적을 새기게 된다. 반면 다른 동물
들의 정기는 움직이지 않거나 동물 종과 그 종에 속한 개체들에게서
모두 동일하다." (Pline, *Histoire naturelle*, t. I, trad. Emile Littré, l. VII,
Paris, Dubochet, 1848, p. 287)

과 의사들의 입장을 따르면서 "임신 기간 중에 산모가 받을 수 있는 강렬하고 지속적인 상상력이 괴물 아이를 낳게 할 수 있다"는 점을 강조했다. 파레도 인용하고 있는 그리스 작가 헬리오도로스의 『에티오피아인들 혹은 테아게네스와 카리클레이아의 사랑*Éthiopiques ou les Amours de Théagène et Chariclée*』에 소개된 일화가 대표적인 사례이다.

나는 어느 날 한여름의 뜨거운 열기에 지친 나머지 침대 위에 쓰러져, 바위에서 바다 괴물에게 잡아 먹힐 위기에 처해 있던 벌거벗은 안드로메다를 페르세우스가 구해내는 모습을 그린 커다란 화폭을 마주하고 있었단다. 그때 네 아버지가 다가와 온통 상상 속에 안드로메다 생각밖에 없던 나를 안고 사랑을 나누었다. 그리고 임신을 하게 되었는데 결혼한 지 십 년이 되도록 아이가 없었기에 폐하께서는 그 소식을 듣자 기쁨을 감추지 못하시고 왕국과 조정에 커다란 축제를 베푸셨단다. 축제는 출산 날까지 계속되었지. 그런데 내가 너를 출산하게 되었는데, 네 피부가 하얀 것을 보고 그렇게 놀랄 수가 없었다. 정말이지 초상화 속의 안드로메다와 똑같이 하였단다.[5]

• •

5. Héliodore, *Amours de Theagénes et Chariclée. Histoire Ethiopique*, Paris,

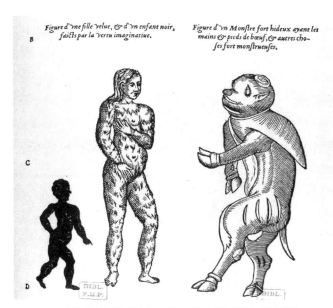

Figure d'vne fille velue, & d'vn enfant noir, faicts par la vertu imaginatiue.

Figure d'vn Monstre fort hideux ayant les mains & pieds de bœuf, & autres cho-ses fort monstrueuses.

〈그림 11〉 황소의 손과 발과 다른 끔찍한 사지를 갖고 태어난 괴물의 형상.

　이 시대에 이러한 사례는 적지 않게 보고되었다. 파레는 동시대 저작에 실린 여러 사례를 들고 있는데, 삭스 지방에서 태어난 "소의 네 발굽을 갖고 송아지를 닮은 입과 코를 갖춘 괴물"이 그중 하나이다(〈그림 11〉). 이 괴물은 "머리 위 둥근 모양의 살갗이 붉은빛을 띠고 있었고 등 뒤쪽의 살갗은 수도사의 두건을 닮은 모양이었고, 허벅지에 톱니 모양의 흔적이

• •

Coustelier, 1743, pp. 161–162.

<그림 12>
개구리의 얼굴을 한 아이의
경이로운 형상.

나 있었다." 파레는 동시대 프랑스에서 보고된 사례도 잊지
않았다. 1517년에 외르 도道에 소재한 부아 드 루아 교구의
비에르 숲을 지나는 퐁텐블로 길에서 "개구리 얼굴을 한 아이
가 태어났다."(<그림 12>) 이 아이는 "국왕 포병대에서 근무했
던 외과의사 장 벨랑제가 아르무아 법정의 여러 나리들과
함께 직접 방문해서 살펴보았다." 이 외과의사는 이 개구리
얼굴을 한 아이가 어떻게 태어났는지 알고자 하여 아이의

아버지에게 자초지종을 물었는데 아이 아버지는 "아내가 고열에 시달릴 때 이웃 아낙네 하나가 살아 있는 개구리 한 마리를 손에 올려놓으면 열병 치료에 좋다고 해서, 개구리 한 마리를 구해서 그것이 죽을 때까지 손 위에 올려놓았다고 했다. 그날 밤에 산모는 남편과 잠자리를 같이 했는데 계속 손에 개구리를 올려놓고 있었다고 했다. 부부가 동침하여 아이가 생겼는데 상상력의 힘으로 이 괴물이 태어나게 되었다."[6] 파레의 동시대 사람으로 앙리 2세의 주치의였던 장 페르넬 역시 고대 의학의 영향을 받아 산모의 상상력이 태아에 영향을 준다는 사실을 받아들인다.

이렇게 태아를 형성하는 힘과 기능은 산모의 깊은 두려움과 강한 상상력에 좌우되고 이끌릴 수 있다. 왜냐하면 […] 이 힘과 능력은 대단히 크고 강력하여 보통 무엇인가를 상상하는 사람의 몸을 변화시키기 때문이다. 이런 식으로 이런 힘과 능력이 수태가 된 종자 속에 들어간다. […] 임신 중에 산모를 두렵게 만든 이미지는 아이가 동물을 닮는 원인이 된다고 알려져 있다. 부모 중의 어느 한쪽의 상상력이 신속하게 정기 안으로 흘러 들어가 동물과의 유사성의 흔적을 새기는 것으로 보이

• •

6. Ambroise Paré, *op. cit.*, p. 119.

기 때문이다.[7]

　고대 저자들과 그들의 권위를 따랐던 의사들은 산모의 상상력이 태아에 영향력을 행사할 수 있음을 확신했다. 사실 이 시대에 부모와 자식이 닮지 않는 괴물이 태어나는 원인을 설명하는 데 다른 이유를 생각할 수 없었다. 괴물은 신의 분노의 산물이 아니라면 호기심과 욕망에 쉽게 빠져드는 인간의 잘못 때문에 태어난다고 볼 수 있지 않겠는가. 그러므로 상상력이 태아에 큰 영향을 미칠 수 있다는 생각은 혼종의 결과로서의 괴물을 말끔하게 설명하는 손쉬운 길이었다.

　그렇지만 의학과 해부학, 생리학이 비약적인 발전을 본 17세기에서 18세기 초에 이르기까지도 상상력 이론은 여전히 살아남았고, 강력한 상상력이 괴물과 기형을 초래한다는 설명은 당대 대표적인 철학자들도 의심 없이 받아들였다. 한 예로 데카르트는 『굴절광학』의 한 부분에서 외부 대상의 시각적 지각과 두뇌에서의 인지과정을 기하학적으로 설명한 뒤 이렇게 덧붙였다.

● ●

7 . Jean Fernel, *Physiologie*, l.VII, ch. XII, trad. Charles Saint−Germain, Paris, Jean Guinard, 1655, pp. 761−763.

나는 이 점으로부터 이것 말고도 어떻게 간혹 두뇌 안쪽 면에 그려진 영상이 송과선松果腺으로부터 임신한 여자의 동맥을 통해서 뱃속 태아의 특정 사지에까지 이를 수 있으며, 학자들이 그토록 놀라곤 하는 욕망의 흔적을 그곳에 어떻게 형성할 수 있는지 설명할 수 있을 것이다.[8]

물론 데카르트는 지난 세기 비판 없이 받아들여진 괴물의 존재와 출현에 대해서는 언급을 자제한다. 다만 그는 고대 그리스 의학의 권위를 완전히 포기할 수 없었다. 오히려 산모의 강한 상상력이 태아에 미치는 생리학적인 영향의 문제는 그의 흥미를 끈 주제였다. 서로 긴밀한 영향을 주고받는 육체와 영혼의 관계를 밝혀주기 때문이었다. 데카르트의 『정념론 Passions de l'âme』 36절에는 '대단히 이상하고 대단히 무시무시한' 동물을 보게 되었을 때 어떻게 두려움la crainte의 정념이 만들어지게 되는지에 대한 설명이 있다.

[…] 그 동물의 모습이 대단히 이상하고 대단히 무시무시하다면 […] 그것은 몸의 다양한 기질이나 영혼의 힘에 따라

• •
8. René Descartes, *La Dioptrique*, in *Œuvres*, éd. Charles Adam et Paul Tannery, t. VI, Paris, Vrin, 1996, p. 129.

영혼 안에 두려움의 정념을, 이어서 대담함의 정념이나 무서움과 끔찍함의 정념을 일으키게 된다. […] 그러한 모습을 보면 어떤 사람들에게 두뇌의 배치가 이루어져 송과선 위에서 그렇게 형성된 이미지가 정기에 투사되는데, 이때 정기의 일부는 그 존재를 회피하기 위해 등을 돌리고 다리를 움직이는 데 사용되는 신경으로 가게 되고, 일부는 심장의 입구를 아주 넓히거나 축소하는 신경으로, 아니면 피를 심장으로 전달하는 몸의 다른 부분을 심하게 동요시키는 신경으로 가게 된다. 이때 이 피는 평상시와 다른 방식으로 희박하게 되어 두려움의 정념을 유지하고 강화하기에 적합한 정기를, 즉 앞서와 같은 신경으로 정기들을 운반하는 뇌의 기공들을 또다시 열거나 연 채로 유지하는 데 적합한 정기를 뇌로 보낸다.[9]

괴물이나 두려운 대상과 마주칠 때 공포^{effroi}의 감정이 일어나고, 이 감정이 흔히 말하듯 피를 얼어붙게 하는 느낌을 주기 마련인데, 데카르트는 그것의 원인을 "심장의 출구가 열려 풍부한 양의 피가 대정맥을 통해 오른쪽으로 갑자기 들어가서 그곳에서 희박해지며, 또다시 그곳에서 폐동맥을 지나고 폐를

• •

9. René Descartes, *Les Passions de l'âme*, art, XXXVI, in *Œuvres*, éd. Charles Adam et Paul Tannery, t. XI, Vrin, 1996, pp. 356–357.

부풀게 하"[10]여, 결국 피가 희박해지는 상태에 이르기 때문이라고 본다.[11] 산모의 경우에는 이러한 힘이 태아에게도 작용하게 되므로, 산모가 어떤 대상을 지각하고 욕망할 때 그 대상은 태아에게 산모가 겪은 욕망의 흔적을 남기게 되는 것이 분명하다는 것이다.

예를 들어 장미 향기나 고양이의 출현이나 그와 유사한 것을 못 견디는 어떤 사람들의 이상한 반감이 단지 그들이 태어났을 때부터 시작되었을 뿐이라고 생각하는 것은 쉬운 일이다. 그들

• •

10 . *Ibid.*, p. 420.

11 . 데카르트의 기계론적인 설명은 몽펠리에의 의사 레몽 비외상스가 더욱 발전시킨다. "마음이 대단한 공포에 잠시 사로잡혔을 때 폐 조직에 동물 정기가 충분히 공급되지 않고 그때 폐를 지나가게 되는 피를 약간 덥혀 희박하게 만들게 되므로(par le peu de chaleur & de rarefaction du sang) 자연적인 압력을 잃고 느슨해지게 된다. 혈관에서 나온 모세혈관 말단이 모두 약화되어 혈액 순환을 막게 되므로, 혈액을 우심실이 약하게 수축됨에 따라 심장이 밀어내어 아주 천천히 폐 쪽으로 올라가다가 아주 협소한 길에 들어서기 때문에 혈액 순환이 어려워지는 것이다. 그래서 혈액이 그곳에 머물게 되고 대량으로 쌓이게 되고, 혈관을 지나치게 부풀려 작은 피막을 압박하여 결국 공기가 그리로 자유롭게 들어가고 나가지 못하게 하는 것이다. 바로 이러한 방식으로 대단히 공포에 사로잡힌 사람들은 가슴에 압박이 일어나 호흡곤란이 생긴다."(Raymond Vieussens, *Traité nouveau des Liqueurs du corps humain*, t. II, Toulouse, Jean Guillemtte, 1715, p. 290)

은 어떤 비슷한 대상에 의해 아주 감정이 상했거나 임신 상태에서 그 대상에 의해 상처를 받았던 그들 어머니의 감정과 같은 것을 느꼈을 것이다. 왜냐하면 어머니의 모든 움직임과 배에 있는 아이의 움직임 사이에는 연관이 있어서, 하나에 해로운 것은 다른 하나에게도 해롭다는 것이 확실하기 때문이다.[12]

데카르트는 괴물의 발생 원인을 규명하기 위해 상상력의 문제에 기댔다기보다 이를 영혼과 신체의 밀접한 관계를 밝히는 데 이용했다. 육체의 차원에서 강렬히 경험한 외부의 자극이 영혼에 어떤 영향을 미치는가의 문제에 대한 데카르트의 이론은 이후 근대 철학자들에게 널리 수용되었다. 상상력은 마음속에서 일어나는 희미한 움직임이 아니라, 외부 대상이 감각기관을 거쳐 영혼에 영향을 주는 것과 마찬가지로, 외부 대상의 직접적인 자극 없이도 기질에 따라 감각기관에 실제로 상당한 영향을 미칠 수 있게끔 한다.

상상력의 강력한 힘을 강조했던 대표적인 철학자로 데카르트의 이론을 보다 구체화했던 17세기 말의 오라토리오회 신부 니콜라 말브랑슈를 들 수 있다. 그는 동물 정기의 운동은 외부의 자극을 감각기관으로 직접 받아들인 사람은 물론, 이러한 자극

• •

12. René Descartes, *Les Passions de l'âme, op. cit.*, p. 429.

이 일어나는 모습을 바라보거나 상상하는 사람에게도 같은 영향을 줄 수 있다고 본다.[13] "경험상 어떤 사람이 심하게 매를 맞거나 큰 상처를 입은 것을 대단히 주의를 기울여 바라보게 되면 정기는 다른 사람이 상처를 입는 부위와 대응하는 우리 몸의 부위로 힘껏 이동한다는 것을 알 수 있다."[14] 말브랑슈는 이런 일이 건장한 남성들보다는 두뇌가 연약하고 신경이 예민한 여성과 아이에게 더 잘 일어난다고 본다. 여자들과 아이들은 타인이 상처를 받는 것을 볼 때 함께 고통스러워하는데, 이는 그들의 신체 섬유가 건장한 남자들보다 더 연약하여

• •

13 . "모든 신경이 귀결하는 두뇌의 부분에 작용하는 상상력을 더욱 분명하고 더욱 특별하게 생각해보려고 한다면 마음에도 역시 변화가 일어난다. 다시 말하면 […] 두뇌 섬유의 질서에 변화를 일으키는 어떤 운동이 두뇌에서 일어난다면 마음에도 역시 새로운 지각이 일어난다. 그때 마음에는 어떤 새로운 것이 틀림없이 느껴지고 그것을 상상하게 된다. 그리고 마음은 두뇌의 같은 부위에 있는 섬유에 무언가 변화가 생기지 않는다면 새로운 것은 아무것도 느끼거나 상상할 수 없게 된다.

　　그래서 상상의 능력, 혹은 상상력은 마음이 두뇌의 그 부분에 존재하는 섬유에 변화를 일으키면서 대상의 이미지를 형성하는 능력에 불과하다. 두뇌의 그 부분을 가리켜 일차적인 부분이라고 할 수 있는데 이는 그 부분이 우리 육체를 이루는 모든 부분과 연결되고, 우리의 마음이 즉각 머물게 되는 장소이기 때문이다." (Nicolas Malebranche, *De la recherche de la vérité*, II, I, I, §1, in *Œuvres complètes*, t. I, éd. Geneviève Rodis-Lewis, Vrin, 1972, pp. 192-193)

14 . Nicolas Malebranche, *De la recherche de la vérité*, II, I, VII, §2, *Ibid.*, p. 236.

감각 자극에 훨씬 쉽게 노출되기 때문이다. 더욱이 산모의 자궁에 있는 태아는 훨씬 더 연약하고 민감한 신체 섬유를 갖고 있으므로 산모의 동물 정기에 쉽게 자극받게 된다.

이와 관련하여 말브랑슈가 소개하는 한 가지 사례를 살펴보자. 폐질자廢疾者 구제원에 수용되었던 한 젊은이는 사지가 절단된 채 태어났는데, 이 젊은이의 어머니가 임신 중에 범죄자의 사지를 찢어 죽이는 처형이 이루어지는 장면을 봤던 것이 원인이 되어 이런 기형을 갖고 태어났다는 주장이다.

이 불행한 이가 받았던 모든 형벌이 산모의 상상력을 강하게 자극했다. 일종의 반작용이 일어나 태아의 연약하고 민감한 두뇌도 역시 자극되었다. 산모의 두뇌 섬유는 기이하게 동요되었다. 대단히 끔찍한 일을 보았기 때문에 정기가 격심하게 흘러 어떤 부분에서는 끊어져 버리기도 했을 것이다. 그러나 산모의 두뇌 섬유는 단단해서 완전히 충격을 받지는 않았다. 반대로 태아의 두뇌 섬유는 억수로 쏟아지는 정기에 저항할 수 없어서 완전히 쓸려가 버렸고 이렇게 엄청난 재해를 받아 정기를 아주 잃고 말았다. 바로 이러한 이유 때문에 그 아이는 감각을 잃고 태어났다. 아이는 어머니가 사형집행 광경을 보았던 죄인의 육체와 동일한 부분이 절단되었던 것이다.[15]

말브랑슈는 산모와 태아의 두뇌 섬유를 언급하며, 외부의 시각적인 자극이 한쪽에는 큰 영향을 주지 않았지만 다른 쪽에는 심각한 영향을 미쳤음을 강조한다. 그는 동물 정기의 강한 흐름을 마치 급류가 모든 것을 휩쓸어가는 모습으로 묘사하면서 연약하고 민감한 두뇌 섬유가 이러한 강한 충격을 감당할 리 없음을 강조한다. 이 문단에 통제할 수 없는 정념의 힘이 인간의 신체와 영혼에 얼마나 큰 영향을 행사할 수 있는지에 대한 두려움과 놀라움이 담겨 있음은 물론이다.

18세기에도 태아를 자극하는 산모의 상상력의 힘에 대한 설명은 여전히 영향력을 가졌다. 심지어 민간의 미신과 편견에 격렬히 저항했던 볼테르조차 이러한 상상력의 힘을 부정하기는커녕 옹호하는 것을 보는 일은 흥미롭다. 아래는 볼테르의 『철학사전』에 실린 「상상력」 항목에서 인용한 것이다.

위험의 이미지는 두려움을 불러일으킨다. 선의 이미지는 맹렬한 욕망을 가져온다. 그 이미지만이 영광, 당파, 맹신의 열정을 만들어내는 것이다. 그것이 정신의 병을 퍼뜨리는 이미지이다. 강렬한 충격을 주어 미약한 두뇌로 하여금 그들의 육체가 다른 육체로 변한다고 상상하게 하는 것이다. 그 이미지야말로

15. *Ibid.*, p. 239.

수많은 인간을 강박관념에 사로잡히거나 주술에 사로잡혔다
고 믿게 했다 […] 이러한 종류의 노예적인 상상력은 무지한
민중이 흔히 가지고 있는 것으로 어떤 이들의 강력한 상상력은
그들을 지배하기 위해 사용되었다. 또 이러한 수동적인 상상력
은 쉽게 동요될 수 있는 것이어서, 간혹 어머니가 받은 인상의
뚜렷한 흔적을 아이에게 남겨주기도 한다. 그 사례는 무궁무진
하다.[16]

능동적인 상상력과 수동적인 상상력을 구분하면서, 볼테르
는 "미약한 두뇌"의 소유자들인 민중을 자극하여 편견과 맹신
에 빠뜨리는 두 번째 상상력을 경계했다. 볼테르는 분명 18세기
초에 기적을 갈망하는 얀센주의 광신도들이 집단적으로 경련
을 일으켰던 사건을 기억하고 있다. 이들 광신도들에게 실제로
신체적인 효과를 만들어냈던 것은 그들의 강한 상상력과 약한
두뇌의 상호작용 때문이었다는 것이 그의 입장이다. 그런데
뒤이어 볼테르는 이와 같은 맥락에서 임신 중인 어머니가
받은 인상과 자극이 태아에 실제로 영향을 줄 수 있다고 말하는
것이다.

● ●

16 . Voltaire, art. Imagination, in *Dictionnaire philosophique*, in *Œuvres comp-
lètes*, t. XIX, éd. Beuchot, Paris, Garnier Frères, 1879, p. 430.

물론 볼테르의 이런 관점이 중세와 르네상스 시대의 산모의 상상력에 대한 공포와 금기와 같은 맥락이라고는 볼 수 없다. 볼테르는 산모의 상상력에 상당한 충격을 가했을 때 태아가 어떤 방식으로든 영향을 받는다는 것을 인정했다. 그러나 임신 중인 산모가 욕망한 대상이 직접 태아의 모습에 나타날 수 있다는 점은 결코 그의 관심사는 아니었다.

19세기 초에 이지도르 조프루아 생틸레르가 그의 『보편적이고 개별적인 비정상의 역사』의 마지막 부분에서 임신 초기의 산모가 겪게 되는 심리적이거나 육체적인 충격이 태아에 영향을 미친다는 점을 인정하는 것도 이와 같은 맥락에서 이해할 필요가 있다.

임신 초기의 산모가 격렬하게 육체적이거나 정신적인 동요를 겪을 때, 이 사건은 동시에 근육 체계와 자궁에 갑작스럽고 뚜렷한 수축을 일으키게 되고, 그 때문에 태아의 막이 완전히 조인 상태에서 가벼운 열상裂傷이 생기면, 양막羊膜에서 양수 일부가 흘러나오고, 배아의 해당 부분의 지점과 막에 난 작은 상처의 유착된 부분이 결합되는 두 가지 현상이 일어날 수 있다. 이로부터 상황에 따라 다소 신속하게 인대 혹은 유착막이 파괴되거나 반대로 상당히 오랫동안 강화되어 남게 된다. 이렇게 되면 태어나는 태아는 과거에 있었던 뚜렷한 상처를

남기게 되거나, 해산의 순간에 그 상처를 고스란히 보존하게 된다.[17]

그러므로 괴물과 상상력의 관계는 단지 민간에 퍼져 있던 미신과 편견의 소관일 뿐이라고는 볼 수 없다. 그러나 볼테르를 거쳐 조프루아 생틸레르 부자에 이르기까지 앞서 살펴보았던 입에서 입을 거쳐 퍼져나갔던 소문과 정확하지 못한 기록이 믿을 만한 것이냐 아니냐의 문제는 완전히 사라졌다고 볼 수 있다. 그렇지만 어느 시대에나 마찬가지이듯 과학의 발전이 민간에 널리 퍼진 믿음을 완전히 대체할 수 있는 것은 아니다. 괴물은 이성의 단호하고 냉정한 해석을 언제든지 비웃고 출현할 준비가 되어 있었다.

• •

17. Isidore Geoffroy Saint–Hilaire, *Histoire générale et particulière des anomalies de l'organisation chez l'homme et les animaux*, t. III, Paris, J.–B. Baillière, p. 521.

신이 어떻게 괴물을 지상에 내보낼 수 있는가?

다시 말브랑슈에게로 돌아가 보자. 말브랑슈가 산모의 강한 상상력과 임신 중인 산모의 욕망이 괴물 아이를 태어나게 할 수 있다는 민간에 널리 퍼진 주장을 옹호한 까닭은 괴물과 기형의 존재는 직접적으로 신의 손으로 만들어진 것이 아니라는 점을 강조하기 위해서이다. 세계에 퍼진 인간의 죄악과 탐욕이 신의 뜻과는 무관하게 괴물을 세상에 들여놓기에 이르렀다. 신의 천지창조에는 그가 의도한 질서에 어긋나고 그의 능력과 무관한 불완전한 피조물이 존재하지 않았음이 분명하다. 그렇다면 어떻게 세상에 악이 들어서게 되었는가? 그것은 신의 뜻인가, 인간의 과오인가? 말브랑슈는 후자의 입장을 옹호하면서 신의 천지창조의 완전성을 옹호하고자 한다. 물론 말브랑슈는 신이 세상을 창조하면서 뒤이어 세상에 악이 들어서게 되리라는 점을 모르지 않았다고 본다. 신이 처음에 창조한 세상은 자연의 질서가 완벽하게 운행하는 곳이었다. 그런데 신은 자연의 질서를 창조하는 동시에 자신이 만든 질서를 스스로 위반할 수 없다. 그것은 신이 자신의 일반의지를 개별의지로 하는 일이기 때문이다. 그는 일반의지를 따르기 위해 가장 단순한 길을 걷는다. 달리 말하자면 개별의지를 작동하여 진리에 이르는 단순한 길에서 우회할 수 없는 것이다. 그래서 신은 괴물이 자신이 창조한 세상의 질서를 위반한다고 해서 그 역겨운 존재를 세상에 내놓지 않으려고 의지意志할 수 없다. 이런 점에서 말브랑슈는 신은 괴물의 출현에 책임이 없다고 주장하면서 괴물이란 헛된 상상력의 유혹에 빠진 인간의 과오의 소산이라고 본다.

[…] 어머니의 뇌에서 아이의 뇌로 이렇게 이어지는 연결 작용 때문에 간혹 태아가 죽게 될 수도 있고, 어머니의 방탕한 상상력 때문에 괴물이 태어날 수도 있다는 점을 신이 미리 예측하고 있었을지라도 […] 이러한 연결 작용은 대단히 경이롭고 꼭 필요한 것이므로 […] 신이 이러한 곤란을 미리 알고 있어도 그는 자신의 계획을 수행해야 했다. 어떤 의미로는 신이 괴물을 만들 계획이 없었다고도 할 수 있다. 신이 단지

동물 하나만을 창조했다면 그 동물을 괴물로는 절대 만들지 않았으리라는 점이 내게 명백해 보이기 때문이다. 하지만 신은 가장 단순한 길을 통해 경이로운 작품을 만들고 모든 피조물을 서로 이어보고자 하는 목적을 가지고 있었기 때문에 이 질서 및 사물의 본성으로부터 필연적으로 초래된 어떤 결과들을 미리 예측하고 있었다. 왜냐하면 결국 어떤 괴물 하나만으로는 불완전한 작품일 수 있을지라도 이 괴물이 다른 피조물들과 연결될 때 그 괴물은 세상을 불완전하게 만들거나 세상을 창조주의 지혜에 합당하지 못한 것으로 만드는 것이 아니기 때문이다.[1]

말브랑슈에게는 괴물이 신의 분노나 저주로 세상에 출현한다는 생각은 터무니없는 것이다. 신이 인간에게 상상력을 부여한 까닭은 인간의 부족한 이해력으로는 결코 이해할 수 없는 신의 과업이 얼마나 아름답고 완전한지 머릿속에 그려보고, 결국 그런 완전한 존재를 찬양할 수 있도록 했기 때문이다. 물론 전능한 신이 왜 산모의 과도한 상상력이 연약한 태아에게까지 작용하지 못하게끔 할 수 없었느냐고 말할 수도 있을 것이다. 하지만 창조주는 태아에게 건장한 성인의 신체적인

● ●

1. Malebranche, *op. cit.*, pp. 244–245.

조건을 마련해줄 수 없었다. 태아의 신체가 무르지 않다면 어떻게 자기를 품고 있는 어머니나 자신을 다치게 하지 않고 어머니의 뱃속에서 세상에 나올 수 있겠는가. 설령 그 때문에 태아가 죽기라도 한대도 신이 그런 사고를 예측하지 못했다고 말할 수 없는 것이다. 신이 자신의 개별의지를 자신이 만든 세상에 적용시키려고 하는 순간 그가 세운 세상의 질서는 무너져버린다. 『자연과 은총의 논고』에서 말브랑슈는 이런 맥락으로 "신은 개별의지를 통해 괴물을 만들려고 하지 않았 다. 신은 산모에서 태아로 이어지는 연결 작용의 법칙을 세웠으 며, 이 작용의 결과는 필연적인 것이다. 게다가 그토록 단순하 고 동시에 풍요로운 이러한 법칙으로 인해 우리가 세상에서 보는 모든 아름다운 것이 생겨난다"[2]고 말했다. 신은 지상에 괴물이 나타나지 못하도록 막지 않았다. 애초에 괴물은 다른 피조물과 동일한 방식으로 창조되었겠지만, 태내에서 우연히 일어난 사건들의 영향을 받아 결함을 가진 존재로 모습을 드러내었을 뿐이다.

그러나 말브랑슈의 이론은 이내 아르노를 필두로 하는 얀센 주의 철학자들의 비판에 직면한다. 말브랑슈가 『자연과 은총

* *

2. Malebranche, *Traité de la nature et de la grâce*, ch. 1, §18, éd. Ginette Dreyfus, Vrin, 1958, p. 187.

의 논고』를 출판한 뒤, 포르루아얄 수도원의 얀센주의를 이끌던 앙투안 아르노는 이 오라토리오회 수사의 논리를 반박해야겠다고 결심한다. 이런 의도로 나온 아르노의 저작이 『자연과 은총의 새로운 체계에 대한 철학적이고 신학적인 성찰*Réflexions philosophiques et théologiques sur le nouveau système de la nature et de la grâce*』이다. 그는 이 책에서 "신은 개별의지를 전혀 갖지 않는 일반 원인으로 오직 자연의 질서를 통해서만 행동한다는 [말브랑슈의] 저 엄청난 교리는 성경도, 가톨릭 전통도 참조하지 않고 있다. 그래서 그 교리가 완전한 존재의 관념을 명백히 표현하고 있는 부분에서나 그것을 원칙으로 수용할 수 있을 뿐이다"[3]라고 말브랑슈를 조롱한다. 여기서 아르노가 말브랑슈의 체계가 "성경도, 가톨릭 전통도 참조하지 않"았다고 말했던 것은 오라토리오회 신부의 체계가 정통 신학을 벗어났다는 비판이었으니, 이보다 더 가혹한 비판이 있겠는가. 아르노는 말브랑슈가 오만하게도 이성을 토대로 한 '진리의 탐구'의 가능성을 앞세웠던 것은 신중하지 못한 일로서, 결국 신의 개별의지를 인정하지 않으면서 신앙과 기적의 문제를 신학과 신앙에서 배제하고자 했던 것은 바로 그의 지적 오만이라고

• •

3. Antoine Arnauld, *Réflexions philosophiques et théologiques sur le nouveau système de la nature et de la grâce*, Cologne, Nicolas Schouten, 1685, p. 185.

공격한다. 그러므로 아르노와 얀센주의자들의 관점에서 인간의 이성으로 신이 창조한 세상의 이치를 이해할 수 있다고 보는 말브랑슈의 체계는 두말할 것 없이 불경한 것이었다. 이 점이 1684년부터 1694년까지 말브랑슈와 아르노 사이에 벌어진 논쟁의 쟁점이 된다.[4] 말브랑슈는 "괴물을 물질의 배치에 작용하는 일반 법칙을 일탈한 산물로 보았고, 괴물을 나타나게 하는 이들 법칙을 창시했던 신의 의지 역시 일반적인 것으로서, 개별적인 신의 의지가 기이한 존재로서의 괴물을 목적한다는 것은 신이 의도적으로 창조의 원인으로 삼은 것이거나 이 산물의 구조를 수정하여 이를 정상적인 것으로 만들려는 것"[5]이라고 생각한다. 그러므로 괴물의 출현을 신의 개별의지를 통해 설명하는 것은 불가능하다. 결국 아르노가 보기에 말브랑슈의 체계에서 문제가 되는 것은 이 오라토리오회 수사가 신의 기적과 경이를 거부하는 데 이를 수 있다는 데 있었다. 그러므로 아르노는 괴물이 신이 완전하게 창조한 세계의 질서를 여전히 수미일관하게 따르는 존재라고 주장하면서 말브랑슈를 논박한다. 신은 자신이 원하지도 않은 존재가 생겨나도록 방관할 수 없으며, 그러므로 괴물은 신의 직접적이고 긍정적인

• •

4. Voir Denis Moreau, *Deux cartésiens. la polémique entre Antoine Arnauld et Nicolas Malebranche*, Vrin, 1999, pp. 36–37.

5. *Ibid.*, p. 221.

의지에 의해 태어난 존재로 보아야 한다.[6] 반면 지적으로 신이 창조한 세계 전체를 아우를 능력이 없는 인간으로서는 어떤 존재를 정상 혹은 비정상으로 보아야 하는지 판단할 자격이 없다.

괴물 동물들은 더 정확한 비례를 갖춘 동일한 종의 다른 종들보다는 덜 완전하다. 하지만 그들은 돌[ㄷ]보다는 더 완전한 존재다. 그리고 신의 기술이 빚어낸 효과일 수밖에 없는 그들의 무정형한 육체의 구조에 그래도 수만 가지 경이로운 점들이 있는 것이다. 훌륭한 화가가 단지 일부만을 완성하고 나머지는 서투르게 그려 놓은 그림이라 하더라도 가치가 있는 것처럼 말이다. 그러나 나는 신이 이러한 괴물 동물을 만들면서 완전한 동물을 만들 때는 볼 수 없는 다양한 것을 조화시켜 놓았다는 점을 부정하지 않는다.[7]

말브랑슈와 아르노는 방법은 다르지만 각자 신의 피조물들이 갖고 태어나는 결함의 책임을 신에게서 면제해주고자 했다. 이는 성경과 신학 논의에 등장하는 기적과 신앙 행위가 목적으

• •

6. Voir Antoine Arnauld, *Réflexions …. sur le nouveau système de la nature et de la grâce*, *op. cit.*, p. 158.

7. *Ibid.*, p. 77.

로 삼는 은총을 어떻게 해석해야 하는가에 대한 첨예한 대립이기도 하다. 데카르트가 추구했던 수학적 이성에 토대를 둔 확실성의 철학을 당대 과학과 조화시켜보고자 했던 말브랑슈는 자연의 질서를 거스르는 기적의 문제를 다루는 데 소극적일 수밖에 없었다. 반면 자연의 질서를 고스란히 알고자 하고 알 수 있다고 확신하는 인간의 오만을 '이기심amour propre'의 소산으로 비판했던 아르노와 얀센주의자들은 인간의 제한된 이해력으로는 수많은 자연현상에 속속들이 숨겨져 있는 신의 의지를 인간의 기준으로 판단할 수 없다고 주장한다. 아르노는 괴물로 보이는 존재 역시 신의 적자適者이며, 다만 정상적인 사람들 가운데 좀 더 아름다운 사람이 있고 좀 더 추한 사람이 있듯이 신의 조화로운 지혜 안에 괴물과 정상인이 공존할 뿐이라고 본다.

말브랑슈에 반대하고 아르노의 입장을 지지했던 동시대 또 다른 데카르트주의자로 피에르 실뱅 레지스가 있다. 그는 세 권으로 펴낸 『철학의 체계Cours entier de philosophie ou Système de philosophie』에서 괴물은 산모의 태내에서 발생한 우연한 사건의 결과가 아니라, 천지창조 때부터 존재했던 별도의 괴물의 '종자les germes'에서 비롯한 것이라고 주장하면서 아르노의 입장을 따른다.

신이 괴물을 만든 자일 수 없다거나, 천지창조 때부터 괴물의 종자가 존재했다면 신이 괴물을 만든 것이 아니냐고 말하지 않는데도, 괴물의 종자가 완전한 동물의 종자가 그러하듯이 천지창조 때부터 이미 만들어져 있었고, 발생 과정은 이 종자를 명백히 성장할 수 있게 만드는 것뿐이라고 믿을 수 있다. […] 이것은 신이 괴물이 존재하지 않기를 원했음에도 괴물을 만들어냈다는 말이 아니라 신은 진실로 자연법칙의 단순성을 충족시키기 위해 괴물을 만들어내지 않을 수 없었다는 것이다. 우리는 자연법칙은 신의 의지와 다른 것이 아니라고 대답할 것이다.[8]

말브랑슈는 태초에 만물의 종자는 지금 보듯 완전한 그대로였지만 태아의 성장 과정 중에 우연적으로 일어난 사고로 인해 변형과 변질을 겪으면서 괴물이 태어난다는 입장을 견지한다. 그런데 레지스는 괴물은 신의 섭리에 따라 이미 천지창조 시기부터 준비된 것으로, 그 괴물의 종자가 세대를 거쳐 내려오면서 지상에 출현하게 된 것으로 본다. 레지스는 신이 괴물을 의욕意慾하지 않았음에도 그 존재의 출현을 방관했다고밖에 말할 수

• •

8. Pierre–Sylvain Régis, *Cours entier de philosophie ou Système de philosophie*, t. III, Amsterdam, 1691, pp. 29–30.

없는 말브랑슈의 체계를 반박하며, 천지창조 때 신은 지금 우리가 세상에서 보고 있는 모든 존재를 이미 마련해 놓았으며, 그 종자가 발육을 거듭하여 나타난 것이 신이 창조한 세상의 '단순성'을 더 잘 설명할 수 있다고 말한다. 말브랑슈에 맞서 아르노와 레지스는 신의 '무한한 자유'와 이에 대한 인간의 근본적인 무능력을 강조하면서 신은 일반의지를 통해서만 행동하는 것도, 특수의지를 통해서만 행동하는 것도 아니라고 주장한다. 전지전능한 신의 의지를 이와 같은 인간의 관점으로 구분한다는 것 자체가 완전한 존재로서의 신의 정의와 모순되기 때문이다. 신이 일반의지만을 가질 때 그는 무능한 존재가 되며, 신이 특수의지로만 행동한다면 신의 의지라는 것이 다양한 의지들의 합이 되므로 역시 신의 단순성이라는 정의에 어긋난다.[9] 레지스에 따르면 신의 행동은 정상과 괴물을 구분하지 않고 가능한 모든 존재를 동시에 창조했던 한 가지뿐이다. 전능한 신이 오늘 이렇게 행동하고 내일 저렇게 행동할 수 있겠는가? 따라서 말브랑슈가 생각하듯이 신이 애초에 완전한 동물의 종자만을 만들고 괴물은 이로부터 나중에 우연한 방식으로 생겨난 것이 아니라, 신은 완전한 동물의 종자와 더불어 괴물의 종자를 동시에 만들어 놓았다고 보아야 한다는 것이 레지스의 주장이다.

• •

9. *Ibid.*, t. I, p. 92.

발생이론과 괴물의 문제

근대의 철학자들은 이성과 신앙을 조화시켜야 하는 위기에 직면했다. 수학과 기하학의 비약적인 발전은 이성을 통해 그때까지 신비의 베일에 싸여 있던 자연의 원리를 규명하고 앞으로 다가올 자연의 현상을 예측할 수 있으리라는 기대를 품게 했다. 인간은 자신에게 주어진 제한된 감각의 영역을 확대함으로써 더 넓고 더 깊은 세계의 신비 속으로 들어설 수 있었다. 17세기 초에 갈릴레이가 망원경을 발명하여 그때까지 육안의 관찰에 의존했던 하늘의 세계를 무한히 넓혀 놓았다면, 17세기 후반 네덜란드의 니콜라스 하르트수커르와 안톤 판 레이우엔훅은 현미경을 발명하여 자연사의 영역을 무한히 작은 극미동물의 세계로 확장했다. 이제 철학과 과학의 쟁점은 무한의 문제로 옮겨 갔다. 인간은 무한한 신의 세계를 자신의 힘으로 발명한 망원경과 현미경의 도움으로 관찰하고, 측정하고, 이해할 수 있으리라는 기대감에 부풀었다. 말브랑슈와 아르노의 논쟁은 근대 과학혁명이 가져온 인간 지성에 대한 확신과, 여전히 막연하고 부정확한 것으로 남아 있는 지식을 지나치게 숭배하는 인간의 오만에 대한 불신의 대립이기도 했다.

특히 방금 언급한 두 네덜란드 과학자가 거의 동시에 발명한 현미경은 이 시대 자연사 연구에 엄청난 혁신을 가져왔다. 고대 그리스의 히포크라테스와 갈레노스의 저작이 여전히 영향력을 행사했던 이 시기의 의학 이론에, 르네상스 이래 발전을 거듭한 이탈리아와 네덜란드의 혁신적인 과학적 성과가 더해지면서 자연과 인간을 이해하는 새로운 시각이 나타났다. 이제 낡은 스콜라철학에 토대를 둔 형이상학적인 논의로는 동물의 발생과 괴물의 출현 문제를 더는 설명할 수 없었다. 지금까지 성경의 권위와 신학자의 교리에 따라 자연에서 발생하는 모든 현상을 추론해내고자 했다면, 앞으로는 자연현상의 관찰과 탐구를 통해 무한한 신의 창조의 경이와 전능의 흔적을 재발견하는 것으로 연구의 방향이 바뀌게 된다. 여전히 이성과 신앙은 서로를 보완하지만, 위기를 맞은 신앙은 이제 이성의 힘에 도움을 요청하고 의지하기 시작한다. 고대 저자들의 이론이 불충분했던 것은 그들이 불완전한 감각과 불합리한 상상력에 기댔기 때문이다. 이제 이성의 힘으로 감각과 상상력의 오류를 벗어나게 된다면 자연은 자신을 감춘 신비와 경이의 베일을 벗고 보다 단순하고 보다 명확한 진짜 모습을 드러내게 될 것이며, 인간은 그 자연을 창조한 전능한 신의 의도를 즉각 이해할 수 있을 것이다.

같은 시대 네덜란드의 곤충학자 얀 스바메르담은 1669년에 펴낸 『곤충의 일반사*Histoire générale des insectes*』에서 직접 번데기와 송충이를 해부해본 뒤, 그 안에 나중에 완전한 나비로 나타나게 될 형태가 고스란히 들어 있음을 들어, 모든 동물의 종자에는 세상으로 나오기 이전에 이미 완전한 형태를 갖춘 존재가 그 안에 포개져 있다*emboîtement*고 확신했다. 그는 주저하지 않고 "곤충이 어떻게 변화를 겪고 몸이 어떻게 성장하는지 주의 깊게 살펴본다면 […] 창조주의 모든 피조물은 동일한 법칙에 토대를 두고 있고 거기서 항상 동일한 규칙이 관찰된다는 점을 알게 된다"는 결론을 내린다. 그에 따르면 "모든 피조물은 굉장한 유사성을 갖추고 있으며, 이 점을 진지하게 생각해본다면 하늘 아래 우연과 사고에 의해 만들어진 것이 있을 수 없음을 누구라도 확신할 수 있을 것"[1]이다.

••

1. Jan Swammerdam, *Histoire générale des insectes*, Utrecht, Guillaume de Walcheren, p. 204.

이러한 관찰을 통해 이 시대 자연학 연구자들은 곤충 일반의 발생 과정에서 동물과 식물을 포함한 모든 피조물의 발생 과정을 유추하기에 이르렀다. 동물이나 식물의 발생이란, 종자 속에 이미 완전한 형태를 갖고 머물러 있던 배아가 일정한 조건이 마련되고, 특별한 자극을 받았을 때 발육과 성장을 시작하는 것에 불과하다. 이러한 배아의 선재이론la préexistence des germes은 17세기 후반의 과학계에 큰 반향을 불러일으켰다. 어떻게 부모로부터 자손의 형태가 그토록 오랫동안 변함없이 이어져 내려올 수 있는가? 그것은 이미 천지창조 때부터 부모의 종자 안에 미래의 모든 자손의 종자가 갖춰져 있었기 때문은 아닐까? 어떻게 그 작은 종자 안에 동일한 무한한 세대가 포개져 있을 수 있는가에 대한 의문은 무한에 대한 수학적 설명으로 간단히 해결될 수 있었다.

1670년 이후 네덜란드의 니콜라스 하르트수커르와 안톤 판 레이우엔훅은 자신들이 발명한 현미경으로 그때까지 육안으로는 볼 수 없었던 극미동물의 존재를 밝혀냈다. 이들은 그때까지 생명의 발생이 난자에서 기원한다고 보는 난이론 ovisme을 무력화시키고 동물의 정자가 생명의 발생에 결정적인 역할을 한다는 이론을 뒷받침하는 데 공헌했다. 특히 하르트수커르는 1674년에 자신이 수행한 실험으로 모든 정자 극미동물에는 완전히 형성을 끝낸 배아가 포함되어 있다는 내용을 말브랑슈에게 보내 상의했다. 그가 파리에 머물면서 프랑스어로 출판한 『굴절광학 시론*Essay de dioptrique*』의 다음 구절을 살펴보자.

> 나는 새의 정액에서 보이는 벌레들마다 […] 실제로 동일한 종의 수컷이나 암컷 새 한 마리가 들어 있다고 생각한다. 수컷이 암컷의 난자에 정액을 뿌리면 이 정액은 그곳에 있는 난卵의 주위를 둘러싸게 되고 정액에 있는 모든 벌레는 자기에게 양분이 되고 성장을 시켜줄 난들 중 하나의 내부에 들어가려고 애쓴다. 난에는 우리가 배胚라고 부르는 부위에 하나의 벌레만을 받을 수 있는 구멍이 하나뿐이다. 벌레 한 마리가 그곳에 들어가자마자 이 구멍은 닫혀버려 다른 어떤 벌레도 들어올 수 없게 막는다. 우연히 하나의 난의 배에 두 마리의 벌레가 들어오는 일이 생긴다면 그 난에서 양분을 얻는 이 두 마리 동물은 어떤 부분이 붙어버려서 결국 일종의 괴물이 된다.[2]

하르트수커르와 같은 입장이었던 말브랑슈는 같은 해 출판된 『진리의 탐구에 대하여』 전반부에 네덜란드 과학자의 입장을 좀 더 수학적인 방법으로 발전시켰다. 말브랑슈에 따르면

• •

2. Nicolas Harsoeker, *Essay de dioptrique*, Jean Anisson, 1694, p. 228.

신은 천지창조 때 이미 무수한 동물과 식물의 종자를 동시에 창조해 놓았다. 작은 사과 씨 하나에는, 그것에서 발아하여 성장할 완전한 사과나무가 들어 있는 동시에, 그 미래의 사과나무에 열릴 하나하나의 사과 속에 다시 다음 세대에 발아하여 성장할 또 다른 완전한 사과나무가 들어 있고, 이런 식으로 무한히 계속된다.

한겨울에 튤립 구근의 종자를 그저 돋보기나 볼록렌즈를 통해서나 육안으로 관찰해보면 이 종자 안에 앞으로 푸르게 피어날 잎들이며, 꽃이나 튤립을 구성하게 될 잎들이며, 씨를 포함하는 저 삼각형의 작은 부분과 튤립의 내부에서 그 씨를 둘러싸고 있는 여섯 개의 작은 기둥을 아주 쉽게 발견하게 된다. 그래서 한 튤립 구근의 종자는 완전한 튤립 하나를 포함하고 있음을 확신할 수 있다.

비록 육안으로나 현미경으로 볼 수가 없기는 하지만 겨자 종자, 사과 종자, 일반적으로 모든 종류의 나무와 초본의 종자도 마찬가지라고 생각하는 것이 합당하다. 그래서 모든 나무는 그 씨의 종자 속에 작은 형태로 들어 있다고 확실히 말할 수 있다.

하나의 종자에 무한히 많은 나무들이 존재한다는 것이 황당한 생각은 아니다. 하나의 종자는 그것이 씨가 되는 나무만 포함하는 것이 아니라, 그 자체 안에 새로운 나무들과 새로운 나무들의 씨를 모두 포함할 수 있는 다른 무수히 많은 씨를 포함하고 있다. 이들은 아마 상상할 수 없을 정도로 작지만 다른 나무들과 첫 번째 것들만큼 풍요로운 다른 씨를 보존할 것이며, 이런 식으로 무한히 계속될 것이다. 이러한 생각은 신의 무한한 능력의 경이를 그들의 감각과 상상력의 관념을 가지고 판단하려고 하는 사람들이 보기에는 기이하고 부당하게 보일 수도 있겠다. 그러나 하나의 사과 씨에는 무한한 혹은 거의 무한하다시피 한 수 세기에 걸쳐 자라날 사과나무들, 사과들, 사과나무의 씨들이 완전한 사과나무와 그 씨 안에 존재하는 사과나무의 크기의 비율에 따라 존재할 것이다. 자연은 계속해서 이 작은 나무들을 발육시키는 것에 불과하다. 씨 외부에 있는 것은 눈에 띄게, 씨 내부에 있다고 생각되는 것은 눈에 띄지는 않지만 실제로 그 크기에 비례하여 계속 성장시키는 것이다. 씨 내부에 있다고 생각되는 나무들의 섬유들 사이로 들어가 양분으로 사용될 정도로 작은 것들이 존재한다는 점이 확실하기 때문이다.[3]

. Nicolas Malebranche, *De la Recherche de la vérité*, I, VI, §1, in *Œuvres complètes*, t. I, éd. Geneviève Rodis-Lewis, Vrin, 1972, pp. 81-82.

신의 경이로운 창조는 그가 자신의 무한성을 그가 만든 세상에도 역시 구현해 놓았다는 데 있다. 신은 하늘 위로 무한한 대우주를 만들었을 뿐 아니라, 지상 아래로 무한한 소우주 역시 만들어 놓았다. 인간의 이성이 이러한 무한대와 무한소를 상상하고 이해하기 시작할 때 우리는 공포에 가까운 놀라움과 두려움을 느끼기 시작한다. 신이 이렇게 완전한 세상을 창조했을 때 그곳에 어떻게 악과 기형이 들어설 수 있었겠는가? 그러므로 말브랑슈는 괴물을 신의 천지창조 사후에 신의 보편적이고 일반적인 의지와 법칙과는 무관하게 우연한 사건이 자연에 개입한 기회원인causes occasionnelles에 의해 발생한 것으로 보고자 하는 것이다.

18세기의 괴물논쟁 I
— 뒤베르네와 레므리의 논쟁

앞서 살펴본 것처럼 말브랑슈는 배아의 선재이론의 입장에 서서 완전한 종자가 발생 과정에서 겪게 되는 우연한 사건의 개입으로 괴물의 발생을 설명했다. 그러나 말브랑슈의 설명은 세상에 나타난 수많은 괴물과 기형의 존재들의 발생을 일관되게 설명하는 데는 역부족이었다. 오히려 이 시기에 여러 의사와 해부학자들은 수많은 실험을 거듭하면서 애초에 존재했던 괴물의 종자가 발육과 성장을 거쳐 세상에 등장했다는 아르노와 레지스의 입장에 더욱 큰 관심을 보이게 된다. 이제 18세기 전반기에 괴물의 발생에 대한 이러한 두 가지 입장이 경쟁하고 대립하면서 프랑스왕립과학아카데미를 뜨겁게 달군 괴물논쟁Querelle des monstres에 주목해보자.

논쟁은 1706년에 파리 근교 비트리에서 태어난 괴물 아이가 보고되면서 촉발되었다. 이 아이는 골반 아래가 서로 맞붙어 태어난 머리가 둘인 쌍둥이였는데 태어나자마자 죽었고, 이를 당대 유명한 의사였던 조셉 기샤르 뒤베르네가 직접 해부하여 같은 해 11월 13일 과학아카데미에 그 결과를 보고했다. 뒤베르네는 이 보고서에서 엄격한 외과의사의 관점으로 이 쌍둥이의 신체 구조를 객관적인 방식으로 기술하고 있다. 그에 따르면 이 쌍둥이 괴물은 머리부터 배꼽까지는 보통의 아이와 다를 바가 전혀 없지만 배꼽 밑의 치골부터 아랫부분이 서로 결합되어 있었다. 아래의 뒤베르네의 해부 보고서 일부를 읽어보자.

이 결합 쌍생아는 치골 부분이 없었다. 그런데 서로 결합되었다면 그 부위를 이루었을 수도 있는 뼈들이 분리되어 서혜부鼠蹊部 쪽에 자리 잡고 있었다. 쌍생아 하나의 오른쪽 치골 뼈는 왼쪽 치골 뼈와 결합되어 있지 않고 다른 아이의 왼쪽 치골 뼈와 마주 보고 있었고, 그 다른 아이의 왼쪽 치골 뼈는 인대로 결합되어 있는데, 이 둘을 연결하는 인대는 대단히 강하고 또 유연했다. 이 둘이 이 자리에서 일종의 반원형 아치를 이루고 있었다.

양쪽의 치골 뼈를 결합해주는 인대 하나하나는 길이가 42밀리미터 정도였고 유연하게 이어져 있었기 때문에 이 두 아이는

일정한 지점까지 서로의 몸통을 가깝게 하거나 멀리할 수 있었
다.

더 강하고 두터운 인대도 보였는데 치골 뼈들이 결합되어
있는 아래쪽 부분의 한쪽 끝에서 다른 쪽 끝까지 연결되어
있었다. 그것이 이 쌍생아가 공유하는 골반을 두 부분으로
나누었다. 이 인대는 뒤집힌 반원형의 형태를 가졌는데 이
쌍생아의 등을 이어주는 피부가 그것에 착 달라붙어 있었다.
[…]

두 아이가 공유하는 배꼽은 정확히 하복부 가장 아랫부분
가운데에 있었는데 두 아이들은 이 하복부 역시 공유하고 있었
고, 이 자리에서 복부는 약간 더 좁았고, 그 부위를 덮고 있는
피부는 힘줄이 많은 여러 섬유로 강화되어 있어서 더욱 단단했
다. 여기에 꿰맨 자국 같은 것이 뚜렷이 보였다. 그 자국이
두 아이의 복부를 덮고 있는 피부가 서로 이어지는 부분을
정확히 가리키고 있었다. 이 피부는 서로 결합된 치골 뼈들의
한쪽 끝에서 다른 끝 쪽으로 이어지면서 뒤집힌 반원형의 형태
로 나타나 있었다.[1]

• •

1. Duverney, "Observation sur deux enfants joints ensemble", in *Mémoires
de l'Académie royale des Sciences*, année 1706, pp. 420–421.

뒤베르네의 해부 보고서는 그가 직접 해부해본 이 결합 쌍생아의 내부 조직을 최대한 객관성과 정확성을 기해 기록한 것이다. 문제가 되고 있는 이 쌍생아의 치골 아랫부분을 기술하는 방식도 역시 마찬가지이다. 이러한 기술記述의 태도에는 중요한 의미가 있다. 뒤베르네는 이 결합 쌍생아의 '차이'보다는 정상적으로 태어난 태아와의 해부학적 '동일성'을 강조한다. 인간과 동물의 '정상적인' 신체 구조가 각 부분이 다른 부분과 갖는 연속성과 그로부터 얻을 수 있는 기능적인 유용성을 필요로 한다면, 적어도 이런 점에서 이 결합 쌍생아 역시 상당한 정도의 내적 연속성과 기능적인 유용성을 갖고 있음을 보여주고 있다. 뒤베르네는 주관성을 최대한 배제한 냉정한 방식을 취해 기록한 이 보고서 마지막 부분에 이르러서야 이 결합 쌍생아가 갖는 '유일한' 기형성을 지적한다. 이 두 아이는 각자 성기가 있었으나 항문이 없어서, 대변을 보는 것이 불가능하고, 내장에서 소화된 것은 이들의 성기를 통해 모두 액체로만 배출되었다. 뒤베르네는 이 쌍생아의 하복부에 둘로 분리되어 있던 대장이 아주 짧은 하나의 대장으로 연결되어 이것이 결장結腸 기능을 하고 있음을 발견했다. 이 결장이 방광으로 연결되고, 대변은 소변으로 변해 아이들의 외부로 배출되는 것이다.

이 쌍생아의 결장이 양쪽에서 장간막腸間膜이 연장된 부분과 이어져 있고, 이 장간막에서 나온 혈관은 대단히 많은 수로 분맥分脈을 이루며 장 부위의 모든 쪽으로 퍼져나가면서 모두 이어져 있었다. 관상기관이 이렇게 합류되어 있으므로 두 아이 사이에 피의 순환이 이루어지게 되고, 거의 비슷한 방식으로 신경들도 정기를 상호 교류할 수 있었다. […]

결장은 끝부분에서 쌍둥이의 방광으로 열리고, 그 입구가 아주 좁기는 하지만 방광에 물질이 거의 똑같이 배치되어 있었음을 볼 수 있었다. 결장이 방광으로 이어지는 열린 부분에 괄약근이 없었기 때문에 이 두 아이에게는 방광이 직장直腸 기능을 한다고 볼 수 있었다. 사실 이 부분은 대변의 저장소 역할을 했고 요관尿管의 괄약근이 열릴 때에야 배출이 가능했다. 그러므로 이 부분이 항문과 방광의 괄약근을 대체하는 것이다.

여러 가지 요인들로 배출이 용이해졌다. 첫 번째로 대변의 점도粘度가 대단히 낮기 때문에 결장에 잠시 머문 뒤 요관 넷에서 나온 소변과 섞이게 된다.

두 번째는 보통 아이들보다 훨씬 방광이 강한 힘으로 수축했다는 점이다. 근육 피막이 보통보다 훨씬 두터웠기 때문이다. 더욱이 요관 입구가 보통보다 훨씬 넓었고 대변은 무게가 나가니까 방광의 가장 낮은 부분에 위치하게 되었다.[2]

뒤베르네는 이 쌍둥이가 심각한 기형을 갖고 태어났고, 그런 까닭에 태어나자마자 사망했지만, 치골 아래쪽이 결합된 부분을 제외한 다른 부분은 정상인과 전혀 다름이 없을 뿐 아니라, 이들이 대변의 배출이 불가능한 기형적인 신체 구조를 갖고 있음에도 어느 정도 조화로운 방식으로 이 난점을 해소할 수 있도록 변형되어 있음에 주목한다. 통상의 설명대로 이 기형의 존재가 산모의 자궁에 수태된 두 종자가 우연한 사건으로 인해 압착된 뒤 성장을 계속했다고 보아야 할까? 뒤베르네는 이 결합 쌍생아의 '정상성'과 내적 '조화'를 강조하면서 앞의 '우연'에 의한 결합의 가능성을 배제하고자 한다.

흔히들 괴물을 우연의 결과이거나, 순전히 자연적이기는 하지만 정상에서 일탈한 운동의 결과이거나 맹목적인 형성의 힘의 결과[…]로 보곤 한다. 그런데 우리가 앞에서 상세히 기술하면서 외적인 형상과 내적인 조화의 관계를 설명해 놓은 괴물은 우연의 결과이거나 맹목적인 형성의 힘의 결과라거나 자연적으로 이루어지는 운동이 우연히 정상을 벗어난 결과라고 볼 수 없다.

• •

2. *Ibid.*, pp. 429–430.

괴물의 피부에서 내장 깊은 곳에 이르기까지 모든 것이 그 목적에 따라 자유로운 지성에 의해 인도된 기획의 소산이었다. 그 목적은 강력히 실행되었고, 사용된 모든 수단이 언제나 그 현명하고 조화로운 목적을 따랐다.

인간과 네 발 달린 동물들의 공통된 질서에 따르면 이들은 최초의 소화의 소산인 대소변을 배출하기 위한 두 출구를 갖기 마련이다. 하나는 단단한 변의 배출을 위한 것이고, 다른 하나는 액체 상태의 변의 배출을 위한 것이다. 이 괴물은 내가 말한 지성이 인간의 두 몸을 하나로 결합해 놓고자 했던 것인데, 이들은 똑바로 일어나 있을 수 있고, 앉을 수 있고, 둘의 몸통을 어느 정도까지 멀리하거나 가까이 할 수 있었다. 그 지성은 하나의 관을 통해서 대변이 소변과 뒤섞이는 저장소에 이르게 하여 배출이 가능하도록 만들어 놓았다. 그 결과 쌍둥이 각자가 자기 성기를 통해 대변을 배출했다. 우리가 그 점을 이렇게 분명히 살펴본 이상, 이러한 의지가 있었음을 결코 부정할 수 없다. 나는 그 원인이 무엇인지 연구하는 일은 신학자들에게 맡겨두려고 한다. 하지만 이러한 의지를 전제한 이상 나는 이 괴물을 관찰하는 것으로 창조주가 실행한 역학mécanique이 얼마나 풍요롭고 자유로운지 알 수 있다고 보고 싶다.[3]

- •

3. *Ibid.*, pp. 431–432.

뒤베르네는 이 보고서의 마지막 결론 부분에 이르러서야 괴물의 생성 원인에 대한 자신의 신중한 의견을 피력한다. 그는 이 괴물을 우연의 소산이라고 보아야 할 어떤 증거도 찾을 수 없었다. 이 쌍둥이가 자궁 내에 착상한 두 종자가 서로 압착된 결과라면 그들이 원래 가졌던 각각의 부분은 상당한 충격으로 파괴되어 그 안에 조화로운 내적 구조를 찾을 수 없을 것이 분명하다. 그런데 뒤베르네는 이 괴물 안에 "피부에서 내장 깊은 곳에 이르기까지" 모든 것이 "자유로운 지성에 의해 인도된 기획을 따르고 있음"을 확신했다. 인용문의 마지막 부분에 그가 "그 원인이 무엇인지 연구하는 일은 신학자들에게 맡겨두려고 한다"고 했다면, 그는 분명히 자신의 입장이 말브랑슈와 같은 신학자의 의견과 배치되고 있음을 암시하는 것이다. 창조주는 설령 우리 눈에 기형으로 보이는 존재 역시 소화와 배출을 할 수 있게끔 해주는 내부기관을 좀 낯선 방식으로 조직했을 뿐이다. 그러므로 이 괴물은 "우연 혹은 알 수 없는 형성력의 산물이 아니며 자연적인 운동이 우연히 이상을 일으킨 결과로도 볼 수 없다."

그런데 1724년에 과학아카데미의 루이 레므리는 1721년에 태어난 다른 종류의 괴물에 대해 보고하면서 뒤베르네의 이론을 정면으로 공격했다. 이 괴물 역시 머리가 둘이었는데 뒤베르

〈그림 13〉 뒤베르네의 결합 쌍생아(위에서 본 그림).

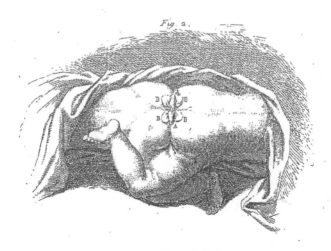

〈그림 14〉 뒤베르네의 결합 쌍생아(뒤에서 본 그림).

네가 보고한 괴물과는 달리 하나의 몸통 위에 두 개의 머리가 달려 있었다.

뒤베르네는 괴물 아이의 기형적인 신체 구조를 연구하면서 결국 "이상적異常的인 구조의 완전함을 특이 체질의 관점에서 바라봄으로써 이것이 사고와 우연으로 이루어졌다는 모든 생각을 배제하고자 했다."[4] 그는 괴물 아이의 해부학적인 연구를 통해 지상의 모든 존재의 다양성과 특이성을 신이 자신의 무한한 능력을 우리 앞에 직접 보여주는 증거로 보았다. 그렇지만 신은 어떤 이유로 이러한 기형의 존재를 창조해야만 했는가? 신이 자신이 창조한 세상에 다양성을 부여했다는 점을 인정하더라도 자연의 일탈로 볼 수밖에 없는 존재를 다양성의 근거로 볼 수 있는가? 신은 태어나자마자 신체의 결함으로 곧 죽고 말 그런 존재의 종자를 왜 굳이 천지창조 때 마련했어야 하는가?

데카르트와 말브랑슈의 '기계론적 의학' 이론의 계승자였던 레므리는 이러한 여러 문제를 제기하면서 정상적으로 태어난 아이와 괴물 간의 해부학적 유사성을 강조했던 뒤베르네의 설명을 반박한다. 레므리는 이러한 괴물들과 우리가 정상적이

4 . Patrick Tort, *L'ordre et les monstres. Le débat sur l'origine des déviations anatomiques au XVIIIe siècle*, Paris, Eds. Syllepse, 1998, p. 34.

라고 보는 존재들과의 '유사성'보다는 그 괴물의 존재가 갖는 '특이성'에 주목한다. 설령 이 괴물의 사지가 정상으로 태어난 아이와 외관상 동일하게 보인다고 해도, 두 개의 머리를 지탱하는 척추가 골반 위에서 두 개로 뻗어 올라갔다는 점에 주목한다면, 이 괴물이 원래 산모의 자궁에서 서로 다르게 형성된 두 태아가 우연한 원인에 의해 압착되어 강제로 하나가 된 것이라고 결론 내릴 수밖에 없지 않겠는가? 특히 레므리에 따르면 이 괴물 아이의 심장은 왼쪽이 아니라 중앙에 놓여 있고, 심방과 심실은 서로 격막이 없이 하나의 빈 공간으로 남아 있었으니, 이것이야말로 두 태아가 합쳐지는 과정에서 원래 두 개가 있었던 심장이 서로 눌려, 하나로 결합된 제3의 심장을 형성한 증거이다.

하나로 합쳐진 두 태아의 내부가 비정상적이고 혼란스럽기는 하나, 그들의 폐는 둘로써 이들은 완전히 보존되어 있었다. 말하자면 폐가 둘이었고, 자연적인 형태로 뚜렷이 구분이 가능했다. […] 이 태아의 심장은 하나였지만 그것은 […] 괴물과 같은 부분이라 할 수 있는 것으로, 원래 자연적인 형태를 갖추지 않았을 뿐 아니라, 비슷한 두 부분이 압착되어 하나로 흡수되면서 세 번째 심장이 된 것이다. 우리가 앞서 보았듯이 이렇게 두 심장이 서로 작용한 압력 때문에 하나가 되었으니 나는

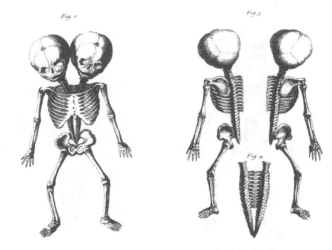

<그림 15> 레므리의 괴물의 골격(왼쪽은 앞, 오른쪽은 뒤에서 본 그림).

처음에 이 심장의 구조가 대단히 이상스럽게 보였다. 각각의
심장을 이루는 부분들의 자연스러운 질서와 상태를 뒤흔들어
버렸던 압착의 결과 두 심장의 네 심실心室과 네 심방心房의
빈 공간이 하나가 되어 단지 하나의 빈 공간만 남게 되었다.[5]

레므리의 입장을 요약하자면 하나의 난자에 두 개의 정자가
착상되었거나 하나씩의 정자를 포함한 두 개의 난자가 외부

● ●
5. Louis Lémery, "Sur un foetus monstrueux", in *Mémoires de l'Académie royale des Sciences*, année 1724, pp. 58–60.

압력을 받아 각자의 막이 부서지면서 두 태아가 하나로 합쳐질 때 괴물이 생긴다는 것이다. 그러면서 레므리는 뒤베르네가 기대고 있는 레지스의 철학 이론이 동물의 발생 과정을 지나치게 단순화시켰다는 점을 들어 비판한다.

> [레지스의] 체계가 비록 편리하기는 하지만 이 체계는 동물의 발생의 원리, 즉 난자에 종자가 들어가서 그 종자에 들어 있던 동물들의 특별하고 진정한 모습을 본질적으로 나타내고, 나중에 지구상에서 이 동물들을 대체하고, 동일한 종이 끊임없이 연속을 이루면서 후세로 전해지는 원리에 있어서 자연의 질서와 단순성, 통일성을 분명히 거역하고 해치고 있는 것은 아닌가 한다. 더욱이 [레지스의] 체계는 복잡한 여러 가지 사실을 설명해야 하는 난관을 벗어나고자 상상으로 제시된 체계라는 점이 명백하지 않은가 한다. 이러한 복잡한 사실들의 메커니즘은 오로지 이들 사실을 하나하나 정확히 숙고한 뒤에서야 제시될 뿐인데 말이다.[6]

여기서 레므리는 레지스 대신 말브랑슈의 입장을 취하면서 신이 애초에 창조한 동물의 종자는 완전한 것이지만 쌍둥이

• •
6. *Ibid.*, pp. 51–52.

태아가 산모의 자궁에 있을 때 겪게 되는 여러 가지 사건, 특히 자궁의 협착 및 압착 때문에 괴물이 태어날 수 있다는 점을 강조한다. 수만 가지 우연한 사건이 발생할 수 있는 만큼 괴물의 종류도 그만큼 다양할 수 있다. 레므리가 보기에 신이 숱한 종류의 괴물들을 일일이 창조했다는 뒤베르네의 견해는 불합리하며, 단순성에 기초한 신의 속성과도 맞지 않는다. 특히 레므리는 뒤베르네가 주장하는 '다양성'의 문제를 확대 해석해서는 안 된다고 본다. 동일한 종에 속한 개체들이 서로 다른 모습을 갖고 태어나는 것은 사실이지만 그렇다고 개체들의 생명의 보존을 불가능하게 하고 신체 기능의 상당한 훼손을 가져오는 것을 '다양성'이라고 봐야 할까? "문제가 되고 있는 다양성은 순전히 피상적인 것으로, 모든 종에서 항상 뚜렷이 살펴볼 수 있는 신체 형성의 핵심을 망가뜨리고, 변화시키고, 파괴하는 것이어서는 안 된다. 그러므로 나는 여기서 다양성을 개체를 지시하고, 그를 동일한 범주의 다른 개체와 구분해주는 것에 불과하다고 보는 것이다. […] 자연의 질서는 모든 동물의 종에 본질적인 형태와 다양성이 동일한 주체 속에 결합되어야 하고, 그 다양성과 형태가 서로 해書가 되어서는 안 되며, 모든 사람이 눈으로 봐서 뚜렷이 구분되고, 첫눈에 보기에는 순간적으로, 그리고 동시에 개체의 종과 개체 자신을 분간할 수 있어야 한다는 것이었다."[7]

[우리가 밝혀본] 다양성이 자연적인 형태와 개체들의 기능에 완벽하게 부합한다고 해도, 어떤 다른 다양성은 이와 같지 않다. 이는 실제로 대단히 드물게 나타나는 다양성인데, 이런 자연적인 형태에 보다 깊이 침투해 들어가, 모든 종류의 태아들에게서 초기 형성기나 각 부분들의 발육기, 혹은 그다음에도 그들의 형태에 거의 신경을 쓰지 않기 때문에, 태아들 각자가 갇힌 곳에서 나올 때, 기이하고, 다양하고, 종종 끔찍하거나 흉측하고, 항상 놀라움을 일으키는 모습으로 나타난다. 변질되지 않고, 이전에 나왔던 것과 동일한 종의 태아들의 모습을 정확히 보여주는 태아와 완전히 다른 형태를 갖고 태어나는 것이다. 흔히들 괴물이라고 부르는 것이 그러하다. 괴물들의 자연적인 구조는 다소의 차이는 있지만 언제나 변질되어 있고, 결과적으로 괴물의 특징은 언제나 하나 혹은 여러 부분들의 구성의 결함에 있다고 하겠다. 이러한 결함들의 결과 즉시 저 불행한 태아에게 대단히 큰 불행이 되는 것이 있고, 그보다는 심각하기가 덜 하지만 기능면에서만 본다면 다소 간의 장애를 전혀 만들어내지 않는 결함들도 있다. 그래서 엄밀하게

. .

7. Lémery, "Quatrième mémoire sur les monstres", *Mémoires de l'Académie royale des scienes*, 1740, p. 436.

말하자면 괴물들은 방금 태어났거나 아직 태어나지 않은 태아들에게 일어날 수 있는 기질성 질환maladies organiques의 사례들이라고 하겠다.[8]

레므리는 한 종을 구성하는 개체들의 다양성과, 태아들이 자궁 내에 있을 때 발생한 사고로 갖게 된 결함 사이에는 아무런 관계가 없다고 생각한다. 다양성은 개체들의 작은 차이들 사이에서 드러나지만 괴물성은 개체들이 출생 직전 각기 다른 방식으로 갖게 되는 변질에서 온다.[9] 이러한 차이들을

• •

8. art. cité, p. 437.
9. "[이렇게 세부적으로 살펴보았을 때] 우리는 분명 괴물을 이루는 모든 것을, 괴물들의 차이를 만들어내는 것을 발견할 수 있지 않은가? 이들 괴물의 특징을 만드는 것이 자연의 구성과는 상반되는 결함을 가진 구성임을 부정해야 할까? 그런데 이 결함을 가진 구성은 그렇게 제시된 질병인 것으로, 그 자체로 그러할 뿐 아니라 그러한 구성이 내재해 있는 부분들의 기능을 더 크게 혹은 덜 크게 훼손하고 해치기 때문이기도 하다. 이것이 두말할 필요 없는 질병의 흔적이다. 어떤 괴물 태아들에게서 발견되는 일상적이지 않고 자연에 반하는 구조 때문에 그들이 태어나지 못하게 되고, 심지어는 태어나자마자 죽음에 이르게 하는 것은 바로 이러한 기능들이 상해를 입었다는 점과 관련되어 있다. 생명을 유지하는 다른 태아들도 있지만 그들이 어머니의 뱃속에서 나오고 얼마 되지 않아 죽게 마련이다. 대단히 드문 경우이기는 하지만 몇 년 동안 살아남는 태아들도 있다. 그렇대도 그들은 대단히 불편을 겪으므로 그들의 삶을 불행하게 보낼 수밖에 없고, 언제나 그 삶을 일찌감치 마감한다. 결국 이 모든 기질성 질환들의 차이가 비롯되는

제외한다면 모든 개체들은 신의 손에서 나왔을 때 정상의 상태였다고 생각해야 하며, 그런 존재들을 괴물로 태어나게 만드는 타락과 변형은 우발적인 사고와 같은 기회원인만을 가질 뿐이다.

원천은 우리가 말하고 있는 모든 괴물들이 서로 차이를 갖게 되는 원천이기도 하다. 의사들이 흔히 부분들의 외형, 크기, 숫자, 놓인 장소와 연결방식에서 질병이 있다고 말하는 것과 마찬가지로, 우리는 외형, 크기, 숫자, 놓인 장소와 연결방식에 따른 괴물이 있다고 말할 수 있다." (art. cité, p. 438)

18세기의 괴물논쟁 II
— 레므리와 윈슬로의 논쟁

 뒤베르네와 레므리의 논쟁은 당대 지배적인 생명발생이론
이었던 배아의 선재이론의 두 가지 가능성에 대한 대립으로서,
앞서 살펴보았던 아르노와 말브랑슈의 신학논쟁의 연속선상
에 있었다. 그들은 각자 자신의 이론을 지지해줄 수 있는 괴물을
대상으로 삼아 상대 입장의 약점을 공박했다. 그러나 뒤베르네
가 1730년에 사망한 까닭에 두 사람의 논쟁은 오래가지 못했다.
그리고 18세기 초 과학아카데미를 뜨겁게 달궜던 괴물논쟁은
뒤베르네의 후임으로 지명된 덴마크 출신의 해부학자 윈슬로
가 다시 레므리의 입장을 반박하면서 새로운 국면에 접어들게
된다.
 윈슬로는 1733년에 과학아카데미에 발표한 논문에서 레므

리가 제시한 '우연'을 원인으로 한 괴물 이론을 정면으로 반박하고 나섰다. 윈슬로는 한 예로 1688년 외과의사 장 메리가 72세로 죽은 병사의 시체를 해부했을 때 이 주검의 흉부와 하복부의 장기臟器의 위치가 정상인과 달리 완전히 반대로 놓여 있었다는 사실을 상기한다. 장기 위치의 문제를 제외한다면 이 병사는 특별히 정상인과 차이가 없었고, 그렇기 때문에 장수했다.[1] 윈슬로는 이 사례로부터 "어떻게 이 모든 부분들의 일반적인 구성이 정반대로 되어 있는 것을 우연에 의해 발생한 괴물의 이론으로 설명할 수 있는지 이해할 수 없"으며, 우연의

• •

1. Voir Jacques–Bénigne Winslow, "Remarques sur les monstres", in *Mémoires de l'Académie royale des sciences*, l'année 1733, p. 374–376. "심장은 흉부에 수평으로 있었는데, 심장 아랫부분은 왼쪽을 향하면서 정중앙의 자리를 차지했고, 그의 심장 전체와 심장의 하단부는 오른쪽으로 돌출되어 있었다. 두 개의 심실, 심방, 혈관의 상태도 보통과는 달랐다. 심방 중 가장 큰 것과 대정맥이 심장의 왼쪽에 자리하고 있었기 때문이다. 그래서 대정맥은 척추를 따라 내려가면서 왼쪽에서 횡경막을 건드리고 하복부에서 선골(仙骨)까지 같은 쪽에 자리하고 있었다. 우종흉(右縱胸) 정맥이 대정맥의 위쪽 줄기에서 나와서 등의 척추 오른쪽에 자리했다. 심방 중 작은 쪽과 대동맥은 심장 오른쪽에 자리했다. 그래서 대정맥은 보통과는 반대로 그쪽 부분에서 휘어지게 되었고, 횡경막 하부 근육의 두 갈래로 나뉜 부분을 지난 다음에 선골까지 내려가는데, 요부(腰部)의 척추 오른쪽으로 흐르고, 대정맥은 계속 그 왼쪽에 놓였다. 대심실에서 나온 폐의 동맥은 왼쪽에 자리하여 오른쪽으로 비스듬히 기울었다. 통상적으로는 왼쪽으로 향하는데 말이다. 오른쪽 폐는 두 개의 엽으로 나뉘었을 뿐이고, 왼쪽 폐는 세 개로 나뉘었다." (p. 374)

이론의 지지자들에게 "어떤 압착이나 불규칙한 운동이 이 모든 장기의 위치를 바꿀 수 있겠는가"[2]하고 되묻고 있다.

• •

2. *Ibid.*, p. 377. 레므리는 1740년의 "괴물에 대한 네 번째 논문 2부"에서 메리와 윈슬로가 언급한 이 병사에 대한 의견을 개진한다. 한마디로 요약하자면 레므리는 이 병사를 괴물로 보지 않는다. "[이 사례로부터 윈슬로는] 애초부터 괴물의 종자가 있다고 할 수밖에 없으며, 그 결과 애초부터 괴물로 발생하게 될 난(卵)이 존재한다는 이론이 결코 환상이 아니며, 우연히 일어난 사고 때문에 괴물이 발생한다는 기계론으로 설명할 수 없는 괴물의 발생 가능성을 옹호하는 결론을 내렸다. 방금 앞에서 언급한 [병사의] 사례야말로 [괴물로 발생하게 될 난] 이론이 진실임을 결정적으로 증명한다는 것이다. 윈슬로 씨는 대단히 신경을 써서 이 병사의 사례를 괴물의 사례들 옆에 배치함으로써, 이 병사의 사례가 결정적이었던 반면 다른 사례들은 그렇지 않았음에도 마찬가지로 결정적인 것으로 만들어버리고 자신의 결정으로 다른 결정을 완전히 정당화할 수 있었다. 결국 이 괴물들의 사례들 각각은 이 사례들과 병사의 사례를 결합하여 뒷받침되었고, 다른 여러 증언들을 통해 괴물이 발생하는 난이 존재한다는 증거를 대단히 효과적으로 제시하고 있어서 누구도 실제로 그렇지 않다고 의심할 수 없게 만들었다.

나는 그가 제시한 사례가 보여준 부분들의 형태와 배치가 전혀 우연적인 원인들에 따라 일어난 것이 아니라는 점에 완전히 동의한다. 그리고 종자들 하나하나마다 그런 형태와 그런 배치가 있었다는 점에도 동의한다. 앞서 말한 병사와 동일한 관찰이 이루어졌던 비슷한 사람들이 등장했으니 말이다. 그렇지만 역설처럼 보일 수도 있겠지만 나는 분명히 이런 종류의 사람들이 괴물로 발생하게 될 난에서 나왔다는 점을 부정하고, 그들이 괴물임을 부정한다. 그와는 반대로 나는 그들이 비롯한 난 역시 자연적으로 모든 보통의 사람들이 나온 난처럼 적합한 형태를 가지며, 그들이 전혀 괴물이 아니고, 그들이 보통의 인간들과 다른 만큼 본래의 의미에서 괴물과는 본질적으로 다르고, 그들이 조물나는 원래부터 있었던 괴물의 종자를 부정하고 괴물의 형성을 단지 원래 종자의 자연적 구조에 우연히 이상이 일어난 것으로 보는 사람들의 체계에서 큰 난점을 발견했다. 이들이 제시한 원인으로는 두 개 혹은 여러 개의 완전한 종자가 합쳐지거나, 인접 부위가 다양한 방식으로, 다양한 정도에 따라 압착이 일어나면서 자연적인 종자의 어떤 부위가 파괴, 변화, 결합되거나 하는 것이다. 나는 이러한 난점을 잠시 버려두고 있었는데 국왕의 명령을 받아 내가 맡았던 두 개의 머리가 달린 암사슴을 직접 해부한 뒤 다시 새롭게 다루게 되었다.[3]

• •

주가 만들고자 했던 동물 종에서 완전히 자연적인 질서를 따른다고 본다. 본래의 의미에서 괴물이 그렇듯 신은 스스로 모순을 보이지 않고, 언급된 보고는 본래 괴물의 난이 있다는 주장을 지지하는 데 도움이 되지 않는다. 내가 이로써 보다 분명히 보여주고자 하는 것은 이 두 가지를 서로 비교해본다면 창조주가 본래의 의미의 괴물을 즉각적으로 만들 수 없는 대신, 우리에게는 그토록 기이하게 보이는 그런 존재들을 직접 만들어냈다고 간주하는 것이 완전히 이성에 합당함을 보다 분명하게 알 수 있다는 점이다." (레므리, "Seconde partie du Quatrième mémoire sur les monstres", in *Mémoires de l'Académie royale des sciences*, 1740, pp. 518–519)

3. Jacques-Bénigne Winslow, "Remarques sur les monstres", in *Mémoires de l'Académie royale des sciences*, l'année 1733, p. 371.

윈슬로가 여기서 언급하고 있는 사례는 하나의 목 위에 두 개의 머리를 갖고 태어난 암사슴의 경우이다. 1729년 5월 22일에 드 플뢰리 주교가 왕명으로 이 암사슴을 윈슬로에게 보내 해부하도록 했는데 그의 관찰에 따르면 "이 암사슴은 네 다리로 설 수 있었고 신장은 38센티미터였고 머리에서 꼬리까지의 길이도 그 정도였다. 목은 하나였고 머리는 두 개였는데 이들의 크기는 이러한 신장身長과 비교해서 정상적이었다. 두 머리 중 하나는 후두부의 왼쪽 하단 측면 부분을 통해 그 위에 달린 머리의 후두부 오른쪽 측면 부분과 이어져 있었다."[4]

윈슬로는 이듬해 위의 논문의 속편을 쓰면서 이 암사슴의 해부 결과를 상세히 소개하고 있다. 그는 이로써 만일 머리가 둘 달린 이 암사슴을 본다면 두 태아가 서로 "압착된 결과 한쪽은 머리를 제외한 모든 부분이 파괴되고 이렇게 파괴되지 않고 남은 머리가 전체가 남은 다른 태아의 머리와 결합되었다고 어떻게 상상할 수 있을지 모르겠다"[5]고 썼다.

이웃한 부분의 절반이 파괴되고 반대쪽 절반과 결합된다는

●　●

4. Jacques-Bénigne Winslow, art. cit., p. 373.
5. Jacques-Bénigne Winslow, "Remarques sur les monstres. seconde partie", in *Mémoires de l'Académie royale des sciences*, l'année 1734, p. 463.

〈그림 16〉 윈슬로가 해부한 두 개의 머리를 가진 암사슴.

이론은 상반된 두 쪽의 상호적이고 대칭적인 관계를 갖는 경우라면 외적인 면에서 다소 그럴듯하게 보이기도 할 것이다. 하지만 내적 부분들, 특히 서로 연관되지 않고 대칭을 갖지 않는 부분들이며, 가운데에 구멍이 나 그곳이 액체로 채워져 있는 부분들이며, 더욱이 식도, 심장, 위, 내장처럼 고정되지 않고 움직이는 부분들을 조금이라도 깊게 살펴보고 이 부분의 해부학적인 지식이 조금이라도 있다면, 이러한 생각은 […]

받아들일 수 없을 뿐 아니라, 인간이 됐든 다른 동물이 됐든 외관상 하나로 보일지라도 신체 전체가 원래는 둘로 이루어졌던 것이라고 생각할 수 있게 한다는 점에서 오류로 귀결할 수밖에 없을 것 같다. 이 암사슴처럼 두 신체 중 더 큰 부분에 일어났다고 생각할 수 있는 일이 마찬가지로 두 신체 모두에도 일어날 수 있으니 말이다. 몸통 하나 위에 두 개의 머리를 갖췄다고 보듯, 서로 분리되었으나 멀쩡하게 형성된 두 개의 몸통 위에 하나의 머리를 갖춘 괴물도 발견할 수 있기 때문이다. 두 종자가 서로 충돌하여 압착이 일어나 한쪽은 완전히 남았는데 다른 쪽은 머리만 남고 모두 파괴되고, 그렇게 남은 머리가 완전히 남은 한쪽의 몸과 결합된다는 생각도 첫 번째 이론처럼 받아들일 수 없기는 마찬가지다. 예를 들어 이 생각은 지금 경우에서 이 암사슴의 세 가닥 경동맥의 특별한 배치와 분배와 전혀 일치하지 않기 때문이다. 이 암사슴의 목은 한 마리의 동물의 목이 일반적으로 그러한 것처럼 구조적으로 하나였다. 척추와 척수^{脊髓}, 기관^{氣管}, 식도, 후두와 인두의 대부분과 같은 모든 부분들은 보통의 단순한 구조와 같았다. 그러나 보통의 경우는 두 개의 경동맥^{頸動脈}이 하나의 목의 양쪽 측면 위로 올라가기 마련인데, 그렇게 이루어지지 않고, 경동맥 하나는 처음에 신체 전체에 속했다고 가정할 수 있는 하나의 머리의 측면을 지나가고, 다른 경동맥은 파괴된 다른 신체의 잔여라고 가정할 수 있는 머리의 맞은편 측면을 지나가고 있었다. 옆에 붙은 작은 머리에 신체 전체의 머리와 이웃한 경동맥이 분기되어 있는 것이 아니라, 거기에 기도氣道와 후두 앞을 기이하게 지난 후에 두 개의 머리로 분기하는 중간의 경동맥이 있었다. 이 기이한 중간 경동맥은 큰 쪽 목 오른쪽 경동맥과 작은 쪽 목 왼쪽 경동맥이 결합 또는 병합해서 생기기라도 한 것 같았다. 이 때문에 이 암사슴의 목에는 […] 동일한 목의 다른 부위들의 단순한 구성이 부정되는 것 같았다. 특히 척추, 기도, 식도 및 이들에 속하는 부분들의 구성이 그랬다.

이 두 생각은 지금 경우에 두 개의 후두골의 공통된 기반의 구조와도, 대후두공과 이웃한 과상踝狀골돌기의 구성에도, 하나의 단순한 척추 위에 올려진 두 개의 후두부의 결합에도 부합되지 않는다. 우선 일반적으로 병합의 체계는 구조를 잘 모르는 사람들로 하여금 이 두 개의 두개골의 후두골이 서로 비스듬히 만났으니까, 이 두 뼈와 이웃한 부분들은 한쪽 두개골의 대후두공의 절반과 과상골돌기의 절반, 그리고 다른 쪽 두개골의 대후두공의 절반과 과상골돌기의 절반이 우연히 결합하여, 보통 하나의 두개골과 하나의 골돌기를 갖는 것처럼 하나의 커다란 대후두공과 두 개의 과상골돌기를 구성했다고 생각하거나 그런 식으로 말할 것이다.

그러나 이런 생각에 따라 보통의 두개골에서 볼 수 있는 대후두공 하나를 형성하기 위한 두 개의 두개골의 측면 부분들이 이루었을지 모를 기이한 굴곡을 보면 우연한 사건들을 내세우는 체계를 따라서는 특히 이 두 머리의 대후두공과 하나의 척추의 구멍이 대응한다는 점을 설명하기가 정말 어렵다. 두 개의 후두골 끝에 있는 둥근 돌기와 하나의 척추의 공동空洞의 관절적 연동을 설명하기도 어렵기는 마찬가지이다.[6]

윈슬로가 보기에 이 가운데 경동맥은 두 개의 머리를 받치는 다른 조직이 파괴된 것이 아니라 애초에 형성된 양쪽의 머리를 조화롭게 연결해주는 역할을 하고 있었다. 이러한 점으로 알 수 있듯이 이 괴물 암사슴은 두 종자가 서로 충돌하여 한쪽이 머리를 제외하고 완전히 파괴된 것이 아니라, 애초부터 머리 부분에 이상을 가졌던 종자의 발육이라고 보아야 한다.

윈슬로가 1740년에 보고한 "머리, 목, 가슴, 심장, 폐, 위, 간, 비장脾臟, 췌장, 내장의 일부가 없이 태어난 아이"의 사례 역시 레므리의 이론을 직접 겨냥하고 있다. 캉브레의 의사 드 블라리가 출생 직후 사망한 태아를 윈슬로에게 보냈고, 윈슬로는 이를 직접 해부한 뒤 상세한 보고서를 『과학아카데미 논문집』에 실었다. 이 남자아이는 쌍둥이였는데 정상적인

6. *Ibid.*, pp. 463–465.

모습으로 태어난 다른 남자아이가 먼저 나오고 형에 이어
또 다른 남자아이가 따라 나왔다. 그렇지만 이 두 번째 아이는
"머리, 가슴, 팔이 없고 하복부, 요부腰部, 허벅지, 다리, 발만을
갖추었다. 한마디로 말해서 보통 신체의 아랫부분 절반 정도만
을 가졌을 뿐"[7]이다. 윈슬로의 상세한 해부 보고서를 아래에
옮긴다.

> 복부를 열어보았더니 우선 내장이 먼저 보였다. 그러나 위,
> 간, 비장, 췌장, 담낭, 간막, 십이지장이 없었다. 내장의 나머지

· ·

7. Winslow, "Observations anatomiques sur un Enfant né sans Tête, sans
Col, sans Poitrine, sans Cœur, sans Poulmons, sans Estomac, Sans Foye,
sans Ratte, sans Pancreas, sans une partie des premiers Intestins, &c. avec
des réflexions sur cette conformation extraordinaire", *Mémoires de l'Académi
e royale des sciences*, 1740, p. 586. 이 태아에 대한 기록을 아래에 소개한
다. "이 절반뿐인 몸의 길이, 혹은 신장은 7푸스였는데, 두 다리가
약간 접혀 있어서, 강제로 다리를 늘여보았더니 8푸스가 넘었다. 이
절반의 몸은 대단히 컸는데, 특히 둔부가 컸고 다리 굵기가 대단했다.
그래서 외양으로 본다면 수종(水腫)에 걸려 부풀어 오른 것 같았다.
꼭대기 혹은 머리 부분은 둥글었고, 몸의 나머지 부분의 피부와 동일한
피부로 덮여 있었는데, 어디서나 균일했고, 외적으로 아무런 손상도
없었다. 두 다리는 발바닥이 서로 마주 보고 있는 식으로 굽어 있었다.
발뒤꿈치는 위를 향해 있었고 발톱은 아래를 향했다. 두 발 각각 엄지발
가락과 다른 두 개의 발가락밖에 없었다. 여기에 무르고 작은 돌기
같은 것이 통상 다섯 번째 발가락 자리에 나 있었다. 탯줄은 보통보다
약간 아래쪽 하복부에 나 있었다." (같은 곳)

는 장간막으로 지탱되어 회전하는 모양으로 만들어졌는데 자연적인 상태와 거의 같았다. 내장 상부의 끝은 맹장 혹은 맹낭으로 막혀 있었고, 하부의 끝은 보통과 마찬가지로 되어 항문으로 열려 있었다. 방광은 요막관과 배꼽의 두 동맥을 갖추어 다른 자연적인 태아들의 경우와 거의 유사했다. 이 동맥은 핏기가 없었는데 여기에서 요관막이 탯줄이 끝나는 지점까지 이어졌다.

배꼽의 정맥은 복부에 들어가다가 탯줄에서 멀어져서 대단히 짧은 몸체를 형성하고 있는데 이것이 똑바로 서서 피부의 작은 혹 아래에 서 있었고, 이것이 비슷한 굵기의 다른 관의 몸체와 맞닿아 있었다. 이 다른 관도 똑같은 밑동에서 나왔고 처음에는 휘어져서 아래를 향하다가 대동맥 하부의 몸체와 거의 유사하게 내장들의 뒤로 내려갔고, 나중에는 여러 개의 가지로 분기되었는데, 어떤 식으로 그렇게 되었는지는 곧 설명하겠다.

피부의 작은 혹을 바깥에 형성되어 있던 피부를 벗겨내어 열어보았다. 피부는 굉장히 두꺼웠는데 여기에 일종의 희끄무레한 위막胃膜 주머니 같은 것이 들어 있었다. 그 내부는 그저 대단히 얇은 여러 개의 막질膜質로 된 세포 덩어리처럼 보였고, 림프액으로 된 장액漿液으로 차 있었다. 그래서 나는 배꼽의 정맥의 입구와 앞에서 말한 주머니와 연결되어 있는 동맥의 몸체 입구 주위에서 그것이 어떻게 형성되었고 어떻게 배치되었는지 분간할 수가 없었다. 콩팥은 한 개밖에 없었는데 대단히 크긴 했지만 정상적으로 생겼다. 그것은 요부에서 올라가는 척추에 비스듬히 놓여 있었는데 볼록한 가장자리의 중심은 대단히 높고, 움푹 들어간 오목한 가장자리는 아래쪽에 있어서, 신우腎盂가 보통보다 더 길어 보였고, 이는 콩팥의 길이와 비례하는 것이었다. 콩팥의 표면은 완전히 매끄럽게 되어 있어서 이상한 것이 결합되었다는 흔적이 전혀 없었다. 움푹 들어간 오목한 가장자리에서는 흔히 신맥관腎脈管 동맥과 정맥이라고들 부르는 동맥이며 정맥은 찾아볼 수 없었지만, 상이한 다른 곳에서 나중에 말할 다른 동맥의 분기들이 나오고 있었다. 정상적인 두 개의 요관尿管과 신우의 두 말단 중 하나도 그곳에서 나오는데 이들이 하나는 오른쪽으로 다른 하나는 왼쪽으로 정상과 다름없이 내려와, 측면을 통해 방광 내부로 들어갔다. 흔히들 흑담즙의 피낭被囊이라고 부르는 부신샘副腎腺은 발견하지 못했다.

이제 피부의 작은 혹에서 내려가는 동맥의 몸체가 어떻게 분기하고 있는지 보겠다. 대단히 커다란 첫 번째 가지는 양쪽으로 나뉘어 하복부를 둘러싸고 있던 지방조직 속으로 분배되었다. 그다음에 동맥의 몸체에서 가지 세 개가 나와 앞쪽의 볼록한 면의 여러 장소를 거쳐 콩팥 속으로 들어갔다가 다시 콩팥 앞을 지나고, 콩팥 앞의 같은 길을 가다가 네 번째 가지가 나오는데 이것이 아래로 내려가, 움푹 들어간 오목한 부분 바로 옆에 위치한 콩팥의 왼쪽 말단에서 나온 작은 동맥과 이어진다. 두 혈관이 이렇게 하나로 결합되어 하나의 동맥관을 구성하는데 이것이 나중에 세 개의 가지로 나뉘게 된다. 세 개의 가지 중 첫 번째 것은 상부의 장간막 동맥이고, 나머지 두 개는 보통 하부의 장간막 동맥을 대신하는 것 같았다. 대동맥 몸체는 내장들 뒤에서 더 아래로 내려와서 오른쪽으로 방향을 틀게 되는데 이곳에서 두 개의 가지가 분기하고, 가장 큰 것이 외부의 장골동맥과 오른쪽 하퇴부 동맥이 되어, 둔부, 넓적다리와 같은 쪽 하부 말단의 나머지로 여러 개의 가지가 뻗어나간다. 동맥의 몸체를 이루는 다른 가지는 두 개의 작은 가지로 나뉘는데, 하나는 치골 쪽으로 내려가고, 다른 하나는 내부의 장골동맥 또는 오른쪽의 하복부 동맥을 형성한다. 왼쪽에 있는 똑같은 동맥은 보통 직접 대동맥 몸체에서 나오게 되는데 이 경우는 달랐다. 콩팥의 오목한 곳에서 세 개의 동맥이 나오는데 그중 둘은 신우의 오른쪽 말단을 향해서 나오고, 다른 하나는 왼쪽 말단을 향해 나오고 있다. 이 세 개의 동맥이 콩팥 아래 왼쪽에서 하나의 몸체로 결합하고, 이것이 항문 동맥에서처럼 직장直腸 쪽으로 작은 가지를 보낸 다음에 다시 세 개의 가지로 나뉘는 것이다. 그중 하나는 왼쪽 하퇴부 동맥이고, 다른 하나는 왼쪽 하복부 동맥이고, 나머지 하나는 왼쪽 배꼽 동맥이었다.

이 모든 혈관에는 피부의 작은 혹의 막질 조직에서처럼 림프액이 남긴 장액만 들어 있는 것 같았다. 이 아이의 신체의 어느 곳에도 붉은 피는 한 방울도 보이지 않았고, 정맥혈관의 흔적도 전혀 없었다.[8]

윈슬로는 이 보고서에서 "참으로 기이하고 설명이 불가능한 현상"으로 "이 아이의 몸속에 정맥혈관은 물론 그 흔적도 전혀 없었"고 더욱이 "붉은 피 한 방울도 찾아볼 수 없었"다는 점을 강조한다. 그가 보기에 혈관에 들어 있는 액체는 "림프액뿐이거나 달팽이들에게서 피를 대신하는 액체뿐"이었다. 레므리를 따라 이를 산모의 자궁에 세쌍둥이가 자라다가 하나는 정상으로 태어나고 다른 둘은 어떤 사고로 머리부터 복부에 이르는 부분이 사라지고 하복부만 남았다고 설명해야 할까? 더욱이 이 경우 "사고事故를 통한 [괴물발생] 이론이라면 정맥이 완전히 사라져버린 것을 도대체 어떻게 설명할 수 있는가?"[9]

사실 뒤베르네와 그의 뒤를 이어 레므리와 논쟁한 윈슬로는

• •

8 . art. cité, pp. 589–590.
9 . art. cité, pp. 590–591.

당시로서는 예외적으로 상당한 해부학적인 지식과 경험을 가진 사람들이었던 반면, 이들과 경쟁했던 레므리는 전문적인 해부의가 아니었던 점을 기억해야 한다. 앞서 언급한 레므리의 해부 보고서는 그가 직접 해부한 뒤 작성한 것이 아니라 다른 해부의의 작업에 참관한 뒤 쓴 것이다.[10] 뒤베르네와 윈슬로는

* *

10. 레므리는 자신의 논문에서 다음과 같이 고백하고 있다. "나는 오텔디외에서 근무한 외과의사이자 능숙한 해부학자였던 부코 씨에게 내가 참석한 자리에서 이 괴물의 해부를 부탁했다." (Lémery, "Sur un foetus monstrueux", in *Mémoires de l'Académie royale des sciences*, l'année 1724, p. 45) 그러나 레므리는 실험과 경험을 통해 확실한 진리에 다다를 수 있다는 믿음을 가지고 있다. 그는 이를 위해 해부학보다는 약학과 화학에 의존해서 설명한다. "우리가 기계적으로 결과만 놓고 볼 때 그 결과를 낳게 한 원인의 지식과 그것이 실행되었던 방법을 얻을 수는 없어도, 종종 어떤 결과에 대한 원인의 실재의 완전한 확실성을 가지고 있는 매 순간 경험으로 알고 있지 않은가? 기나피가 간헐열 치료에 잘 듣는다는 것은 대단히 확실하다. 그러나 어떻게 그 효과가 나타나는지는 아직 정확히 알려져 있지 않다. 그렇다고 기나피가 열을 내린다는 것을 부정해야 할까? 안티몬 버터는 맹렬한 부식제인데, 보통 소금의 산(酸)과 작용하면 그런 효과가 난다. 소금에 들어 있는 산보다 훨씬 더 강한 산을 섞으면 부식의 효과를 줄이거나 없앨 수 있다. 이 방법으로 소금 물질을 완전히 제거한 보통 흙일 때에는 이 새로운 혼합물을 확실한 방법으로 얻을 수 있다. 안티몬 버터가 광물 분석(糞石)으로 변하는 작용을 검토했어야만 질산이 안티몬 버터의 부식을 강화하기는커녕 부식을 사라지게 하고 완전히 혼합물의 성질을 바꾼다는 점을 예상하거나 깨달을 수 있었던 것은 아니다. 기이하고 놀라운 이러한 변화를 '미리' 발견하기란 우리의

전문적인 해부의의 눈으로 괴물을 직접 해부하여 정상과 괴물의 내부 구조를 비교한 뒤 이들 간에 근본적인 차이가 존재하지 않을 뿐 아니라, 괴물로 알려진 존재 역시 생명의 유지와 보존을 위해 설령 그것이 충분하지는 않더라도 최소한의 보완책을 미리 갖고 태어났다는 점을 확인했다. 물론 그들이 해부한 괴물들은 정상으로 간주되는 동물이나 사람들만큼 건강하지 못했고, 그들의 신체적 결함으로 인해 대부분 오래 살아남을 수 없었다. 그러나 정상인들에게도 다소간의 기형적인 부분이 존재하지 않는가? 그들은 자신들이 연구한 괴물들 역시 신이 세상에 부여한 완전한 질서에 반한다고 보기 어렵다는 점을 인정한다.

반면 레므리는 뒤베르네와 윈슬로가 정상인과 괴물의 차이를 지나치게 과소평가했다고 본다. 뒤베르네와 윈슬로가 정상인과 괴물의 동일성을 강조한들, 그들은 신이 왜 이들 개체를 정상적으로 활동하고 살아남을 수 있는 능력을 박탈했는지

· ·

능력을 크게 벗어나는 일이기 때문에 이러한 길을 통해서 그것을 얻고자 하고 경험과는 무관하게 광물 분석의 약 효과 성질이 어떤 것일지 얻고자 한다면, 우리의 결론은 현 단계와는 완전히 반대에 처하고 경험만이 이 주제에 대해 우리에게 가르쳐줄 수 있는 것과는 완전히 반대에 처하게 하는 위험이 있을 것임을 고백해야 한다. (Lémery, "Second mémoire sur les monstres", *Mémoires de l'Académie royale des sciences*, 1740, p. 309)

설명할 수 없었다. 신은 과연 괴물에서조차 자연의 질서를 수미일관하게 적용하고 있는가? 레므리는 신이 세상과 피조물을 창조했을 때 신의 질서가 미치지 않는 부분이 없었음을 인정한다. 하지만 신의 피조물들은 그 손을 벗어나자마자 우연적이고 우발적인 수많은 원인에 의해 영향을 받게 되어 그들 중 어떤 이들은 괴물로 태어나게 되는 것이 아닐까? 그러므로 레므리에게는 괴물은 그저 괴물일 뿐이다. 신의 품에서 벗어나는 순간 피조물은 자기 힘으로 어쩌지 못할 우연과 불행에 몸을 내맡길 처지다. 이것이 인간의 운명임은 물론, 괴물의 조건이기도 하다.

18세기의 괴물논쟁 III
— 알브레히트 폰 할러의 절충주의적 입장

    괴물의 발생을 설명하는 윈슬로와 레므리의 입장 차이는 근본적으로 괴물의 종자를 인정하는가의 문제로 귀결한다. 데카르트와 말브랑슈의 기계론에 근거한 레므리의 입장은 신의 창조의 단순성과 일관성을 강조하는 반면, 풍부한 해부학적 지식과 경험을 축적했던 뒤베르네와 윈슬로는 레므리의 '사고' 이론 자체를 부정할 수는 없을지라도 이 이론이 극히 다양해 보이는 괴물의 발생 원인을 설명하기에는 턱없이 부족하다는 점을 여러 각도로 비판한다. 그러나 뒤베르네와 윈슬로가 기대고 있는 '전성설préformationnisme'은 생명발생이론을 극히 복잡하게 만들 위험이 있다. 천지창조의 시점에 모든 종의 개체에 각자의 종자가 마련되었다는 관점은 그 자체로 '괴물'

의 존재의 상대화로 귀결한다. 기형의 존재든 정상의 존재든 모든 개체가 정도의 차이에 따라 결함과 오류를 갖고 태어났다면 정상과 비정상을 나누는 어떤 기준도 절대적일 수 없기 때문이다. 말브랑슈와 레므리의 관점이 창조의 단순성과 유효성을 강조하면서 신의 손길을 벗어났을 때 타락과 변질을 겪을 수밖에 없는 인간의 운명을 강조한다면, 뒤베르네와 윈슬로의 관점은 인간의 자유의지와는 상관없이 애초에 미리 정해져 있는 창조주의 섭리에 순응해야 한다는 것으로 귀결한다. 레므리의 세계는 긍정적인 단순성에서 부정적인 다양성으로 쇠락해 가는 세계이고, 윈슬로의 세계는 다양성이 강조되지만 그 다양성은 인간의 가치체계로부터 멀리 벗어난 세계이다.

그러나 파리 과학 아카데미를 양분한 레므리와 윈슬로의 괴물 형성 이론은 스위스의 생리학자 알브레히트 폰 할러의 개입으로 새로운 국면을 맞는다. 산모의 태내에 존재하는 두 배아가 상당히 강력한 외부적인 자극에 의해 충돌과 결합하여 비정상적인 결합 쌍생아가 만들어진다는 레므리의 입장을 뒷받침한 기계론은 물질의 형성 과정을 생명의 형성 과정에 단순히 적용한 것에 불과했다. 더욱이 맹목적이고 우연적인 사건들에 의한 괴물의 형성 이론은 그 자체로 여러 괴물들의 분류의 가능성을 배제하는 것이다. 기계론을 따른다면 괴물은 애초에 분류가 불가능하고 태내에서 발생할 수 있는 무한히 다양한 사고의 정도와 종류에 따라 불규칙하게 형성될 수밖에 없다. 그러나 경험적으로 괴물들은 일정한 패턴을 가지고 등장하는 것 같다. 발이 머리에 달렸거나 귀가 배에 달리듯 전혀 예측할 수 없는 괴물들이 발견되지 않는 것이 그런 까닭이다. 더욱이 레므리의 입장은 윈슬로의 주장처럼 기본적으로 결합 쌍생아를 제외한 괴물들의 발생을 설명하기가 불가능한 것이다. 비록 산모의 자궁에서 일어난 우연과 사고가 어떤 식으로든 두 배아의 형성에 작용을 가하게 되는 일이 없다고는 말할 수는 없지만, 배아의 구조와 형태에 심각한 이상異常을 일으킬 정도의 충격을 받은 태아가 무사히 생존할 수 있다는 가정은 쉽게 받아들여지기 어려웠다.

그러므로 할러는 레므리의 체계보다 윈슬로의 체계를 수용하는 것처럼 보인다. 천지창조 시기에 전능한 창조주가 미래에 발생 가능한 모든 존재들을 예비할 수 있었던 것처럼, 괴물의 종자도 역시 마련되어 있다는 것이다. 그렇지만 할러가 전적으로 윈슬로의 체계를 승인한 것은 아니다. 그는 괴물의 발생에 대한 윈슬로의 논문이 출간되기 5년 전인 1735년에 이미 스위스에서 태어난 여자 결합 쌍생아를 해부하고, 이의 보고서를 1739년에 『결합 쌍생아의 기술Descriptio foetus bicipitis ad pectora connati』이라는 제목으로 발표했다. 이 쌍둥이는 두 개의 머리와 네 개의 팔다리를 갖추었으나 흉곽부터 복부까지 붙어 있었으

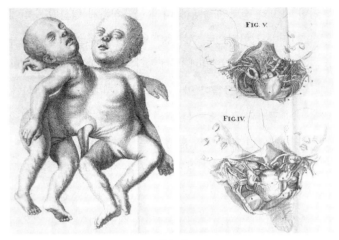

〈그림 17〉

며, 이를 제외하고 나머지 부분은 보통의 쌍둥이와 다름이
없었다.[1] 이 보고서에서 할러는 접합 부분을 제외한다면 이

<hr />

1. 여기에 파트릭 토르가 요약한 할러의 결합 쌍생아의 해부 결과를
   옮긴다. "몸을 열어보니 하나의 간과 배꼽의 정맥이 부착된 곳 옆에
   기이한 모양의 엽(葉)이 드러났다. 탯줄에는 정맥이 하나, 동맥이 넷,
   요막관(尿膜管)이 둘밖에 없었다. 두 아이의 각자는 자기 몫의 내장
   기관을 가졌다. 배꼽까지 하나인 복부는 연속된 피부가 굽이치는 모습
   으로 이곳에서 끝난다. 그러므로 성기는 완전히 분리되어 있었다.
   간을 치워보니 정맥관 하나, 쓸개 두 개, 위장 두 개, 왼쪽에 위치한
   상당한 크기의 비장 하나가 나타났다. 요부(腰部)에는 대동맥이 둘,
   대정맥도 둘, 신장(腎臟)이 넷, 요관(尿管)이 넷, 자궁이 둘, 난소가 넷,
   흑담즙 낭(囊)이 넷이었다. 이들 기관 각각의 특이한 구조에서는 특별히
   예외적인 어떤 것도 눈에 띄지 않았다." (Patrick Tort, *op. cit.*, pp. 146–147)

쌍생아의 외부와 내부의 형태와 구조에서 불규칙하거나 예외적인 어떤 것도 발견할 수 없었고, 지극히 정상적이라는 점을 강조한다.

그러나 할러는 이 쌍생아가 하나의 심장을 공유하고 있다는 점에 주목했다. 요컨대 이 두 아이는 레므리의 체계에서처럼 애초에 분리되어 자라던 두 태아가 자궁 내에 일어난 충격으로 접합되어 심장 한 개는 사라지고 하나만 남은 것이라고 볼 수 없다. 더욱이 설령 이런 충격으로 심장 하나가 고스란히 사라질 정도였다면 위의 그림에서 보듯이 이 두 쌍생아가 공유한 심장이 보통의 심장과 전혀 다르지 않으며, 혈액의 순환도 정상적이었다는 점을 설명할 수 없다.

여기서 할러는 지난 세기 영국의 해부학자 윌리엄 하비의 실험 결과, 생명의 발생 과정은 이미 완전히 형성된 개체의 동시적인 발육에 불과한 것이 아니라 개체의 여러 부분들이 순차적으로 나타나고 서로 결합한다는 의견을 취한다. 주지하다시피 하비는 생명 발생 초기에 '뛰는 점punctum saliens'을 관찰하여, 수정이 이루어진 '난卵'에서 심장이 가장 먼저 나타나고, 이후에 이를 중심으로 신경이 퍼져나가면서 두뇌가 형성된다고 주장했다.

어떤 동물들에게서 부분들은 차례차례로 형성된 뒤, 동일한 물질을 소비하여 동시에 영양분을 흡수하고 성장하고 형성된다. 그러므로 이 동물들에는 앞서 형성되는 부분들이 있고, 나중에 형성되는 부분들이 있다. 그리고 이들은 동시에 성장하고 형성된다. 이들 동물의 형성은 그들의 기원이 되는 한 부분으로부터 시작된다. 이 부분의 도움으로 동물들은 다른 수족을 얻게 된다. 우리는 이러한 발생이 '후성설', 즉 부분이 차례로 점진적으로 이어지면서 이루어진다고 말하는 것이다.[2]

그러나 할러는 하비의 후성설을 맹목적으로 받아들이는 대신, 난 속의 액체에서 '뛰는 점'이 가시화되는 과정을 추적했다. 결국 할러는 레므리의 충돌이론을 부정하면서 "[두 쌍생아의] 결합은 우연히 발생한 것이 아니라 종자에서부터, 즉 최초의 섬유 시기에서부터 자연의 영원한 명령에 의해 두 육체가 하나로 결합하도록 되어 있었다"[3]고 결론 내린다.

그러나 할러가 그의 분석에서 '전성설'을 따르고 있다고 해도 윈슬로의 입장에 전적으로 동의한 것은 아니다. 왜냐하면 할러는 천지창조 시기에 이미 형성된 괴물의 배아가 성장한

. .

2. William Harvey, *Exercitationes de generatione animalium*, 1651; Jacques Roger, *Les Sciences de la vie dans la pensée française au XVIIIe siècle*, *op. cit.*, pp. 120–121에서 재인용.

3. Patrick Tort, *op. cit.*, p. 150.

것으로 보았던 윈슬로와는 달리 발생학embryologie의 입장에서 괴물의 발생을 설명했기 때문이다. 어떤 점에서 할러의 입장은 레므리와 윈슬로가 공통적으로 취했던 전성설을 유지하는 가운데, 이후 등장할 후성설을 절충하고 있다고 볼 수 있다. 설령 할러가 괴물의 종자의 선재성을 주장하더라도, 괴물의 '존재'는 종자 안에 실재하고 있던 것이 아니라 '잠재'해 있었을 뿐이다. 요컨대 할러가 직접 해부한 결합 쌍생아의 경우, 수정란 안에 미래에 하나의 심장을 공유하는 두 개체로 자라나게 되도록 프로그램화되어 있었다고밖에 볼 수 없다. 만일 이 쌍생아가 배아에서 하나의 심장을 먼저 형성하고, 어떠한 외적인 사고나 충돌 없이 이후에 두뇌를 비롯한 다른 신체가 순차적으로 발생한 것이라면, 괴물의 종자는 후천적인 것이 아니라 선천적이라고밖에 볼 수 없기 때문이다. 다시 말해서 할러는 동물 발생의 내적 자율성을 옹호한다. 물론 산모의 영양 섭취 상태나 외적 환경의 작용이 태아의 발생에 영향을 미치지 않는다고 볼 수 없다. 그러나 이를 제외한다면 "동물은 상당한 변화의 단계들을 거치게 되는데, [이런 과정에서] 이미 존재했던 여러 부분들이 차례로 나타나는 것이지 새로운 창조가 개입되는 것이 아니"[4]게 된다.

··
4. Haller, *Sur la formation du coeur dans le poulet*, t. II, Lausanne, Bosquet,

따라서 18세기 괴물 발생이론 논쟁에서 할러의 개입은 이중적으로 중요한 역할을 한다. 첫 번째는 17세기 후반 이후에 생명과학을 지배했던 기계론을 생리학으로 대체하고, 동물의 발생을 배아 속에 완전한 성체成體로 존재했던 태아의 점진적인 발육의 과정으로 설명했던 전성설을 배아 내부에 프로그램화되어 있는 생명 발생과 유지를 위한 기본 조직들이 순차적으로 확산되고 조립되는 발생학으로 설명할 가능성을 열어 놓았다는 점이다. 그러므로 괴물의 '특이성'은 해부학적 관찰을 통한 외적 형태의 차이로 파악되어서는 안 된다. 뒤베르네와 윈슬로와 함께 할러는 생명의 구조의 내적 정합성을 강조하면서, 모든 생명 발생 과정에서 생존을 가능하게 하는 기능적 통일성을 찾고자 한다. 그러므로 앞서 언급한 내장이 좌우로 바뀐 상이군인의 경우나 다지증과 같은 경우는 '괴물'의 범주에서 제외되거나 가벼운 기형의 수준으로 파악될 것이다. 왜냐하면 이런 경우는 생존에 전혀 영향을 미치지 않는 수준의 차이에 불과하기 때문이다.

두 번째는 이러한 '이상성異狀性'의 분류를 가능하게 했다는 점이다. 종자 내부에 프로그램화되어 있는 생명의 기본 단위들의 전개 과정에서 발생하는 차이는 단지 우연적인 것이 아니므

●●
　1758, p. 172.

로, 무한히 많은 것이 아니라 패턴을 가지고 나타난다. 이를 통해 다양한 괴물의 객관적인 '분류'가 가능하며, 이 분류는 정상성과 비정상성의 형이상학적 구분을 배제하게 된다.

제2부

자연의 유희

모페르튀

    할러의 공로는 전성설의 기본 틀을 유지한 채 17세기 말부터 지배적이었던 배아 조립체설의 난점을 자신의 실험 결과를 통해 해결하고자 했다는 데서 찾을 수 있다. 하비의 '뛰는 점punctum saliens'을 통한 발생학의 이론은 18세기 중반 프랑스 의학자 및 생리학자들에게 큰 영향을 주었다. 이 시기의 해부학자이자 생리학자였던 투생 보르드나브는 하비의 이론을 바탕으로 다음과 같이 뼈의 형성 과정을 설명하고 있다.

    하비의 관찰에 따라 배아에서 최초로 나타나는 감각 부위는 '뛰고 있는 점punctum saliens이라고 부르는 것, 즉 심장임을 모두 알고 있다. 다른 모든 부분들은 심장이 작용하는 만큼 형성될 뿐이다. 그러므로 우리는 심장을 신체의 유기적인 발육의 최초의 동인이자 신체의 모든 부분을 형성하도록 해주는 기관으로 정당하게 간주할 수 있다. 그곳에 최초의 수액le suc primitif이 들어 있고 그것이 놓이는 곳에 따라, 그것이 그곳에서 작용됨에 따라 이러저러한 형태를 띠게 된다.

나는 이 경우에 자연의 메커니즘이 어떻게 작용되는지 설명하지도, 이 점에 대해 가설을 제시하지도 않겠다. 나는 그저 사실을 기술하는 것으로 그칠까 한다. 뼈에 윤곽이 잡히기 시작할 때 그것은 순전히 젤라틴 질에 불과하다. 뼈는 이 수액이 혈관을 따라 흐르는 방식으로 작동하여 나날이 더해지면서 성장한다. 그리고 뼈의 완전한 상태는 앞에서 말한 수액이 뼈를 구성하는 부분들에서 일으키는 변화에 달린 것이다. 면밀히 조사해보면 내가 제시한 부분이 증명되며, 나는 꼭두서니의 붉은 염료를 사용하여 뼈가 나날이 변해가는 추이를 살펴봄으로써 이 점을 확증했다. 뼈에 혈관이 끊임없이 작용하지 않았고, 뼈를 형성하는 새로운 수액이 이 염료와 섞이지 않았다면 이런 변화는 일어날 수 없었을 것이다.[1]

• •

1. Toussaint Bordenave, "Recherches sur l'Ostéogénie, ou la formation des Os", in *Mémoires sur les os: pour servir de réponse aux objections proposées contre le sentiment de M. Duhamel du Monceau, rapporté dans les volumes de l'Académie Royale des Sciences; avec les Mémoires de MM. Haller &*

배아 내 생명체의 골격의 형성은 심장의 발생과 혈액의 순환이 개시된 이후에 이루어지는 것이며, 그 발현의 과정은 일시적이고 동시적인 것이 아니라 순차적이다. 하비의 이론을 끌어들인 보르드나브의 관찰은 기존 배아 조립체설에 대한 완전한 파산선고나 다름없었다. 동물의 발생을 배아에 저장된 생명의 기본 요소들의 순차적인 전개로 파악하는 생리학적 입장은 단일하고 일관된 방식으로 물질과 운동의 관계를 규정하는 기계론과 근본적으로 양립할 수 없기 때문이다.

따라서 18세기 중반 이후 생명의 발생과 괴물의 출현의 연구는 할러가 선구적으로 제시한 배아론과 생리학의 틀로 재편되기 시작한다. 우리는 이 문제에 직접 들어가기에 앞서, 레므리와 윈슬로의 논쟁이 정점에 이르렀던 1740년대 이후 기존 전성설의 위기와 이에 대한 다양한 논의를 살펴보고자 한다. 특히 하비의 연구 결과를 바탕으로 1740년대 중반 피에르 루이 모로 드 모페르튀가 새로운 동물 발생이론을 소개한 뒤 이를 토대로 괴물의 발생 원인을 개진한 『자연의 비너스』에 주목해보고자 한다.

수학자와 천문학자로 과학자의 이력을 시작했던 모페르튀

●●

Bordenave, Paris, Guérin et Delatour, 1760, p. 211.

는 영국에서 뉴턴 이론을 접한 뒤, 그 이론을 데카르트주의 기하학자들로 구성된 프랑스 과학아카데미에 소개한 선구적인 인물이었다. 그러나 모페르튀의 관심은 이내 생명발생이론으로 옮겨갔다. 뉴턴은 천구의 운동을 동일한 평면에 위치시키면서 이 법칙의 '일관성'과 '단순성'을 강조했다. 그러나 뉴턴이 밝혀낸 천구의 운동법칙은 비교할 수 없을 정도로 작은 생명체의 발생, 성장, 유지, 노화, 죽음을 설명하는 데도 타당할까? 과연 뉴턴의 만유인력 이론은 생명체에서 적지 않게 일어나는 유전, 잡종, 괴물의 원인을 밝히는 데도 적합할까?

앞서 잠시 언급했던 18세기 프랑스 뉴턴주의 1세대 화학자였던 에티엔 프랑수아 조프루아는 뉴턴이 『광학』의 마지막 부분에 개진한 화학 문제에 흥미를 느꼈다. 특히 뉴턴이 위 책의 '질문31'에서 천구의 운동법칙이 물체를 구성하는 작은 입자들의 운동에 수미일관 적용될 수 있음을 확신했던 것이 그에게 큰 지적 자극이 되었다.

물체를 구성하는 작은 입자들이 어떤 능력이나 성질 또는 힘이 있어서, 그것을 이용하여 단지 접촉하지 않은 빛을 나르는 광선에만 작용하여 광선이 반사하고, 굴절하고, 회절하도록 만들 뿐 아니라, 그 입자들 사이에도 역시 서로 작용하여 자연에 나타나는 현상 중 많은 부분을 만들어내는 것이 아닐까?[2]

세상을 구성하는 서로 다른 여러 입자들은 각자 어떤 다른 입자는 강한 인력으로 끌어당기고, 다른 입자는 강하게 밀어내고, 또 다른 입자와는 아무런 반응도 보이지 않는다. 그런데 이런 다양한 힘들의 작용이 세상의 수많은 물질을 구성하고 재구성하고, 분해하는 원칙이다. 그렇다면 이 원칙을 생명현상을 설명하는 데 사용하지 못할 것이 무엇인가? 동물의 발생은 애초에 부모의 한쪽이 제공한 난에 이미 형성된 개체가 들어 있다가 그것이 발육하는 것이 아니라, 부모에게서 나온 생식 물질 사이에 어떤 인력이 존재하여 이들이 서로 결합되면서 이루어지는 것이 아닐까? 자손이 부모를 닮고, 부모의 결함과 장점을 물려받는 것이 이런 이유 때문은 아닐까?

모페르튀에게 발상의 전환을 가져왔던 사건은 한 알비노 흑인 소년이 파리 살롱에 소개되었던 것이었다. 그는 이 주제로 1744년에 「피부색이 흰 흑인에 대한 논고*Dissertation sur le nègle blanc*」를 내놓고, 이듬해 앞의 논고에 동물의 기원에 대한 논고를 덧붙여 『자연의 비너스*Vénus phyisque*』라는 특이한 제목의 책을 익명으로 출판했다. 올림푸스와 키테라 섬에 머무는 사랑의

‥
2 . Isaac Newton, *Opticks*, 1704; 『아이작 뉴턴의 광학』, 차동우 역, 한국문화사, 2018, p. 365.

여신 비너스를 지상으로 끌어 내리면서 관능과 생식의 주제를 그의 입담으로 풀어낸 소책자였다. '발생'이라는 주제는 파리 사교계 사람들에게 정숙하지 못한 주제로 받아들여질 수도 있었다. 모페르튀는 그 시대에 열띤 토론 중이던 현대 해부학의 여러 이론들을 간략하게 소개하면서 자연스럽게 윌리엄 하비의 연구 결과로 넘어간다.

11월이 되자 자궁에서 종양처럼 부풀어 오른 부분은 크기가 줄었고, 해면질의 도드라진 살은 물렁물렁해졌다. 그런데 새로운 모습이 나타났다. 자궁의 두 뿔 사이에 가느다란 그물이 펼쳐져 흡사 거미줄 같은 망이 생겼고, 이 그물이 자궁내막의 주름 속으로 들어가서 도드라진 살 주위에 얽혀들었다. [⋯] 이 망은 곧 주머니를 만들었다. [⋯] 매끈하고 반들반들한 안쪽에는 달걀흰자 같은 액체가 차 있었고, 그 안에 공 모양을 한 다른 막이 있었다. 그 막 안에는 더욱 맑고 투명한 액체가 차 있었는데, 바로 여기가 새로운 경이가 발견된 곳이다. 앞서 발표된 이론들은 여기에 완전히 형성이 끝난 동물이 있기를 기대했겠지만, 그렇지 않고, 그것은 동물의 근원으로서 살아 있는 점이었다. 그것보다 먼저 형성된 부분은 전혀 없었다. 맑은 액체 속에서 그 살아 있는 점이 뛰고 펄떡거렸다. 살아 있는 점이 잠겨 있는 액체에는 정맥이 보이지 않았고, 그 점으로부터 정맥이 성장해 나갔다. [···] 동물을 구성하는 부분들이 이내 이 점에 모여들지만, 똑같은 순서로 모이는 것도 아니고 동시에 모이는 것도 아니다. 처음에는 점액뿐이었다가 이것이 두 개의 작은 덩어리로 분리되어 하나는 머리가 되고 다른 하나는 몸통이 된다.[3]

모페르튀가 오랫동안 잊혔던 하비의 실험 결과를 동물의 발생이론을 새로이 설명하기 위해 가져왔던 것은 순수한 의도에서만은 아니었다. 하비의 생각은 당대 지배적이었던 배아의 선재이론과 양립할 수 없는 것이었다. 모페르튀는 하비를 끌어들이면서 "완전히 형성이 끝난 동물이 있기를 기대했"던 곳에 "맑은 액체"밖에 없음을 보여주었다. 그러나 생명의 흔적이라고는 보이지 않는 그 액체 속에서 경이롭게도 "살아 있는 점"이 펄떡거리기 시작하는 때가 온다. 정지 상태의 물질이 스스로 운동하기 시작하고, 거기서 모든 생명의 작업이 나타나는 것이다.

그러므로 너무나 작아 우리의 눈에 보이지 않는 어떤 생명의 요소들이 존재한다고 해야 한다. 모페르튀는 단번에 고대의

••

3. Maupertuis, *Vénus physique*, ch. VII, *Œuvres*, t. II, Lyon, Jean–Marie Bruyset, 1768, p. 40.

원자론을 도입해볼 생각을 한다. 배아에는 "완전히 형성이 끝난 동물"이 들어 있는 것이 아니라, 나중에 형성될 동물의 구성 성분들이 갖춰져 있는 것이 아닐까? 그러나 그는 자신의 과감한 이론이 동시대 신학자들에게 비판받을 수 있음을 잘 알고 있었다. 이는 천지창조의 내용 자체를 부정하는 일이었기 때문이다. 그래서 모페르튀는 "조물주가 동물의 형성은 오직 운동의 법칙을 따르게끔 했건, 즉각 조물주의 손을 개입시켜 동물을 형성했건, 애초에 하나 속에 다른 하나를 집어넣는 방식으로 동물을 창조했건, 이들 동물이 전부 동시에 형성되었다고 생각해서 이득이 될 것이 무엇일까? 모든 동물이 차례차례 형성된다고 생각해서 자연학이 잃을 것이 무엇일까? 우리는 동시적인 시간과 순차적인 시간을 구분하지만 신이 보기에 그 두 시간 사이에 어떤 차이가 있기나 할 것인가?"[4]라고 묻는다. 그가 보기에 모든 개체가 천지창조의 날 동시에 형성되었다고 보든, 순차적으로 형성되었다고 보든 아무런 문제가 없다. "우리가 연속적인 것으로 보는 것을 신은 동시적으로 보기 때문이다."[5] 오히려 성경의 자구에 매달려 어떤 철학적이고 자연학적인 정합성도 갖지 못한 이론

· ·

4 . Maupertuis, *Vénus physique, Ibid.*, pp. 67–68.

5 . Maupertuis, *Système de la nature, op. cit.*, p. 145.

에 매달리는 것이야말로 신의 섭리를 그릇되게 해석하는 일이 아닌가.

이렇게 신학자들의 반박을 예상하고 이를 잠재운 뒤, 모페르튀는 뉴턴의 인력이론을 자연학에 도입해보고자 한다. 신은 세상을 단순한 원리를 통해 창조했을 것이다. 도대체 천구의 영역과 극미동물의 영역을 서로 다른 원리에 따라 창조할 이유가 어디에 있겠는가? 그렇다면 우주의 차원에서 천구가 서로 끌어당기듯, 생명의 구성 요소들 역시 서로 끌어당긴다고 볼 수 있지 않을까? 그러므로 동물의 정액마다 나중에 심장, 머리, 내장, 팔, 다리를 만들도록 된 부분이 들어 있고, 부모의 정액이 결합될 때 그 안에 존재하는 부분들이 서로 끌어당겨 결합된다고 볼 수 있지 않을까? 여기서 모페르튀는 앞에 언급한 조프루아가 제시했던 친화력affinité 이론을 상기한다. 조프루아는 1718년에 왕립과학아카데미에서 발표한 논문에서 뉴턴의 인력 개념을 화학에 적용하면서 "서로 결합하는 성향을 가진 두 실체가 서로 결합되어 있을 때마다, 만일 두 실체 중 하나와 더 큰 관계를 가진 세 번째 실체가 나타나게 되면 다른 실체를 버리고 그 세 번째 실체와 결합하게 된다"[6]는

· ·

6. Geoffroy l'Aîné, "Table des différents rapports observés en Chimie entre différentes substances", in *Mémoires de l'Académie royale des sciences*, Paris, Gabriel Martin, J−B Coignard fils et H. L. Guerin, 1732, p. 203.

이론을 내놓았다. 모페르튀는 조프루아의 친화력 이론의 도움으로 너무나 합리적인 새로운 발생이론을 구성할 수 있겠다고 생각한다.

부모의 두 정액에 오직 하나의 태아, 혹은 암컷이 배게 될 숫자만큼의 태아를 만들 부분들만 있다고 생각해서는 안 된다. 남성과 여성은 각자 필요한 것보다 훨씬 많은 부분들을 공급하게 된다. 하지만 서로 인접하게 될 두 부분들이 일단 서로 결합하게 되면, 필시 똑같은 방식으로 결합할 수도 있었던 세 번째 부분은 제자리를 찾지 못해 불필요해진다. 바로 이러한 방식으로, 바로 이런 작용이 반복되면서 아이는 아버지와 어머니를 구성하는 부분들을 가지고 만들어지며, 아버지에 속한 흔적들과 어머니에 속한 흔적들을 뚜렷이 갖추고 태어나게 된다.[7]

모페르튀는 하비와 조프루아의 연구 결과를 토대로 현대의 배아 발생이론embryologie을 예고할 체계를 내놓게 된다. 무엇보다 모페르튀는 이러한 체계야말로 아이들이 부모 양쪽을 모두 닮게 되는 다양한 유전 현상을 설명할 수 있다고 생각한다.

• •

7. Maupertuis, *Vénus physique*, *op. cit.*, pp. 89-90.

"아이들은 통상 부모를 닮는다. 아이들이 다양한 모습을 가지고 태어나는 것은 부모를 닮는 결과이기 쉽다. […] 그러한 다양성을 갖는 개인들이 여러 세대를 거듭함으로써 다양성은 항구히 유지되고, 다양성을 갖지 못한 개인들은 여러 세대를 거듭함으로써 다양성이 지워지게 된다."[8] 흑인과 백인을 부모로 한 아이들이 "올리브 빛이 도는" 피부색을 갖고 태어난다거나, 다지증을 가진 부모 밑에서 같은 특징을 가진 아이가 태어나는 것이 이런 이유이다.

더욱이 모페르튀는 자신의 체계가 괴물의 발생 원인 역시 효과적으로 설명할 수 있으리라 생각했다. 부모의 정액에 미래에 형성될 신체의 여러 부분들이 들어 있고, 부모의 정액의 결합으로 각 부분들이 서로 끌어당겨 하나의 신체 부위를 형성할 때 여러 가지 원인으로 이 형성이 방해를 받을 수 있다고 생각해보자.

각 부분이 이웃하도록 된 부분들과 결합되고, 또 오직 그 부분과 결합한다면 아이는 완전한 형태를 갖고 태어난다. 어떤 부분들이 너무 멀리 떨어져 있거나 너무 부적절한 형태를 띠고 있거나 결합 관계가 너무 약해서 그 부분들이 결합해야 하는 부분들

8. Maupertuis, *Ibid.*, p. 109.

과 결합할 수 없을 때 '결여된 괴물'이 태어난다. 반면 필요 이상의 부분들이 들어갈 자리를 발견하여, 이미 결합이 충분히 이루어진 부분들과 결합하게 된다면 '과잉의 괴물'이 태어난다.[9]

그러므로 모페르튀는 '결여'와 '과잉'을 통해 괴물 분류학의 기초를 닦았다고 하겠다. 이로써 레므리와 윈슬로의 기나긴 논쟁은 전혀 새로운 접근을 통해 일단락된다. 형이상학과 신학에 오랫동안 매여 있던 동물의 발생과 괴물 출현의 주제는 모페르튀와 더불어 자연에서 일어나는 우연과 유희로 탈바꿈하게 되었다. 더는 신의 섭리가 문제가 되지 않는다. 오히려 신은 자신의 피조물에게 서로 사랑하여 자손을 퍼뜨릴 자유와 권리를 주었고, 그로 인해 그가 지은 세상은 다양성으로 더욱 아름다워진다. 간혹 괴물이 나타난대도 이는 방종한 인간에 대한 신의 징벌도 아니고, 불완전한 개체를 세상에 내놓을 수밖에 없는 신의 무능력의 증거도 아니다. 오랜 시간에 걸쳐, 자연에 존재하는 수많은 원인들로 인해 생명의 요소들의 결합에 차질이 생긴 결과일 뿐이다. 이들 대부분은 생존할 수 없고 자손을 둘 수도 없으니 결국 신의 세상에서 가뭇없이 사라질 운명이다. 그러나 대부분의 개체들은 사랑

. .

9 . Maupertuis, *Vénus physique*, p. 90.

하고 번식하여 더 건강하고, 더 아름답고, 더 강건한 존재로 세상을 꾸며나갈 것이다. 모페르튀의 『우주론』에 나오는 다음의 구절만큼 그의 체계를 잘 드러내 주는 것은 없다. 괴물은 질서의 위반이 아니라 길고 긴 시간 동안 수많은 우연이 부딪히는 자연 속에서 나타나는 사소하지만 피할 수 없는 사건이다. 오랜 시간을 두고 관찰했을 때 자연의 모든 산물은 여전히 '질서'와 '적합성'을 갖추고 있음을 알 수 있는 것이다.

자연의 산물들이 우연적으로 결합되면서 어떤 적합한 관계를 가져 생존할 수 있는 산물들만이 존재했던 것처럼, 이러한 적합성이 현재 존재하는 모든 종들에게서 발견되는 것이 경이롭지 않다고 말할 수 없는 것이 아닐까? 흔히들 우연에 따라 수많은 개체들이 만들어졌다고들 한다. 동물을 구성하는 적은 수의 부분들이 그 동물의 필요를 만족시킬 수 있는 방식으로 구성된 것이다. 무한히 큰 수의 부분들에서는 적합성도 질서도 갖추지 못했다. 그래서 이렇게 구성된 많은 존재들이 죽어버렸다. 입이 없는 동물들은 생존할 수 없었다. 생식을 위한 기관을 갖추지 못했던 다른 동물들도 살아남을 수 없었다. 오직 남을 수 있었던 것은 질서와 적합성을 갖춘 동물들일 뿐이다. 우리가 오늘날 볼 수 있는 이 종들은 단지 맹목적인 운명이 만들었

던 것의 극히 작은 일부에 불과하다.[10]

・ ・

10. Maupertuis, *Essai de cosmologie*(1751), *Œuvres*, t. I, Jean-Marie Bruyset, 1768, pp. 11-12.

뷔퐁의 유기분자와 내적 주형 이론

모페르튀의 새로운 체계는 기존의 동물 발생이론과 괴물 이론을 뒤엎었다. 그러나 그는 의사도, 해부학자도, 자연사가도 아니었다. 수학자이자 철학자로서 모페르튀는 뉴턴과 라이프니츠의 이론을 통해 이 시기에 이미 낡아버린 아리스토텔레스주의 자연학ʲᵃ ᵖʰʸˢⁱᵠᵘᵉ을 쇄신하고자 했을 뿐이었다. 모페르튀의 동시대인으로서 역시 뉴턴의 이론에 매혹되었던 왕립 식물원장 조르주 드 뷔퐁 역시 그의 방대한 『자연사』에서 '유기분자ᵐᵒˡᵉᶜᵘˡᵉˢ ᵒʳᵍᵃⁿⁱᵠᵘᵉˢ'와 '내적 주형鑄型, ᵐᵒᵘˡᵉˢ ⁱⁿᵗᵉ́ʳⁱᵉᵘʳˢ'의 개념을 내세워 데카르트주의 기계론과 배아의 선재이론의 유효성을 부정하면서 후성설을 지지하게 된다.[1] 하비의 실험 결과를 통해 동물의 발생을 생명 요소들의 결합 과정으로 봤던 모페르튀의 입장은 뷔퐁에 의해 '유기분자'이론으로 거듭나게 된다. 다음의 인용문은 이 두 과학자의 체계가 얼마나 유사한지 잘 보여준다.

태아는 두 개의 개체가 발산한 정액liqueurs séminales이 섞일 때 그 안에 포함된 유기분자들이 결합하면서 형성된다. 결합이 이루어지면 모든 부분들이 위치에 따라 자리를 잡는다. 결합은 상이한 부분들 사이에 존재하여 유기분자들이 그것을 공급한 개체들에 존재했던 것처럼 자리를 잡도록 해주는 친화력의 법칙에 따라 이루어진다. 그래서 머리에서 나온 유기분자들은 머리를 형성하게 되는데 친화력의 법칙에 따라 오직 목을 구성하게 될 유기분자들 옆에만 자리 잡게 되고, 발을 구성하게 될 유기분자들 옆으로는 갈 수 없다. 이들 유기분자가 결합할 때는 하나도 빠짐없이 운동을 하는 것임이 틀림없다. 그 운동을 통해 그 유기분자들을 일종의 중심으로 이끌어 그 중심

· ·

1. "나는 유기분자를 연구하고 실험하면서 선재하는 배아(germes pré-existants)는 존재하지 않고, 동물과 식물의 발생은 항상 동일하지 않으며, 동물이든 식물이든 발생이 항상적으로 연속됨에 따라 만들어질 수 있는 동물들과 식물들만큼이나 유기분자들의 우연적인 결합을 통해 만들어지는 동물이나 식물이 아마 있을 것임을 증명했다. […]" (Buffon, *Œuvres complètes*, éd. M. Flourens, t. I, Paris, Garnier Frères, 1853, p. 564)

주변에 유기분자들이 결합하게 된다. 유기분자들을 결합시키는 데 없어서는 안 될 이 중심 혹은 받침점point d'appui은 반작용을 받고 정지 상태에 놓일 때 활동을 멈추고 운동을 정지시키게 되는데, 이것이 다른 모든 유기분자들과 구분되는 다른 부분을 구성한다. 혼합시 두 개체에 공통된 것이 아닌 유기분자가 있다면 그것은 아마 성기에서 나온 유기분자들이 아닐까 한다.[2]

그러나 배아 내에 존재하는 물질의 종류를 구분하지 않았던 모페르튀와는 달리, 뷔퐁은 원물질matière brute과 유기분자를 구분했다. 여기에서 그가 주장하는 두 번째 개념인 내적 주형의 이론이 등장한다.

이제 유기물이 무한한 수의 동물의 유기분자들을 포함하고 분해가 된 뒤에도 여전히 동일한 동물의 입자들을 제시한다는 점을 알았다. 그리고 이들 유기분자는 실제 동물이 아니고, 이런 종류의 극히 작은 존재들은 자연이 창조한 모든 산물에 둔 다양성과 미묘한 차이들을 갖는다는 점을 알았다. 그런 이상 현미경을 통해 이를 수 있는 발견들은 극히 적어졌다.

• •

2. Buffon, *Œuvres complètes*, t. I, *Ibid.*, p. 615.

현미경 없이 정신의 눈만을 갖고 이들 작은 모든 동물이 실제로 존재한다는 점을 알게 되었고 그런 존재들을 별개로 다룰 필요는 없어졌으니 말이다. 모든 존재들은 자연만큼이나 오래된 공동의 기원을 갖는다. 모든 존재들은 그것으로 생명을 이루고 주형에서 주형으로 이어지면서 영속하게 된다. 이 유기분자는 언제나 활동을 하고 언제나 사라지지 않고 남아 있으므로 동물은 물론 식물까지 모든 유기체에 공통으로 속한 것이다. 유기분자들은 원물질la matière brute 안으로 침투하고 물질에 작용을 일으키고 모든 방향으로 부지런히 움직여서 그것을 유기조직의 기초로 사용하게 한다. 이 살아 있는 분자들은 유기체의 유일한 원리이자 유일한 도구라 하겠다. 유기분자들은 오직 한 가지 힘만을 따르는데 비록 그 힘이 수동적이기는 하나 유기분자들의 운동의 방향을 잡아주고 위치를 고정시킨다. 이런 힘이 유기체 내부에 존재하는 주형이라고 하겠다. 동물이든 식물이든 영양분이나 수액을 끌어오는 살아 있는 유기분자들은 유기체 내부의 주형의 모든 부분에 동화되고 모든 부분으로 침투해 들어가서 그리로 생명과 생육을 가져와 이 주형을 모든 부분에서 살아 있고 성장하게끔 해준다. 주형의 내적 형태는 모든 유기분자들을 유기체에서 일어나는 영양 섭취와 발육을 위해 움직임과 위치를 결정해주는 것이다.[3]

뷔퐁이 말하는 내적 주형은 유기분자가 원물질 속으로 침투하여 그것을 양분으로 전환하고, 이렇게 전환된 양분이 유기체의 각 부분이 필요로 하는 곳과 동화assimilation하는 작용을 설명하기 위한 것이다. 뷔퐁은 하나의 종이 갖게 되는 영속성과 특이성을 각 유기분자들을 배치하고 동화하는 어떤 내적인 질서를 통해 설명하고자 한다. 그런데 이 점에서 뷔퐁과 모페르튀의 입장은 갈라진다. 모페르튀는 연속적인 교배와 일탈을 통해서 종이 분화하고 다양화되는 과정을 설명하고자 했으나, 뷔퐁의 내적 주형이론은 종의 경계를 고정하는 역할을 하게 된다. 이 이론 아래에서는 생명의 다양성과 괴물 발생의 가능성은 대폭 축소된다. 물론 내적 주형이론이 어떤 오류의 가능성도 배제하는 것은 아니며, 이때가 괴물이 출현하게 되는 지점이다. 그렇지만 적어도 괴물의 문제에서만큼은 뷔퐁은 모페르튀보다 보수적인 입장이다. 자연은 오류를 범할 수 있지만 그 오류를 가능한 최소화하려고 하며, 자연에 나타나는 비정상적인 것에도 질서는 존재한다.

[유기체를 구성하는] 부분들에 공통된 기초의 모든 방향으로 부분들을 밀어내는 힘은 항상 균등하다. 결여, 과잉, 결함이

. .
3 . Buffon, *Œuvres complètes*, t. I, *Ibid.*, p. 665.

오른쪽에서나 왼쪽에서나 동일하게 발견될 때, 이들 부분을 짝으로 만드는 데 사용되는 물질에 결여, 과잉 혹은 결함이 있다면, 또 예를 들면 물질이 결여되어 어떤 사람이 오른손에 다섯 개의 손가락을 갖는 대신 두 개밖에 갖지 못하게 된다면, 그 사람은 왼쪽에도 두 개의 손가락밖에 갖지 못하게 될 것이다. 유기 물질이 과잉되어 한 손에 여섯 개의 손가락을 갖게 된다면 그는 다른 손에도 여섯 개의 손가락을 갖게 될 것이다. 어떤 결함이 있어서 이렇게 짝으로 나타나는 부분들이 형성될 때 쓰이는 물질이 변질을 겪게 되었다면 동일한 변질이 왼쪽 부분과 오른쪽 부분에 공히 나타나게 된다. 이런 일들은 대단히 자주 발생되는 것이다. 대부분의 괴물들은 나타날 때 대칭을 이룬다. 그래서 부분들에 이상이 생길 때도 질서에 따라 이루어지는 것 같으며, 이를 통해 자연은 오류 자체를 통해 항상 가능한 잘못을 최소화한다고 볼 수 있다.[4]

그렇다고 뷔퐁의 이론이 기형과 괴물의 발생을 배제하는 것은 아니다. 그러나 뷔퐁은 괴물의 발생이 '극히 드문' 경우임을 강조한다. 그러나 그는 이 기이하고 드문 경우가 일어나는 일은 '필연적'이고 '자연적'인 것임을 잊지 않고 언급한다.

• •

4. *Ibid.*, pp. 628-629.

뷔퐁은 자연에서 발생하는 모든 일탈과 오류가 여전히 자연의 질서 속에서 설명될 수 있다고 주장하려고 한다. '십억분의 일'의 비율로 괴물이 태어나기도 하지만 이는 유기분자들이 결합되는 과정에서 발생하는 대단히 '사소한' 오류이다. 오히려 뷔퐁은 자연에서 발생하는 오류를 인간의 작업에서 발생하는 오류와 비교해봤을 때 '무시해도 좋을' 확률임을 강조한다. 그렇기 때문에 그것은 자연 자체의 오류라기보다는 오히려 외부적인 요인이 작용한 결과로 보아야 한다.

뷔퐁은 『자연사』 4권에 실린 「인간종의 다양성에 관하여」의 장을 괴물의 문제를 가볍게 언급하면서 끝낸다. 이런 배치야말로 그가 괴물의 문제에 크게 유념하지 않았다는 증거일 것이다. 한 종에 속한 개체들은 각자 환경에 적응하거나 적응에 실패하면서 '다양성'을 갖추게 된다. "인류의 종種이 이토록 다양한 만큼 개체들도 다양한데 여기에 괴물을 추가해볼 수 있을 것이다. 그렇지만 우리가 다루는 주제는 자연에서 일상적으로 나타나는 사실일 뿐 우연히 발생한 것은 아니다."[5] 그러므로 괴물은 자연에서 발생하는 이러한 다양성의 연장이자, 극단적인 사례일 것이다. "자연의 일상적인 사실만을 다루겠다"는 그의 언급은 괴물의 주제에 대한 그의 양면적인 입장을 보여준

• •

5. Buffon, *Œuvres complètes*, éd. M. Flourens, t. II, *op. cit.*, p. 307.

다. 첫 번째는 앞서 언급했듯이 '극히 드물게 발생하는' 괴물에 어떤 도덕적인 가치도 부여하지 않겠다는 입장이다. 지난 세기까지의 괴물에 대한 논의는 편견과 미신의 함정에 빠져 있었다. 특히 신학과 형이상학의 논의로 오염되어 필요 이상의 관심과 정도를 벗어난 과장이 결부되었음을 그는 잘 알고 있었다. 그러므로 괴물을 자연에서 숱하게 마련되는 변종의 일부로 보는 것이 옳겠다. 그러나 '괴물에 대하여'라는 짧은 절에서 뷔퐁은 모페르튀보다 결코 멀리 나아가지 않았으며, 그 원인을 전혀 규명해보려고도 하지 않았다. 이는 그의 무관심이라기보다는 그가 이 주제 앞에서 주저하고 있었다는 것으로 볼 수 있지 않겠는가?

그는 모페르튀가 괴물을 분류했던 두 가지 범주, 즉 결여의 괴물과 과잉의 괴물을 인정하면서 여기에 한 가지를 추가하는 것으로 그친다.

[…] 나타날 수 있는 모든 괴물을 세 가지 범주로 축소할 수 있을 것이다. 첫 번째 범주는 과잉par excès의 괴물이고, 두 번째는 결여par défaut의 괴물이고, 세 번째는 신체를 이루는 부분들의 전위renversement 혹은 부정확한 위치를 갖는 괴물이다.[6]

· ·
6. *Ibid.*, pp. 307-308.

그러나 뷔퐁이 추가한 마지막 범주는 전혀 새로운 것이 아니었고 그는 앞서 언급한 내장의 좌우 위치가 바뀐 상이군인의 사례를 인용하는 것으로 그쳤다. 메리가 발견하고 윈슬로가 자주 언급한 사례였다. 그 뒤에 그는 이 세 범주의 주목할 만한 세 가지 사례를 언급하는 것으로 그친다. 세 번째 범주에서 앞에 언급한 메리의 상이군인의 보고를 인용[7]한 후, 윈슬로의 보고를 간략히 요약하며 뷔퐁은 "이러한 전위와 부정확한 위치는 생각보다 자주 생기는 것 같다. 다만 신체 내부에 존재하기 때문에 우연한 경우에나 알려질 따름"[8]이라고 말한다. 그러나 외부로 보이는 경우도 있는데 뷔퐁은 다음과 같은 사례를 든다.

[…] 천성적으로 오른손보다 왼손을 사용하는 사람들은 장기臟器들이 전위되었을 수 있거나 적어도 왼쪽 허파가 오른쪽 허파보다 더 크고, 폐엽肺葉이 더 많이 있을 수 있다. 우리가 왼손과 왼발보다 오른손, 오른팔, 오른발을 사용하는 원인은 오른쪽 허파가 더 크고 더 강한 힘을 갖고 있기 때문이다.[9]

• •
7. *Ibid.*, p. 309.
8. *Ibid.*
9. *Ibid.* 뷔퐁이 내세운 이 가설에 대해 『전집』 편집자 플루랑스는 "장기들

요컨대 괴물의 문제는 모페르튀와 달리 뷔퐁에게는 큰 관심사가 아니었던 것 같다. 「인간종의 다양성」의 장을 끝낸 후 상당히 오랜 시간이 흐른 뒤에야 「괴물에 대하여」를 추가한 것이 그런 그의 태도를 잘 보여준다. 더욱이 그가 제시한 분류법은 더는 새로운 것이 아니었고, 그가 든 사례들은 그가 직접 관찰하고 해부한 것이 아니라 이미 잘 알려진 선행 연구의 요약이다. 뷔퐁이 과잉의 괴물로 언급한 사례는 헝가리 출신의 쥐디트와 엘렌이라는 이름의 쌍둥이 자매로, 둔부가 결합되고 하나의 항문만 가진 모습으로 태어났던 것을 보고한 것이다.[10]

* *

이 전위되었을 수 있다"의 부분에 "유치한 생각이며 반박할 가치가 없다"는 주석을, "오른쪽 허파가 더 크고 더 강하다"는 부분에는 "덜 유치한 생각이지만 근거가 없다"는 주석을 달았다.

10. "과잉의 괴물을 포함하는 첫 번째 경우에 몸이 둘로 된 존재들만큼 놀라운 사례가 없다. 1701년 10월 26일에 헝가리의 초니에서 태어난 두 여아는 허리가 서로 붙어 있었다. 두 여자아이들은 스물한 살까지 살았다. 일곱 살에 두 여자아이들을 네덜란드, 영국, 프랑스, 이탈리아, 러시아 등 유럽 전역으로 데려갔다. 아홉 살에 한 선한 신부가 그녀를 돈을 치르고 풀어주어 페테르스부르크의 수녀원에 넣었다. 그곳에서 두 여자아이들은 1723년 2월 23일에 스물한 살의 나이로 죽을 때까지 머물렀다. 의사 유스투스 요아네스 토르토스가 1757년 7월 3일에 런던 왕립학회에서 이 쌍둥이 여자아이들에 대해 상세한 보고를 했다. 그는 쌍둥이 여자아이들이 머물렀던 수녀원의 외과의사이자 그의 장인이었던 카를 레제르의 문서에서 이 사례를 찾았다.

〈그림 18〉

쌍둥이 여자아이들은 한 명은 엘렌, 다른 한 명은 유디트라는 이름을 가졌다. […] 이 둘의 항문은 하나였다. […] 스물두 살이 되기 전에 이 둘에게 죽음이 다가왔다. 유디트가 열이 났고 마비 상태에 빠졌다가 2월 24일에 죽었고, 가여운 엘렌도 그녀의 뒤를 따르지 않을 수 없었다. 유디트가 죽고 삼 분 후에 그녀도 임종을 맞아 거의 동시에 사망했다. 두 아이들을 해부해보니 두 사람은 완전히 정상적인 내장을 갖추고 있었고 각자 배설을 위해 분리된 하나의 도관을 가지고 있었음이 밝혀졌다. 이 도관이 동일한 항문으로 나 있었던 것이다." (*Ibid.*, p. 308)

〈그림 19〉

결여의 괴물로는 1766년에 외눈으로 태어난 여아의 사례를 들었다.[11] 이 두 사례 모두 뷔퐁은 직접 관찰하는 일도 없이,

. .

11. "과소의 괴물은 과잉의 괴물보다 덜 빈번하다. 우리가 [<그림 19>를 통해] 볼 수 있는 아이의 사례보다 더 주목할 만한 예를 제시하기 어렵다. 이 아이는 해부학적인 주제의 데생과 재현에 있어서 일가견이 있는 비에롱 양이 밀랍으로 두상의 모습을 떠 만들어 전시되었다. 파리 의과대학 의사이자 능숙한 자연사가이신 뒤부르그 씨가 소장하고 있는 이 두상은 1766년 10월 태어난 여자아이를 따라 조각되었다. 그러나 이 아이는 몇 시간 살지 못했다. 나는 여기서 세부적으로 기록하지는 않겠다. 메르퀴르 드 프랑스와 같은 오늘날 잡지에 이

직접 눈으로 해부하는 일도 없이 이미 보고된 사례를 제시하는 것으로 만족했다.

그렇지만 뷔퐁의 입장은 이 짧은 절의 마지막 부분에서 여실히 드러난다. 그는 당대 괴물의 문제에 대한 격렬한 토론을 잘 알고 있었고, 그 토론이 결국 신학과 형이상학의 문제를 끌어들이지 않을 수 없다는 사실 역시 잘 알고 있었다. 그는 신중한 태도를 취해 기존 논의를 반복하지 않으면서 갑자기 어조를 바꾸어 자신은 배아의 선재이론을 지지하지 않는다는 점을 강조한다.

우리는 배아의 선재이론에 전념했던 몇몇 해부학자들이 다른 종자들이 그렇듯이 선재하는 괴물의 종자가 있었고, 신은 천지창조 때부터 이런 괴물의 종자를 창조했었음을 믿었다는 점을 고찰하는 것으로 마칠까 한다. 그런데 이는 설정부터가 잘못된 이론에 창조주로서는 부당할 뿐 아니라 우스꽝스럽기까지 한 비상식적인 말을 더하는 것이 아닌가? 우리는 앞서 이 이론을 충분히 공박했으며, 이런 이론은 그저 검토만 해보아도 즉각 받아들일 수도 없고, 인정할 수도 없는 것이다.[12]

. .

기사가 실렸기 때문이다." (*Ibid.*) 이 외눈 아이의 사례는 디드로의 『달랑베르의 꿈』에서도 잠시 언급된다.

12. *Ibid.*, p. 309.

뷔퐁은 전성설에 근거한 어떤 이론으로도 괴물의 문제를 설명할 수 없다고 본다. 이것이 앞서 살펴본 과학아카데미의 괴물논쟁과 뷔퐁이 단절하고자 하는 이유이다. 그는 종의 안정적인 재생산의 문제에 관심을 두었다. 그것은 왜 자연에 오류가 발생하는가보다는 어떻게 다소의 사고는 존재하지만 종이 항구적으로, 또 안정적으로 재생산되는지 살피는 것이 그의 관심사였기 때문이다.

오히려 뷔퐁 이론의 장점은 종의 퇴화^{dégénération}와 변질^{altér-ation}로 괴물의 문제를 설명하고자 했다는 점에서 찾을 수 있다. 종의 불변성 및 괴물 개체 발생의 극히 낮은 가능성을 주장하는 뷔퐁은 유기체 내부의 안정성을 고집한다. 그러므로 최초의 종이 형성된 이후 발생된 수많은 종의 다양성은 유기체 외부의 환경의 불안정성 때문이다.

이런 결과는 동물들에게서 더욱 신속하게 나타나고 상당한 역할을 한다. 동물들은 인간보다 훨씬 더 대지와 가깝게 살아가고, 동물의 양식은 크게 변하는 법이 없고 거의 동일하다시피 하며 식사 준비랄 것도 없어서 양식의 질은 더욱 확정적이고 영향도 훨씬 크고, 더욱이 동물들은 옷을 입지도 않고 집을 짓고 살지도 않고 몸을 덥히기 위해 불을 사용할 수도 없으니 가혹한 환경과 공기의 작용에 고스란히 노출되어 있기 때문이다. 바로 이런 이유로 동물들은 각자 자신의 본성에 따라 살아갈 구역과 지역을 선택했던 것이고, 동일한 이유로 동물들은 그곳에 머물러 산다. 반면 인간은 거주 지역을 넓히고 멀리까지 나아가 대부분 자신들에게 가장 적합한 지역에 모여 산다. 지구에 격변이 일어날 수도 있고, 무력에 쫓겨 고향을 버리지 않을 수 없었고, 머나먼 환경으로 추방되거나 보내지기도 했다. 그때 인간 본성은 너무도 엄청나고 너무도 근원적인 변화를 겪게 되어 첫눈으로 봐서는 본성이 완전히 변한 것은 아닌가 하며, 그 본성을 판단해보려면 더없이 주의 깊은 관찰은 물론 유사성과 실험도 필요하다. 자유롭게 살아가는 동물들이 이렇게 변화를 겪게 만드는 원인들에 인간이 그 동물을 노예로 만들어버리면서 행사한 영향력이라는 원인을 추가한다면 폭정la tyrannie이 어느 정도까지 본성을 파괴dégrader하고 바꾸는지 défigurer 알게 되어 놀라고 말 것이다. 인간의 노예가 되어버린 모든 동물에는 포로의 낙인과 쇠사슬의 흔적이 남아 있다. 상처가 오래된 것일수록 그 상처는 더 크고 더 치유 불가하며 우리가 그 동물들을 몰아넣은 상태에서라면 그들에게 본래의 형태는 물론 우리가 그들에게 빼앗아버린 자연의 다른 속성들을 회복시켜주거나 돌려줄 수 없을 것이다.

기온, 양식의 질, 노예 상태로 겪어야 하는 악, 이 세 가지가

동물의 변화changement, 변질altération, 타락dégénration을 가져오는
원인이다.[13]

뷔퐁은 괴물의 발생 문제를 그 이상 진지하게 받아들이지
않았다. 그에게 괴물은 유기분자와 내적 주형으로 조화롭게
작동하는 자연에서 극히 드물게 나타나는 오류일 뿐이다. 그러
나 괴물이 종의 본성과 형태에 일어난 이상과 변형이라면
원래 최초의 상태에서 건강했던 종이 변질되고, 변형되고,
퇴화하다가 결국 멸종에 이르게 되는 '본성의 타락' 이상으로
두려워해야 할 괴물은 없다. "처음에 개별적으로 발생한 변이
는 유전을 통해 후세로 전달되고, 동일한 원인들의 연속적인
작용을 통해서 확장되고 일반화되다가, 결국 환경의 작용이
멈추거나 변하게 되면 사라지기에 이른다."[14] 극히 드문 자연의
오류는 자연의 내적 조화의 원리에 따라 금세 자취를 감추지만,
환경과 섭생의 급격하거나 장기적인 변화와 노예 상태에 길들
여지는 것이야말로 종의 본성을 잃고 퇴화하게 되는 더 비참한
결과를 낳기 때문이다.

..

13. Buffon, *Œuvres complètes*, éd. M. Flourens, t. IV, *op. cit.*, 1853, p. 113.
14. Jacques Roger, *Les Sciences de la vie*, *op. cit.*, p. 568.

흑인과 백인의 잡종에 대한 모페르튀와 뷔퐁의 논의

18세기에 피부색의 차이는 더는 놀라운 것이 아니었다. 세계를 여행하고 돌아온 유럽인들이 남긴 기행문에서 세상에 다양한 피부색의 사람들과 다양한 신장身長의 사람들이 존재한다는 것은 이미 상식이 되었다. 이런 점에서 뉴턴과 데카르트의 이론을 확인하기 위해 북극과 적도를 향해 떠났던 모페르튀와 라 콩다민 일행의 업적은 천문학과 수학의 영역으로만 국한되지 않는다. 그들의 인종적인 편견을 무시할 수 없지만 이들이 직접 보고 온 세계 반대쪽 사람들의 '차이'는 동시대 유럽인들에게 인간종의 '다양성'에 대한 생각을 심어주었다. 모페르튀는『자연의 비너스』에서 "아프리카의 북회귀선에서 남회귀선에 이르는 곳에는 오직 흑인들만 살아간다. 그들은 피부색으로

구분될 뿐 아니라, 얼굴의 특징을 통해서도 서로 구분된다"[1]고
썼다. 더욱이 "유럽과 아프리카, 아시아와 동떨어져 있는 저
광대한 지역으로 들어가 본다면 정말 한 번도 보지 못한 종이
다양하게 펼쳐져 있음을 알 수 있다."[2] 그러면서 모페르튀는
"우리가 아는 이상으로 피부가 대단히 흰" 중앙아메리카의
대리언 족을 소개하고 있다.

북해와 태평양 사이에 난 파나마 해협에 우리가 아는 이상으
로 피부가 흰 사람들이 있다고 한다. 머리숱은 더없이 흰 양모
같고, 두 눈은 너무 연약하여 한낮의 햇빛을 견디기 어려우므
로 밤의 어둠 속에서나 간신히 눈을 뜬다. 새들 사이에서 박쥐
와 부엉이의 생태처럼, 그들도 인간의 종과 생태가 다르다.
한낮의 태양이 사라질 때 자연에는 죽음과 침묵만이 남고,
노동에 시달리거나 쾌락에 지쳐 지상의 다른 모든 사람들이
잠에 빠져들 때 다리엔 사람들은 잠에서 깨어나 신을 찬양하고
견딜 수 없는 빛이 사라져버렸음을 기뻐하며 밤이 되어 모두
떠난 자연을 채운다. 그 종족은 우리네 목동이 즐거이 종달새
노랫소리를 듣는 것처럼 올빼미의 외침을 기쁘게 듣는다.[3]

· ·
1. Maupertuis, *Vénus physique, op. cit.*, p. 98.
2. *Ibid.*, p. 99.
3. *Ibid.*, p. 100. 이 부분은 모페르튀가 영국 의사로 탐험을 떠났던 라이오넬

피부색의 차이가 인간종이 거주하는 지구상의 위도와 기후

• •

웨이퍼의 여행기(1695)에서 발췌한 것으로 선천적 색소 결핍증을 갖고
태어난 인디언들에 관한 것이다. "이 해협에는 대단히 기이한 종의
민족이 살아간다. 내가 지금 말하려고 하는 내용은 분명 대단히 기이해
보이겠지만 이 나라에 머물렀던 선주들이라면 이 점을 확인해줄 수
있다. 그들은 백인 인디언이었다. 구릿빛 피부를 가진 인디언들과 비교
해봤을 때 그들의 수는 굉장히 적다. 그들의 피부는 영국인들의 피부처
럼 아름다운 흰색은 아니고, 오히려 우윳빛이 도는 흰색이라 할 것이다.
더욱 놀라운 점은 그들의 육체가 똑같은 흰색의 솜털로 덮여 있다는
점이다. 하지만 그들의 손 털은 대단히 얇아서 그 사이로 피부가 다
보인다. 그들이 수염을 길렀다면 그 수염도 흰색일 것이다. 그렇지만
그들은 수염을 깎아버린다. 그러나 그들은 솜털을 제거하지는 않는다.
눈썹이며 머리 색도 피부색과 같은 흰색이고, 머리카락은 6~8푸스로
길게 기르는데 곱슬머리 같다. 그들은 다른 인디언들처럼 몸집이 크지
않다. 그리고 정말 특이한 것은 그들의 눈썹이 활처럼 굽고 아래가
뾰족한 상현달 모양이라는 점이다. 그런 이유로 달이 떠 있는 밤에
그들이 앞을 매우 잘 보는 것인지는 모르겠다. 하지만 그들은 밤에는
시력이 매우 좋아서 아주 멀리 있는 사물도 분간할 수 있다. 그래서
이 나라 사람들은 그들을 '밤의 눈'이라고 부르곤 한다. 그들은 낮에는
눈이 잘 보이지 않는다. 그들의 눈은 대단히 약해서 빛을 견딜 수
없다." (Lionnel Waffer, *Les Voyages contenant une description très exacte
de l'Istme de l'Amérique & de toute la nouvelle Espagne*, trad. De Montirat,
Paris, Claude Cellier, 1706, pp. 135-137) 코르넬리우스 파우의 『아메리카
인들에 대한 연구』에서도 다리엔 족의 언급이 상세히 나타난다. (Corneill
e de Pauw, *Recherches philosophiques sur les Américains*, t. II, Berlin,
1771, pp. 6-7) 뷔퐁은 파우의 책에서 다리언 족의 백변종(白變種)에
대한 보고를 인용하고 있다.

와 관련되었다고 가정한다면 적도 부근에 살고 있는 한 아메리카 인디언의 종족이 흰 피부색을 가졌음을 설명할 길이 없다. 이미 1734년에 왕립과학아카데미는 아프리카 수리남 출신의 '괴물'을 언급한 적이 있다. 아카데미 종신 서기였던 퐁트넬은 이 '피부색이 흰 흑인'에 관심을 가지고 이 이야기를 이 해의 『과학아카데미의 역사』에 특별히 소개했다. 그렇지만 퐁트넬은 아이의 아버지가 흑인이었다는 어머니의 고백을 의심한다.

가장 큰 문제는 그의 아버지가 누구인지 아는 일이었다. 어머니의 말과는 달리 아버지가 흑인이었던 것은 아니다. 흑인 아이들 중에 흰 피부색으로 태어나는 아이들이 있다는 것은 사실이다. 그래도 생식기와 손톱 뿌리에는 약간 검은 부분은 남아 있다. 그들이 태어나고 며칠이 지나면 희었던 피부색은 변해서 검어진다. 백인 아버지와 흑인 어머니의 흑백 혼혈로 태어난 아이라면 피부색은 붉은빛을 띤다. 이런 특징들이 있으니 부모가 누구인지 알 수 있고 차이들을 의심할 수 없게 된다. 그렇지만 우리가 언급하고 있는 아이는 9–10개월이 되었는데도 피부색이 완전히 흰색이었다.

그의 아버지는 백인이 아니었다. 아이의 용모는 전형적인 흑인의 것으로 머리카락 대신 양털이 덮여 있는데 이런 용모가 도대체 어디에서 온 것일까? 더욱이 아이의 어머니는 이미

흑백 혼혈의 아이를 낳은 적이 있었고, 그 아이의 아버지가 백인이라는 점을 감추지 않았다. 그런데 왜 그녀는 이번에는 고집스럽게 이 사실을 숨겨야 했는가? 흑인 여인들이 백인 남성과의 관계를 갖는 것을 영예로 알고 이를 자랑하지 않는 경우가 없다는 것이 다반사인데 말이다.[4]

모페르튀는 『자연의 비너스』에서 이러한 피부색의 변이를 '자연의 다양성'으로 설명하면서 퐁트넬의 입장과 거리를 두고자 한다. 그는 이런 사례가 드물지 않다는 점을 인정하고 흑인이 간혹 갖고 태어나는 "흰 피부색을 일종의 피부병"으로 보고 싶어 하며, "우연히 일어나는 일이기는 하지만 세대를 거듭하고 여러 세대를 거치는 동안 계속 남아 있게 된다"[5]고 생각하면서 이것이 "세대를 거듭하면서 뚜렷해지거나 희미해지는 유전적 다양성"의 증거임을 강조했다.[6]

뷔퐁 역시 인간종의 다양한 분포의 제일 원인을 "환경의 영향'influence du climat"에서 찾는다. 그에 따르면 "환경이라는 말은 위도가 더 높거나 더 낮다는 것뿐 아니라 고도가 높다거

• •
4. *Histoire de l'Académie Royale des Sciences*, l'année 1734(publié en 1736), p. 16.
5. Maupertuis, *Vénus physique, op. cit.*, p. 117.
6. *Ibid.*, p. 118.

나 낮다거나, 바다에 면해 있거나 멀리 떨어져 있거나, 풍향과의 관계를 모두 포함하는 것이다. 바람의 경우에는 특히 서풍일 때가 그렇다. 한마디로 말해서 이 모든 환경이 종합되어한 고장의 기온을 결정하게 된다. 사람들의 피부색은 춥거나더운 정도, 습하거나 건조한 정도에 […] 좌우된다."[7] 그러나인간의 피부색에는 모페르튀가 언급했던 일반 원인으로는설명할 수 없는 기이한 경우가 있는데, 그것이 '피부색이흰 흑인'의 경우이다.

그렇지만 이런 일반적인 원인들로 생기는 다양성과는 달리개별적인 원인들이 작용하는 경우도 있는데 그중 몇몇은 내게 대단히 이상한bizarre 성격을 갖는 것 같아 보이고 그것의모든 미세한 차이들을 아직 이해할 수 없는 상태이다. 창백한피부색을 한 인간들les blafards은 […] 백인과도 다르고, 아주검은 흑인들과도 다르고, 희망봉에 사는 카프라리아 흑인들과도 다르고, 구릿빛 피부를 가진 사람들과도 다르고, 붉은빛피부를 한 사람들과도 다르다. […] 그들을 피부색이 흰 흑인Nègres blancs이라고 부르기도 한다. […] 모든 종족과 모든 피부색의 인간들 사이에서 간혹 창백한 피부색을 띤 개인들이

· ·
7. Buffon, *Œuvres complètes*, éd. M. Flourens, t. Ⅱ, *op. cit.*, p. 298.

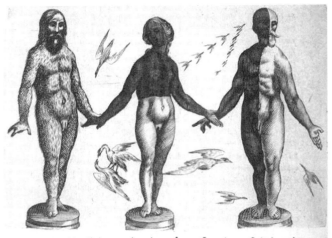

Monstri enormis origo, & cauſa prima eſse in imagi-
natione parentum perhibetur ; & multa de aureo
crure Pythagoræ conſiderantur.
CAP. XLVII.

〈그림 20〉

나오는 것이라고 믿고 싶어진다. 더운 환경에서 살아가는
종족들 중에 이런 식으로 퇴화cette sorte de dégradation되기 쉬운
종족들이 있다. 그렇지만 내가 수집할 수 있었던 지식을 통해
서 나는 이런 창백한 피부색을 가진 사람들이 인간종의 한
줄기라거나 실질적인 종족이라기보다는 퇴화한 불임의 일파
des branches stériles de dégénération를 이루는 것은 아닐까 한다. 그
이유는 그들은 생식 능력이 없거나 거의 없다시피 해서, 창백
한 피부색을 가진 여성들과도, 심지어는 흑인 여성들과도

〈그림 21〉

아이를 낳을 수 없다는 점을 우리가 확신할 수 있기 때문이다. 그렇기는 하지만 창백한 피부색을 가진 여성들은 흑인 남성과의 사이에서 얼룩 반점이 있는 아이enfants pies, 즉 희고 검은 반점들이 찍혀 있는 아이를 낳는다는 주장이 있다. 이 반점들은 불규칙하게 점점이 박혀 있지만 대단히 크고 분명하게 보인다. 그러므로 이러한 자연의 퇴화la dégradation de la nature는 여성에서보다 남성에서 더욱 큰 것 같고, 이것이 일종의 병이거나, 확산되는 것이 틀림없는 자연의 어떤 질환이라기보다는 신체 기관에서 나타나는 일종의 훼손detraction이라고 생각할 근거가 여럿이 있다. 왜냐하면 이들은 개인들로 태어날 뿐 온 가족이 그렇지는 않기 때문이다. 우연히 이 개인들이 아이를 낳게 되면 그들은 아버지와 어머니가 퇴화되었던dé-généré 원시적인 색깔과 가까워진다.[8]

뷔퐁은 여기서 피부색이 창백한 사람들을 가리키는 말로 퇴화dégénération및 약화dégradation라는 용어를 반복해서 사용한다. 그러므로 그는 이들을 자연환경에 적합하게 살아가는 건강한 사람들이 갖곤 하는 뚜렷한 피부색을 '잃은' 개인들로 격하한다. 더욱이 이들이 '불임stérile'이라는 점은 이들이 피부색이 비록 눈에 띄는 신체적인 기형은 아닐지라도 그들을 괴물의 범주로 넣어야 하는지 아닌지에 대한 논쟁으로 이어진다.

• •
8. *Ibid.*

노새는 괴물일까?

   흔히 이 시기에 수탕나귀와 암말, 수말과 암탕나귀의 교배로 생기는 노새le mulet는 불임으로 알려졌고, 따라서 괴물의 범주에 포함되었다.[1] 『트레부 사전』은 '노새'라는 말이 "다른 종의

. .

1. Buffon, *Œuvres complètes*, éd. M. Flourens, t. IV, *op. cit.*, p. 123. 그러나 뷔퐁은 곧 노새의 불임은 환경에 좌우된다는 점을 보고하고 있다. "[…] 노새는 이런 편견에 따라 우리가 생각하는 것만큼 심각하게 이 능력이 손상된 것은 아니다. 실제로 완전한 불임은 아니고 노새의 생식력은 어떤 특별한 외부 환경에 따라 달라진다. 노새들이 더운 나라에서 새끼를 낳으며, 우리가 살고 있는 온화한 환경에서도 예외는 있다. 하지만 이러한 생식이 수노새와 암노새의 단순한 결합에서 왔는지, 아니면 수노새와 암말의 결합에서 왔는지, 그것도 아니라면 당나귀와 암노새의 결합에서 왔는지는 모른다." (*Ibid.*)

두 동물에서 태어난 동물"을 의미하는 라틴어 *mulus*에서 왔다고 언급하며, 『아카데미 프랑세즈 사전』(1798)에서도 이 용어는 "상이한 두 종의 동물에서 태어난 모든 동물"을 가리키는 말이며, 여기에 덧붙여 "이 동물은 자기와 같은 존재를 태어나게 할 수 없다"고 적었다.

노새의 불임에 대한 언급은 아리스토텔레스로 거슬러 올라간다. 그는 당나귀는 "본성상 차가운 동물"이며 따라서 그 정액도 차가운 반면, 말의 정액은 뜨겁기 때문에 당나귀와 말의 이종교배가 불가능하다고 생각했다.[2] 16세기 철학자 뒤플렉스 역시 아리스토텔레스를 따라 "말은 뜨거운 동물이고, 당나귀는 본성상 차가운 동물이므로 […] 노새는 체질적으로 생식도 수태도 할 수 없다"[3]고 썼다.

그런데 아리스토텔레스가 불임의 원인으로 든 '차가운 정액'에 대한 생각이 중세와 르네상스기에 민간에 널리 퍼졌다. 악마가 여성과 교접을 해도 수태가 되지 않는 이유는 악마의 정액이 '차갑기' 때문이다. 17세기에 라 로셸의 의사였던 니콜라 브네트도 악마의 '차가운 정액'의 문제를 언급한다.

· ·

2. Aristote, *De la génération des animaux*, 748b, Pierre Louis, Paris, Les Belles Lettres, 1961, pp. 92–93.
3. Scipion Dupleix, *La Curiosité naturelle*, Rouen, Adrian Ovyn, 1631, p. 162.

[악마들이] 제아무리 강하다 한들, 자연이 그들에게 정해 놓은 한계를 넘어설 수는 없다. 동물은 식물과 결합해서 생식을 할 수 없고, 식물은 광물과 결합해서 생식을 할 수 없다. 이 둘의 실체는 서로 지나치게 멀기 때문이다. 한마디로 말해서 자연은 이런 결합을 허용하지 않았다. […] 악마가 여성과 교접한다든지 어떤 비물질적인 실체가 신체와 결합하여 아이를 낳을 수 있다는 것은 이치에 맞지 않다.[4]

앞서 파레의 논증에서 보았듯이 부모의 정액에 결함이 있을 때 괴물과 같은 비정상적인 존재가 나타날 수 있다는 생각이 이 시기에 널리 퍼져 있었다. 그런 존재는 기형으로 태어날 뿐 아니라 발육도 나쁘기 마련이다. 부모의 '변질되지 않은' 건강한 정액이 결합될 때 건장하고 정상적인 아이가 나온다. 이런 맥락에서 18세기 로마의 자연학자 프란체스코 마리아 폼페오 콜로나는 "노새가 번식할 수 없는 것은 괴물이라 할 이 동물의 본성이 변질되었기 때문"[5]이라고 본다. 그가 주저

• •

4. Nicolas Venette, *Tableau de l'amour considéré dans l'estat du mariage*, Parme, Gaillard, 1690, p. 491.

5. Francesco Maria Pompeo Colonna, *Les Principes de la nature, ou de la génération des choses*, Paris, André Cailleau, 1731, pp. 61-62.

없이 노새를 '괴물'로 간주한다면, 노새의 정액은 '변질되어서' 본성상 생식이 불가능한 존재로 보기 때문이다.

역시 18세기 제네바의 자연학자 샤를 보네는 "외적이고 내적인 구성이 종에 고유한 구성과 다르게 발생한 유기체를 괴물이라고 한다면, 잡종les mulets이야말로 진정한 괴물"[6]임을 분명히 한다. 그는 종에 고유한 신체의 부분이 과잉이거나 결여된 괴물 말고도 "수컷의 생식기관에 우연한 '변이modification'가 발생"[7]하여 나타나는 괴물이 있다고 보는데 '잡종'이 그 좋은 사례이다. 보네가 보기에 모든 수컷의 정액은 생식에 아무 기여도 하지 못하고 고작해야 "변형"에 관여할 뿐이다. 그러므로 이종교배 시 암컷에 이미 들어 있는 종자에 다른 종의 수컷의 정액이 가해져도 전혀 발생을 촉진할 수 없거나, 설령 촉진하더라도 그 영향은 미미하다고 설명된다.

수태 과정이 종자에 여러 닮은 모습을 새기지만 정확히 원본을 재현할 수는 없다. 그런 특징들은 문자 그대로 원본의 복사가 아니다. 주형鑄型처럼 찍혀 나오는 것이 아닌 것이다. 그래서 아이들도, 노새들도 아버지를 고스란히 빼닮지 않는다. [수컷

· ·

6. Charles Bonnet, *Considérations sur les corps organisés*, 2ᵉ partie ch. VIII, *op. cit.*, p. 474.

7. *Ibid.*, p. 489.

의] 정액이 종자를 변형시킨다면, 종자는 정액을 받아들이고 동화시키면서 그것의 활동을 변형시킨다.[8]

여기서 보네가 겨냥하는 이론은 당연히 뷔퐁의 후성설 및 주형이론이라고 하겠다. 앞서 본 것처럼 뷔퐁과 모페르튀는 발생을 부모의 정액에 미래에 신체의 각 기관이 될 유기 분자들이 들어 있어서 이들이 서로 결합하는 과정으로 생각했다. 그러니까 예를 들면 당나귀의 긴 귀를 만드는 유기분자가 말의 정액에는 존재하지 않고, 말의 긴 꼬리를 만드는 유기분자가 당나귀의 정액에는 존재하지 않는 식이다. 그러니까 뷔퐁과 모페르튀의 이론에 따르면 당나귀의 긴 귀를 만드는 유기분자는 말의 정액에서 그것에 해당하는 것을 찾을 수 없거나, 말의 긴 꼬리를 만드는 유기분자는 당나귀의 정액에서 그것에 해당하는 것을 찾을 수 없게 된다. 그런데 상황이 이렇다면 당나귀와 말이 결합할 때 당나귀의 긴 귀를 갖게 될지, 말의 긴 꼬리를 갖게 될지는 우연에 맡겨지게 된다. 그러나 수탕나귀와 암말을 교배했을 때, 노새는 언제나 긴 귀를 갖고 태어나고, 수말과 암탕나귀를 교배했을 때, 노새는 언제나 긴 꼬리를 갖고 태어난다. 이런 규칙성이 발견된다는 것은 이미 형성을 마친 미래의

••
8 . *Ibid.*, p. 474.

배아가 부모의 한쪽에 존재하고, 다른 쪽은 이 배아에 다소 '가벼운' 변형을 일으키기 때문은 아닐까?

보네에게는 이 점이 후성설을 논박할 결정적인 증거로 보였다. 이미 할러는 1758년에 내놓은 그의 유명한 저서 『계란 속에서 형성되는 심장에 대하여』에서 윌리엄 하비의 이론을 비판했다. 수탉과의 교배 없이도 암탉이 무정란을 낳는 것이 그 한 가지 이유이다. 그러니까 이 경우에 수컷의 정액은 발생에 전혀 기여하는 바가 없게 된다. 전성설의 옹호자였다가 후성설로 기운 뒤, 다시 뷔퐁의 내적 주형이론을 비판하면서 전성설로 입장을 바꾼 할러[9]는 자연 속에서 반복되는 규칙성과 개체들 간의 차이를 만들어내는 다양성을 조화시켜보고자 했다. 부모가 제공하는 유기분자들의 쌍이 어떤 보이지 않는 힘으로 결합하고, 또 이 가운데 수많은 우연적인 사건들이 이들의 모습을 다양하게 만든다면, 결국 그 다양성은 우연의 결과일 것이고, 따라서 반복될 수 없다. 그러나 노새 및 잡종 동물의 경우, 이 과정이 그렇게 예측 불가능한 것은 아니다.

[…] 내 체계로 노새가 긴 귀를 갖고, 수탉과 암오리의 교배로

• •

9. Amor Cherni, *Epistémologie de la transparence sur l'embrologie de A. von Haller*, Paris, J. Vrin, 1998, pp. 29–32를 참조.

나온 새가 닭의 발을 갖고, 방울새 수컷과 검은머리방울새 암컷의 교배로 나온 새가 커다란 부리를 갖게 되는 것을 어떻게 설명할까? 나는 이 점을 기계적으로 설명할 수는 없지만 이 현상들이 난卵주의자들의 입장과 전혀 모순되지 않는다는 점을 보여주고자 한다.

수컷의 정액이 동물의 어떤 부분을 그것과 다른 부분들보다 더 성장하게 만들 힘을 갖는다는 점은 의심의 여지가 없다. 그것은 어떤 개인에게 수염은 자라게 하지만 머리카락은 자라지 못하게 한다. 그것은 수사슴에서 사슴벌레까지 동물의 뿔을 솟게 하고, 멧돼지와 코끼리의 어금니를 길게 늘인다.[10]

뷔퐁과 모페르튀가 후성설의 입장에 서서 발생의 과정에서 태아가 아버지나 어머니 쪽을 닮게 되는 이유를 설명했다면, 할러는 닮음의 패턴에 주목했다. 결국 완벽하게 아버지를 닮거나 어머니를 닮은 아이는 존재할 수 없다. 발생을 한쪽이 배타적으로 갖고 있는 원형에 다른 쪽이 변형을 가하는 과정으로 본다면, 정도의 차이는 있지만 미세한 차이를 갖게 되는 개체들 간의 다양성을 설명할 수 있다. "신체 내부 구조를 봤을 때

· ·

10. Albrecht von Haller, *Sur la formation du cœur dans le poulet: sur l'œil, sur la structure du jaune*, t. I, Lausanne, Marc-Michel Bousquet, pp. 189-190.

누구도 다른 사람과 똑같이 닮은 사람은 없다. 아버지를 완전히 닮은 아이란 없는 것이다. 신경, 동맥, 정맥, 근육, 뼈가 똑같은 두 사람은 존재하지 않는다."[11] 여기가 라이프니츠의 동일자 식별 불가능성의 원리를 할러가 생리학에 적용한 곳이다. 라이프니츠주의에 따르면 노새는 암말이나 암탕나귀의 난에 이미 형성되어 들어 있던 존재에, 상이한 종의 수컷의 정액이 '변형'을 가해 태어난 존재이다. 이런 체계에서 사실 조금 과장해서 말하자면 우리는 모두 서로에게 괴물일 수밖에 없다. 괴물을 원형의 위반이나 일탈로 본다면 우리들 중 누구도 원형이 고스란히 복제된 존재가 아니기 때문이다. 뷔퐁은 상이한 두 종의 잡종으로서의 노새를 괴물로 보지 않으려고 했다. 그럴 경우 모든 잡종을 괴물로 분류해야 하기 때문이다. 그래서 그는 노새를 그저 원형에서 멀어진 존재, 곧 '퇴화'된 존재로 간주한다. 뷔퐁이 아리스토텔레스를 따라 여러 상황과 기후에 따라 노새에게 생식 가능성이 있음을 강조한다면, 그것은 그가 의도적으로 노새 및 동물의 잡종을 괴물의 범주에 넣지 않으려고 했던 이유에서이다.

그렇지만 보네는 잡종이든 괴물이든 결국은 하나의 원형이

• •

11. Albrecht von Haller, *Réflexions sur le système de la génération, de M. Buffon*, Genève, Barrillot & fils, 1751, p. 32.

정도의 차이가 있을 뿐 다양한 변형을 겪으면서 '존재의 연쇄'를 이룬다는 점을 강조한다. 상황에 따라 수컷의 정액이 암컷이 품고 있던 난 속의 종자에 일으킨 차이의 크고 작음이 그 존재의 '괴물성'을 표현할 뿐이다. 여기서 말브랑슈와 아르노의 대립이 생리학적 차원에서 반복되고 있다면 이는 그저 우연일까? 할러와 보네는 괴물 출현을 그저 발생 과정 중에 우연히 일어난 사고로 국한하지 않고, 모든 존재들의 연쇄와 그들이 만들어내는 조화의 증거로 본다. 무한히 다양한 모습으로 드러나는 자연이 우리에게 아름다워 보인다면, 그것은 모든 개체가 완벽한 아름다움을 갖추고 있어서가 아니라, 서로 같은 두 개체가 없이 미묘한 차이로 세상 모든 존재가 서로 조화롭게 이어져 있음을 우리가 발견하기 때문이다. 아름다운 존재처럼 괴물도 그 존재들의 연쇄의 한 사슬고리를 이룬다. 자연으로 직접 나가보자. 그리고 자연의 아름다움을 직접 느껴보자. 그러면 신이 왜 괴물을 세상에 들이지 않을 수 없었는지, 혹은 이렇게 말할 수 있다면 왜 그가 기쁘게 그들을 세상의 일원으로 맞았는지 즉각 이해할 수 있을 것이다.

형이상학의 거부
─ 디드로의 모페르튀와 뷔퐁 비판

모페르튀와 뷔퐁은 모두 배아의 선재이론에 기초한 전성설을 비판하고, 미래에 자라날 개체의 부분들이 됐든, 유기분자가 됐든, 이들이 일정한 힘으로 결합하여 생명이 발생한다는 후성설의 입장에 섰다. 그러나 이들의 이론을 과거의 발생이론과의 완전한 단절이라고 볼 수 있을까? 먼저 모페르튀는 "태아를 형성하게 되는 원소들은 아버지가 되는 동물과 어머니가 되는 동물의 정액에 떠다니고 있"는데 "정액에 어떤 원소가 들어 있지 않거나 서로 결합될 수 없는 경우 일부가 결여된 괴물이 태어나"고 "원소가 지나치게 많아서 보통의 결합이 이루어진 후에도 어떤 부분이 여전히 남아 다른 부분과 다시 한 번 결합될 때 일부가 과잉인 괴물이 태어난다"[1]고 말했다. 그는 이 원소들 하나하나가 "우리 내부에서 일어나는 욕망, 혐오, 기억이라 불리는 것과 같은 어떤 속성을 갖추"[2]고 있다고 생각한다. 생식작용에서 같은 성질을 가진 원소들이 서로 결합하거나 다른 성질을 가진 원소들과는 결합하지 않는 까닭이 여기에 있다. 그런데 문제가 되는 것은 모페르튀가 이 원소들이 서로 결합하여 상위의 부분으로 통합될 때 원소들은 각자 처음의 욕망, 혐오, 기억을 상실하고 더 큰 단위의 기억으로 통합된다고 주장한다는 데 있다.

그러나 인간에게서는 서로 모인 원소들의 모든 지각으로부터 하나의 유일하고, 훨씬 더 강하고, 훨씬 더 완전한 지각이 나오는 것 같다. 이러한 지각은 그 어떤 기초적인 지각 이상인 것으로, 그것과 지각 하나하나가 맺는 관계는 유기체와 원소가 맺는 관계와 같을지 모른다. 원소 하나하나는 다른 원소들과 결합할 때 자기가 가진 지각과 다른 원소들의 지각이 하나가 되면서 '자기'가 가진 지각의 특별한 의식을 상실하기 때문에 우리로서는 원소들의 최초 상태의 기억을 잊게 되고 우리의 기원이 어떠하였는지 완전히 알 수 없게 되는 것임이 틀림없

· ·
1 . Maupertuis, *Système de la nature*, *Œuvres*, t. II, *op. cit.*, pp. 158–159.
2 . Maupertuis, *Ibid.*, pp. 157–158.

다.[3]

디드로가 『자연의 해석에 관한 단상들』에서 모페르튀를 비판하는 곳이 바로 여기다. 디드로에 따르면 모페르튀는 "자기가 세운 가설에서 얼마나 끔찍한 결과가 도출될지 몰랐"든가, 아니면 "알았다 해도 그 가설을 포기할 수 없었"[4]든가 둘 중 하나이다. 요컨대 모페르튀는 원소가 갖는 지각이 상위 단계에 포함될 때 상실되고, 다시 상위 단계에서 상실되면서, 한 유기체의 지각으로 통합된다고 주장한다. 그러니까 이 관계들 사이에는 일종의 위계 관계가 존재한다. 극미동물에서 폴립으로, 폴립에서 동물로, 동물에서 인간으로 고등화되어 가면서, 각 단계의 유기체는 이전 단계의 기억을 상실한다. 그런데 이 과정을 한 유기체로 멈추는 대신 유기체의 종種으로, 계界로, 지구 전체로 이어본다면 어떨까? 한 사람 한 사람의 인간으로 구성된 집단에서 인간은 자신의 지각(혹은 정체성)을 상실하고 상위의 집단으로 통합되며, 이런 식으로 계속되는 것일까?

● ●

3 . Maupertuis, *Ibid*, p. 172.

4 . Diderot, *Pensées sur l'interprétation de la nature*, §L in *Œuvres complètes*, éd. Herbert Dieckmann, Jacques Proust et Jean Varloot, t. IX, Paris, Hermann, 1981, p. 77. 이하 이 판본에서 인용할 때 DPV로 약(略)하고 권과 페이지만 표시하도록 한다.

바로 이 대목이 우리를 놀라게 하는 부분이다. […] 나는 바우만 박사가 우주 혹은 감각을 갖고 사유하는 모든 분자들의 총합이 하나의 전체를 형성한다고 생각하는지 그렇지 않은지 묻고 싶다. 전체를 형성하지 않는다고 답변한다면 그는 자연에 무질서를 도입하면서 한마디로 말해 신이 존재한다는 사실을 뒤엎게 될 것이고, 모든 존재를 연결하는 사슬을 끊으면서 철학의 기초를 무너뜨리게 될 것이다. 전체를 형성한다고 답변한대도 마찬가지이다. 하나의 전체에 속한 모든 원소들은 질서를 갖추고 있어서, 이는 한 원소와 그것을 구성하는 부분들 ― 실제로 별개의 것이든 머릿속으로만 이해할 수 있는 것이든― 사이에서도, 한 동물과 원소들 사이에서도 마찬가지이다. 그렇다면 그는 이러한 보편적인 결합copulation의 결과로서, 한 마리의 거대한 동물과도 같은 세계에는 영혼이 있으며, 세계는 무한할 수 있으므로 이 세계의 영혼은 지각의 무한한 체계(이다, 라고 말하는 대신)일 수 있으므로 세계가 바로 신일 수 있다고 말해야 할 것이다. 바우만 박사는 원한다면 얼마든지 이러한 귀결이 부당하다고 반박할 수 있겠지만 그래도 사실은 사실이다. 그의 숭고한 생각으로 깊고 깊은 자연에 어떤 빛이 던져지든 그가 이런 무시무시한 생각을 한 것은 사실인 것이다. 그의 생각을 일반화하는 것만으로 그 점을 알 수 있었다. 이 형이상학자의 가설과 일반화의 관계는 자연학자들의 가설과 관찰과 경험의 반복의 관계와 같다. 이 가설들이 정확한가? 그렇다면 결과의 범위를 확장할수록 더 많은 진실을 갖추게 되고, 더 많은 명확성과 영향력을 얻게 된다. 반대로 가설의 토대가 약하거나 제대로 갖추어지지 않았다면 그 가설들을 무너뜨리는 어떤 사실이 나오고 새로운 진리가 발견되기 마련이다. 바우만 박사가 제시한 가설은 이렇게 말할 수 있다면 자연의 가장 이해할 수 없는 신비, 즉 동물의 형성 과정이나 보다 일반적으로 말해서 유기체의 형성의 문제를 발전시키겠지만, 현상들의 총합과 신의 존재가 걸림돌이 될 것이다.[5]

다소 길게 인용한 디드로의 위의 반박에서 그는 모페르튀-바우만 박사에게 세계는 연속적인가 불연속적인가 답하라고 말한다. 다시 말하면 디드로는 모페르튀에게 물질과 운동의 모호한 입장을 정리하라고 요구하는 것이다. 세계가 불연속적이라면 운동의 원인을 물질 외부에서 인정하는 것이고, 세계가 연속적이라면 운동의 원인은 물질 내부에서 찾을 수 있다. 그런데 모페르튀는 생명체를 구성하는 원소들 내부에 '욕망, 혐오, 기억, 지성'이 있다고 가정했다. 그리고 이러한 속성을

••
5. *Ibid.*, pp. 81-82.

가진 물질이 서로 거리를 두고 작용하여 운동하면서 자연은 영고성쇠를 겪는 것이다. 그러니까 모페르튀는 애초에 생명체를 구성하는 최초 물질 내부에 오류를 전제하지 않고, 이들이 결합하는 과정에서 발생하는 이상anomalie을 괴물 발생의 결과라고 보는 셈이다. 그러면서 모페르튀는 다시 괴물에 대한 말브랑슈의 입장에 합류하는 것 같다.

뉴턴주의자로서 초기 모페르튀는 세계의 현재 모습이 신이 최초의 손길로 천지창조했을 때의 모습과 동일할 수 없음을 인정한다. 그러나 간단히 말해서 인간의 시간관념과 신의 시간관념을 동일시하는 것은 잘못일 것이다. 여기서 모페르튀는 자연에 '역사'를 도입하고, 그 기나긴 역사의 흐름 동안 피조물 스스로 균형과 질서를 구성하고 유지할 수 있도록 하는 신의 '손길'을 인정한다. 뉴턴을 따라 모페르튀는 인력을 통한 자율적인 '힘의 구성composition de forces'이야말로 세계 내의 신의 현전과 신의 의지의 작동을 보여주는 것이라고 주장한다. 더불어 인간이 신이 창조한 세계의 원리와 구조를 이해할 수 있는 것은 그것이 수학적인 단순성으로 환원될 수 있기 때문이다. 다시 말하면 세계의 원리를 간단한 수학식으로 표상함으로써 이를 존재론의 토대이자 '계시'의 근거로 삼는 것이다.

그런데 자연은 왜 오류를 범하는가? 달리 말해서 괴물은 왜 발생하는가? 모페르튀가 여기서 말브랑슈를 언급하는 것은 우연이 아닐 것이다. 그는 디드로의 반박에 대한 답변에서 "더없이 깊은 신앙심을 가진 저자들[…]은 우주를 반듯한 '전체'로 생각하기는커녕 잔해들의 더미로 생각한다. 그 더미 속에서 한 걸음 한 걸음 떼어 놓을 때마다 모든 종류의 무질서가, 자연적인 것, 형이상학적인 것, 도덕적인 것의 무질서가 나타난다"[6]는 점을 들어 바우만 박사의 입장을 옹호한다. 이때 그는 "더없이 깊은 신앙심을 가진 저자들"이라고 쓴 뒤, 각주로 "말브랑슈 등"이라고 구체적으로 이름을 밝힌다. 신의 창조 이후 세상은 무질서와 타락을 피할 수 없었으며, 괴물의 출현 역시 이와 같은 맥락에서 바라본 철학자들에 기대는 것이다.

디드로가 모페르튀의 이러한 답변을 예상하지 못했을 리 없다. 그는 모페르튀가 생명 발생을 설명하기 위해 제시한 과감한 가설에 찬사를 보낸다. 그렇지만 당연하게도 디드로는 동시에 모페르튀가 신학적 비판을 의식하여 말브랑슈의 기회 원인론을 구실로 내세우고 있음을 알고 있었다. 지난 세기말 이래 지배적인 가설이 되었던 배아의 선재론을 고대의 원자론 과 물활론의 입장에 따라 후성설로 대체한 부분까지 모페르튀 는 옳았다. 그러나 물질을 구성하는 원소를 작용케 하는 원인을

• •

6 . Maupertuis, *Réponse aux objections de M. Diderot, Œuvres*, t. II, *op. cit.*, p. 206.

찾기 위해 모페르튀는 작용인을 원소 내부에서 찾을 수밖에 없었다. 결국 디드로가 바우만 박사에게 "모든 분자들의 총합이 하나의 전체를 형성한다고 생각하는지 그렇지 않은지" 물었던 것은 물질과 영혼l'âme을 두 개의 실체로 보는가, 하나의 실체로 보는가 묻는 일이었다. 『백과사전』의 「영혼」 항목에서 이봉 신부 역시 이 문제를 제시하고 있다.

[…] 대부분의 철학자들은 영혼이 하나의 실체라고 생각했다. 이 입장을 따르는 모든 철학자들은 만장일치로 영혼이 전체로부터 분리된 하나의 부분일 뿐이며, 신이 이 전체이고, 영혼은 결국 그 후 전체에 다시 융합réfusion될 수밖에 없다고 주장한다. 하지만 그들 내부에서도 이 전체의 본성이 무엇이냐에 대해서는 의견이 갈린다. 어떤 이들은 자연에는 하나의 실체밖에 없다고 주장하며, 다른 나머지는 두 개의 실체가 있다고 주장한다. 보편적인 하나의 실체만을 인정하는 사람들은 진정한 무신론자이다. 그들의 생각과 '현대의 스피노자주의자들'의 생각은 동일하다. 분명 스피노자는 고대의 타락한 원천에서 이 오류들을 끌어왔다. 자연에 보편적인 두 개의 실체, 즉 신과 물질이 있다고 주장하는 사람들은 이 유명한 공리로부터 무에서는 무밖에 나오지 않고, 양자는 영원하다고 주장한다. 이들이 유신론 철학자들과 이신론 철학자들이다.

그들을 세분함에 따라 스피노자주의라고 부르는 것과 접근하거나 멀어진다.[7]

그러므로 디드로의 논리에 따르면 모페르튀는 두 개의 실체 대신 하나의 실체를 인정하는 철학자이고, 스피노자주의자이고, 따라서 무신론자이다. 여기서 이봉 신부가 "현대의 스피노자주의자들"이라고 했을 때 디드로가 『백과사전』에 실은 동명의 항목이 떠오른다. 그에 따르면 이들의 일반 원리는 "물질은 감각 능력을 가지고 있고, 그들이 난의 발육으로 증명하는 것이 그것이다. 난은 애초에 운동하지 않는 물체였지만 오직 점진적인 열이 도구가 되어, 원칙적으로 단지 하나의 점에 불과했던 모든 동물이 발육을 시작하면서 감각하고 생명을 가진 존재의 상태로 옮겨 가며, 식물을 영양분으로 섭취해서, 한마디로 말해서 영양분이 되는 모든 실체들을 섭취해서 감각하고 생명을 가진 존재로 넓은 공간에서 살아가게 된다. 이로부터 그들은 모든 것을 설명하기 위해서 물질만 있으면 된다고 결론을 내린다. 나머지에 대해서는 모든 결과에서 고대의 스피노자주의를 따른다."[8] 그러므로 디드로는 하비의 입장을 따르

• •

7. l'Abbé Yvon, art. <Âme>, Enc, t. I, p. 327b. 홑따옴표 강조는 인용자.
8. Diderot, art. <Spinosiste>, Enc, t. XV, p. 474a.

는 현대의 자연학자들이 '신스피노자주의자'들임을 분명히 한다. 여기서 문제가 되고 있는 (신)스피노자주의에 대한 디드로의 입장은 양면적이다. 물론 디드로는 하비의 '살아있는 점'을 통해 물질에서 생명으로의 순차적인 이행이 일어난다는 점에 동의한다. 그런데 여기서 문제가 되는 것은 물질에서 생명으로의 이행 과정에서 어디까지를 물질로, 어디서부터를 생명으로 부를 수 있는지, 그리고 이런 질적 차이를 만드는 원인은 무엇인가 하는 것이다. 왜 어떤 물질은 계속 물질로 남으며, 또 어떤 물질은 생명을 얻는가? 그 두 물질은 질적으로 동일한 것인가? 모페르튀는 사실 이 질적인 차이를 부정했다. 뉴턴의 '인력'과 조프루아의 '친화력' 이론을 기반으로 모페르튀는 모든 물질은 다른 물질과의 관계 속에서 정도의 차이는 있지만 서로 끌어당기고 배척한다는 점을 인정한다. 그러므로 물질은 그 자체로 자신과 강한 친화력을 가진 일정한 물질과 그렇지 않은 물질을 기억하고, 전자는 욕망하고, 후자는 배척한다고 보는 것이다. 예를 들어 모페르튀는 다이아나의 나무arbre de Diane라는 이름으로 불리는 결정結晶에 매혹되었다. 은에 질산을 가하면 은이 녹게 되고, 여기에 수은 한 방울을 떨어뜨리면 마치 나무가 자라는 듯한 모습을 형성하는 현상이다. 모페르튀에 따르면 이 신비한 현상을 일으키는 은, 질산, 수은 등은 서로 만났을 때 어떻게 작용할지 그 자체 안에 기억을 갖추고 있는 셈이다. 그런데 이런 방법으로 계란에 든 물질이 발육에 알맞은 상태에 이르게 되면, 마치 다이아나의 나무와 같이 성장을 시작한다고 말할 수 있을까? 그래서 디드로가 보기에 무신론자이며 스피노자주의자라는 비난을 피하기 위해 모페르튀는 계란 속에 차 있는 액체에 '영혼'의 존재를 인정하는 것 같다. 그런데 이렇게 가정한다면 모든 물질은 그 내부에 미래에 형성되고 구성되기로 예정된 방식을 애초에 내포하고 있다고 해야 한다. 그리고 그 예정된 방식과 '차이'를 갖는 모든 현상들은 오류이자 자연의 항상적인 원칙에 대한 위반이라는 결론에 이르게 된다. 모페르튀가 정리한 '과잉'과 '과소' 괴물의 출현은 단지 수정과 발육 기간 동안 발생한 '우연'과 '사고'에 달렸다고 할 수밖에 없다. 왜냐하면 물질을 수미일관 자연의 질서를 따르도록 하는 '영혼'에 괴물 발생의 원인을 돌리고 책임을 물을 수는 없기 때문이다. 여기가 디드로가 모페르튀에게서 하비의 혁신적인 실험이 다시 낡은 형이상학의 가설로 퇴행하는 것을 바라보는 곳이다.

『자연의 해석에 대한 단상들』의 시기에 디드로는 앞으로 그가 해명해야 할 중요한 여러 문제를 제기하는 것으로 그쳤다. 모페르튀와 뷔퐁의 연구 결과가 나온 직후의 시기에 디드로는 물론 누구도 이 문제에 정확한 판단을 내리는 데 역부족이었던 것이 한 이유였다면, 디드로가 나중에 취하게 될 급진적인 유물론과 무신론을 이 시대에 공개적으로 제안하는 것이 대단히 위험한 일이라는 점이 다른 한 이유였다.

그러나 디드로는 이 책의 말미에 철학자들이 앞으로 해결해야 할 여러 '문제들'을 제시했고, 그것은 물질과 운동의 문제로 요약된다. "물질은 어떻게 하나의 물질이 아니라, 활동하는 물질이나 활동하지 않는 물질이 되는 것인가?" 이 부분에서 디드로는 뷔퐁이 첫 세 권을 출판한 『자연사』의 원리를 문제 삼는다. 디드로는 기존 기계론의 틀로는 이의 설명이 불가능하다는 점을 깨닫기 시작했다. 기계론에서 운동은 물질이 외부의 충격 혹은 충돌로 인해 공간적으로 이동한 거리로 이해되고 계산된다. 그러나 이 운동의 정의를 바로 생명체에 적용할 수 있겠는가? 뷔퐁은 이런 이유로 "내가 보기에 물질을 일반적으로 두 가지로 구분해야 한다면 유기체와 무기체가 아니라 활동하는 물질matière vivante과 활동하지 않는 물질matière morte로 나누어야 한다"[9]고 말한다. 앞서 살펴본 대로 뷔퐁이 생명

. .

9 . Buffon, *Œuvres complètes*, éd. M. Flourens, t. I, *op. cit.*, 1853, p. 446. 뷔퐁은 몽펠리에 출신 의사 무블레(Moublet)의 입장을 다음과 같이 소개한다. "이 유기분자들은 […] 공동의 배아들이며, 모든 계의 보편적인 종자들이며, 모든 곳을 순환하고 흩뿌려져 있다고 말할 수 있다. 우리는 먹는 음식에서 이 유기분자들을 발견하며, 매 순간 공기를 호흡하면서 이들 유기분자를 들이마시게 된다. 그러는 가운데 유기분자들이 우리 안에 들어와 하나가 된다. 유기분자들이 충분히 많을 때 국소 부위에 들어서서

우리 신체에서 일어나는 손실을 회복하게 된다. 유기분자들의 작용과 개별적인 생명이 결합되면서 그 분자들은 우리에게 고유한 본성으로 변하고 새로운 생명과 새로운 힘을 마련해준다.

그러나 유기분자들의 양이 신체의 유지와 성장에 필요한 것을 넘어설 정도로 영양분이 삽입되고 풍부해진다면, 필요를 위해서 흡수될 수 없는 유기적인 분자들은 혈관의 말단으로 역류하여 폐색된 관들과 마주치게 되고, 어떤 내적인 저장소 같은 곳으로 모이게 된다. 그리고 그들을 받아들이는 주형에 따라, 유기분자들은 자연적이고 상호적인 친화력의 법칙을 통해 인도되어 서로 동화되고, 새로운 종(種)들을, 살아 있고 활발히 움직이는 존재들을 낳게 되는데 이들 존재는 아마 모델을 갖지 않았고 더는 존재하지 않게 될 것이다.

또한 자연이 유기체를 완벽하고 자발적으로 파괴해버렸을 때 이상으로 유기분자들이 풍부하고 모여 있을 때가 있을까? 생명이 사라졌을 때부터 우리의 신체의 생명을 이루는 실체를 구성하는 모든 유기분자들은 과도한 것이 되고, 잉여적인 것이 된다. 죽음은 유기분자들의 조화와 관계를 무로 만들어버리고, 그들의 결합을 파괴하고, 그들을 잇고 그들을 하나로 묶어준 관계를 끊어버린다. 죽음은 완전히 분해하고 실질적으로 해부해버리게 된다. 활동하는 물질(matière vivante)은 점차 활동하지 않는 물질(matière morte)과 분리된다. 유기적인 입자와 비유기적인 입자가 분리된다. 비유기적인 입자들은 그저 부수적인 것으로 유기적인 입자들의 토대와 도움으로 사용될 뿐이므로 결국 갈기갈기 찢어지고, 먼지 속으로 사라지는 반면, 유기적인 입자들은 그것들을 특별한 상황과 배치에 가져다 두었던 모든 것으로부터 벗어나 스스로 해체된다. 유기분자들은 그것들의 내적인 운동을 따르게 되면서 무한한 자유를 누리고 완전한 무정부상태에 이르게 된다. 그렇지만 자연의 힘과 법칙이 자연에서 이루어진 모든 것들 다음에도 살아남기 때문에 제어된 무정부상태라 하겠다. 유기분자들은 다시 쌓이고, 접합되고, 이어져 작은 더미며 작은 배아(胚芽)를 형성하고, 그 배아가 발육하고, 그것들이 서로 결합되어 활동을 "유기분자의 결합과 해체"로 봤을 때, 그는 여전히 운동의 동인을 물질 자체에서 찾는 것을 주저하는 것이다. 앞서 모페르튀 비판에서 봤듯이 디드로는 물질 내부에 '영혼'의 존재를 개입시킬 필요가 없다고 본다. 그런데 뷔퐁의 경우도 마찬가지이다. 특히 뷔퐁의 '내적 주형'의 원리가 문제가 된다. 사실 모페르튀가 인정한 원소들이 갖는 '지성'과 뷔퐁의 내적 주형의 원리는 크게 다르지 않다. 이런 '내적' 원리를 통해 생명을 이루는 기본 원리들이 '자연을 따라' 수미일관한 방식으로 결합되는 것이다. 그런데 이는 우리가 눈으로 보는 주형처럼 선재하여 모든 생명체를 통일적인 방식으로 찍어 내는 원리인가? 만일 괴물과 기형이 발생한다면 그것은 이 내적 주형의 작용에서 벗어난 매우 드물지만 특별한 사고라고 봐야 하지 않겠는가?

주형은 형상의 원리인가? 주형이란 무엇인가? 실재하는 것인가 선재하는 것인가? 활동하거나 활동하지 않는 물질과 결합한 활동하는 분자가 갖는 에너지의 관념적인 한계, 모든 방향에서 발산하는 에너지와 모든 방향에서 작용하는 저항이

감추어 있는 주형(matrice)에 따라 움직이는 물체들, 생명이 있고 활동하는 존재들을 만들어낸다." (*Ibid.*, p. 670)

이루는 관계에 따라 결정된 한계라고 해야 할까? 실재하면서
동시에 선재하는 존재라면 그것은 어떻게 형성되었는가?[10]

만일 뷔퐁의 이론대로 내적 주형이라는 것이 존재해서, 생명
이 발생할 때마다 이 주형에 맞추어 종의 개체가 반복적으로
나타나는 것이라면, 이는 '초월적인 형상'을 인정하는 이론,
다시 말하자면 배아의 선재이론과 다르지 않은 것이다. 적어도
이 점에 있어서 뷔퐁은 모페르튀보다 더 후퇴한 것 같다. 모페르
튀는 정상의 범위를 벗어나는 다양한 일탈과 이상의 역동적인
가능성에 문을 열어두었다. 그러나 괴물의 발생에 있어서 뷔퐁
은 모페르튀보다 더욱 외재적인 우연과 사고에 의존하며, 이를
환경climat의 문제로 축소했다.

10. Diderot, *Pensées sur l'interprétation de la nature*, DPV, t. IX, p. 97.

존재론적 해석에서 인식론적 해석으로
— 디드로의 괴물론 2

모페르튀와 뷔퐁이 레므리와 윈슬로의 해부학 논의를 유전과 진화라는 완전히 다른 방향으로 대체했다는 점을 인정해야 한다. 그러나 이 시대에 비약적인 발전을 본 자연사를 바탕으로 한 이들의 괴물 논의는 여전히 모든 물질은 세상에 수미일관하게 작용하는 질서에 따라 움직인다는 체계에 기초해 있었다. 이 '질서'와 '규칙들'은 창조주가 부여한 것이고, 자연은 이를 따라 완전성을 향해서든 타락을 향해서든 항구히 운동한다. 아울러 질서와 규칙을 인정한다는 것은 그 질서와 규칙의 담지자 혹은 제정자의 존재를 '전제'하며, 그것이 그 존재의 표상représentation임은 말할 것도 없다. 요컨대 18세기 중반에 괴물의 논의는 물론 물질과 운동을 설명하는 모든 자연학은

'존재론'에 기초해 있다. 수학이야말로 이러한 존재론의 적극적인 표현이라고 할 수 있다. 기하학자들은 일견 복잡하고 무질서해 보이는 세상의 구조를 단순 식式으로 요약하고 그 속에서 무한과 완전을 발견했다. 그들은 겉으로 보이는 현상들 이면에 영원불멸하고 완전한 원리가, 다시 말하자면 진리가 숨어 있다고 생각하면서 가멸적이고 불완전한 존재들을 지도하고 통제하고 관리하고 처벌하는 어떤 절대자의 '존재'를 가정했던 것이다.

『자연의 해석에 관한 단상들』을 쓰던 시기에 디드로가 "수학의 유행은 이미 지나버렸다"[1]고 주장하는 것도 우연은 아니다. 그는 "오늘날 더없이 담대하고 단호하게 선언되었던 한 가지 진리는, 수학 분야는 지성이 담당하는 세계"인데, 엄격한 수학적 "진리라고 생각한 것을 지상으로 가져오게 되면 그것이 가졌던 장점이 완전히 사라진다"[2]는 점을 분명히 했다. 수학적

· ·

1. Diderot, Lettre à Voltaire(le 19 février 1758), *Correspondance*, éd. Georges Roth, t. II, Eds. de Minuit, 1956, p. 38.
2. Diderot, *Pensées sur l'interprétation de la nature*, §2, DPV, p. 29. 이 문제에서 디드로는 뷔퐁의 영향을 강조한다. 뷔퐁은 『자연사』 1권에 실은 「자연사를 연구하고 다루는 방법에 대하여」에서 수학적 진리와 자연학의 진리에 차이가 있다고 말한다. "진리에도 종류가 여러 가지이고, 관례적으로 수학의 진리를 최고로 치곤 한다. 그러나 수학적 진리는 단지 정의의 진리에 불과하다. 이 정의들은 단순하지만 추상적인 가정

가설과 자연학의 실험 사이의 불일치를 강조하는 이런 생각은 이 시대 디드로만의 것은 아니다. 당대 최고의 수학자 중 한 사람이었던 달랑베르 역시 『백과사전』 서문에서 조심스럽게 이 점을 지적했다.

> […] 기하학자들이 때로 자연학에 지나칠 정도로 대수학을 적용한다는 점을 지적하지 않을 수 없다. 이들 기하학자들은 계산의 기준을 마련해주는 경험이 없었기 때문에 가장 편리한 가설을 사용해본 것이다. 이 가설은 편리하기는 했지만 종종 실제로 자연에 존재하는 것과 터무니없이 달랐다. 의학에서는 치료의 기술까지 계산식으로 축소해보려고도 했다. 인간의

* *
들을 기초로 한다. 이런 종류의 진리들은 그저 정의들을 결합한 결과일 뿐이고, 추상적이기는 마찬가지다. […] 그러므로 우리가 수학적 진리라고 부르는 것은 관념들의 동일성일 뿐이며 전혀 실재가 없다. 우리는 가정하고, 그 가정에 따라 추론하고, 가정에서 결과를 끌어내고, 결론을 내리고, 이 결론이나 마지막 결과가 진실한 명제가 된다. 하지만 이 진리는 가정 자체보다 더 실재하는 것이 아니다. […] 이런 이유로 수학적 진리는 항상 정확하고 지시적이라는 장점이 있지만 결국 추상적이고, 지성적이고, 임의적이다. 반대로 자연학의 진리는 전혀 추상적이지 않고, 우리와 별개의 것이다. 자연학의 진리의 토대는 우리가 세운 가설이 아니라 오직 사실들이다. 자연학의 진리를 유사한 사실들이 연속될 때, 이렇게 말할 수 있다면 동일한 사건들이 중단 없이 연속되고 빈번하게 반복될 때 확보된다." (Buffon, *Œuvres complètes*, éd. Flourens, t. I, *op. cit.*, pp. 27-28)

육체는 정말 얼마나 복잡한 기계와 같은가. 그런데 대수학을 공부한 우리나라의 의사들은 그것을 너무도 단순해서 눈 깜짝할 사이에 해체할 수 있을 기계로 다룬 것이다. [⋯] 우리는 그들보다 더 현명하고 더 소심해서 이러한 계산식들과 모호한 가정들 대부분을 자연의 질서와는 무관한 정신의 유희로 다루는 것으로 그칠 것이다. 그러므로 자연학에서 유일한 철학의 방법은 수학적 분석을 경험에 적용하는 것이거나, 방법적 정신이 밝혀낸 관찰로 이루어진다. 그 관찰은 간혹 새로운 시각을 제시해줄 수 있는 가설의 도움을 받을 수도 있겠지만, 임의적인 것에 불과한 가정은 철저히 배제해야 한다.[3]

그래서 디드로는 질서니, 규칙이니, 자연이니 하는 말들이 갖는 존재론적–형이상학적–신학적 의미를 제거하는 것으로 시작한다. 인간의 지성이 이해하는 세계는 있는 그대로의 구체적인 세계를 추상화한 것에 불과하다. 추상화라는 말 자체가 현실의 사상捨象이라는 뜻이 아닌가. 뒤마르세는 『백과사전』의 「추상화」 항목에서 "추상화는 외부 대상의 감각 인상을 수용하거나 어떤 내부적인 감정변화가 일어난 경우 우리가 성찰을 통해 우리에게 어떤 개념을 형성할 수 있게 했던 모든 것을

· ·
3. D'Alembert, <Discours préliminaire de l'*Encyclopédie*>, ENC, t. I, p. vij.

제거하여 특별한 개념을 형성하는 정신의 작용"[4]이라고 정의
한다. 그러므로 창조주든, 자연이든, 질서든 이런 용어들은
실제로 존재하는 어떤 것을 가리키는 대신 그 과정이 사상된
추상적인 개념일 것이다. 따라서 디드로는 이들 개념에 본래
가졌던 역동성과 구체성을 되살려주고자 한다. 괴물의 경우도
이와 같다. 괴물을 자연의 위반, 창조주의 의지의 표현, 질서의
부재로 정의한다는 것은 결국 동어반복과 같다. 세상에 출현하
는 다양한 기이한 존재들을 어떤 방식으로 '괴물'이라는 말로
종합할 수 있겠는가? 자연이 수많은 방식으로 작용한다면
괴물의 출현 역시 여전히 자연의 메커니즘 내부에서 이해할
수 있지 않을까?

　　자연은 같은 메커니즘을 무한히 다양한 방식으로 즐겨 변화
　시켰던 것 같다. 개체들을 가능한 모든 양상으로 번식시켜본
　다음, 그렇게 만들어진 종 하나를 없애곤 한다. 동물계를 관찰
　해보고, 네발동물들 중 특히 내적인 기능과 부분들이 다른
　네발동물과 완전히 똑같은 것이 단 하나도 없음을 알게 된다면,
　모든 동물은 최초의 원형prototype 동물에서 갈라져 나왔다고
　생각해야 하지 않겠는가? 자연은 그 원형 동물의 어떤 기관을

• •

4. Dumarsais, art. <Abstraction>, Enc. t. I, p. 45a.

늘이고, 줄이고, 다른 모양으로 바꾸고, 수를 늘리고, 사라지게 만들었을 뿐이다. 손가락이 하나로 붙어버리고 손톱을 이루는 물질이 풍부해져 확장되고 부풀어 올라 전체를 감싸고 덮어버린다고 생각해보라. 사람 손이 아니라 말발굽이 생긴다. […] 자연은 한 유기체에서 감춘 것을 다른 유기체에서 뚜렷이 드러내는 방식이 아니라면 유기체의 부분들을 똑같이 닮게 만들고 형태들을 다양하게 만들 수 없었음이 명백하[…]다.[5]

자연이 괴물을 세상에 내놓는다면 그것은 자연의 메커니즘이 불완전해서도 아니고, 그런 존재들이 세상에 태어나기 전에 이미 그렇게 발육할 수밖에 없어서도 아니다. 디드로는 "최초의 원형 동물"의 존재를 가정하면서 모페르튀를 따르는 것 같다.[6] 이 최초의 존재는 마치 밀가루 반죽과 같아서 자연은

5. Diderot, *Pensées sur l'interprétation de la nature*, §12, DPV t. IX, p. 36.
6. "이러한 사실로 미루어 오직 두 개체로부터 전혀 유사성이라고는 찾아볼 수 없는 두 종이 수를 어떻게 증가시킬 수 있는지 설명해 볼 수 있지 않을까? 우연히 어떤 발생이 이루어지는 것으로만 종의 기원이 가능할 수 있는데, 그때 최초의 부분들은 아버지 동물과 어머니 동물이 갖고 있었던 질서를 유지할 수 없을 것이다. 그래서 여러 단계의 오류가 발생할 때마다 새로운 종이 나타났을 것이다. 이렇게 질서를 벗어나는 일이 여러 차례 반복되면서 오늘날 보는 것처럼 무한히 다양한 동물 종이 나타났을 것이다. 이런 동물은 시간이 더 흐르면 수가 증가하겠지만 아주 오랜 시간이 흐른 후에는 증가세가 거의

이를 가지고 이런저런 모양으로 상이한 종들을 만들 수 있다. 그러므로 최초의 원형 동물을 가정한다면 그 동물에서 갈라져 나왔을 모든 동물들은 그 원형 동물에 대해 괴물이나 다름없다. 또한 앞으로 출현하게 될 동물들에게 현재의 모든 종들은 괴물로 보일 것이다. 그런데 모두가 서로에 대해 괴물이라면 괴물이란 존재하지 않는 것이 아닌가?

디드로 역시 이러한 난점을 잘 알고 있었다. 그래서 그는 모든 동물이 갈라져 나왔던 '최초의 동물'을 전제하는 것이 아니라, 현재의 모든 종과 미래의 모든 종이 그 '최초의 동물'을 모델로 삼아 변화를 겪고 생존해 나갈 것이라고 가정한다. 요컨대 그 존재는 역사적이면서도 탈역사적인 존재, 그 자체가 모델이면서도 스스로 새로운 환경에 따라 변화에 성공하거나 변화에 실패한 어떤 모델이다. 왜냐하면 그 존재는 어떤 형태로든, 어떤 방식으로든 실재했던 존재가 따르고자 했던 모델이었고, 앞으로 등장할 존재가 따르게 될 모델일 것이기 때문이다. 또한 그 '동물'은 당연히 동물의 특성을 가졌으나 동시에 식물의 특성이나 광물의 특성을 가진 존재이기도 하다.

그렇다면 그 모델은 어떤 특성을 가졌겠는가? 디드로는

· ·

눈에 띄지 않을 정도에 그치게 된다." (Maupertuis, *Système de la nature*, §XLV, *op. cit.*, p. 164)

그것을 '생존 가능성viabilité'이라고 본다. 괴물의 역사를 통틀어 디드로는 처음으로 이 문제를 제기했다. 일반적인 외관상의 특징에서 벗어난 존재, 혹은 신체의 일부가 결여되었거나 과잉으로 태어난 존재를 괴물이라고 한다면, 괴물의 여부를 판단할 수 있는 기준이 필요할 텐데, 그때 그 기준은 항상 '추상화'된 것일 수밖에 없다. 달리 말하면 구체적인 특징들, 결여되었거나 중복된 신체의 기능의 문제를 사상할 수밖에 없다. 디드로는 그러한 기준을 갖춘 존재가 세상에 존재하는지 묻는다. 완벽한 대칭, 완벽한 비율, 완벽한 균형을 갖춘 그런 존재는 우리의 지성으로는 상상할 수 있으나 현실에서는 영원히 발견할 수 없는 것이다.

그러나 그렇다고 디드로가 괴물의 존재를 부정하거나 상대화하는 데 이르는 것은 아니다. 괴물은 항상 존재했고, 앞으로도 계속 출현할 것이다. 그렇지만 그 '괴물'은 질서의 위반이 아니라, 변동하는 질서의 산물일 것이다. 모든 생명체는 변화하는 환경에 맞춰, 다시 말하면 변화하는 질서에 맞추어 자신의 신체와 조직을 기능적으로 조절하거나 그러한 조절에 실패한다. 갑자기 평균을 훌쩍 뛰어넘는 신체와 조직의 기능을 갖추는 존재가 출현하거나 평균 이하의 기능을 갖춘 존재가 나타나는 것이 이러한 이유이다. 문제는 그 '질서'와 '완벽함'이라는 개념이 언제나 모호하다는 점이다. 모든 생명체는 자신의 환경에 적응하고자 하고, 그 환경에 따라 자신의 신체를 최적화하고자 노력한다. 천지창조 이래 변하지 않은 종이 존재할 수 없는 것은 수많은 세기가 흐른 이후 세계의 환경이 그 원래의 모습을 알아볼 수 없을 정도로 변했기 때문이다. 과거에는 지극히 정상으로 간주된 종이 변화된 환경에 적응하지 못하고 멸종되었거나, 지극히 비정상으로 간주될 수 있는 종이 여전히 살아남아 번성하는 까닭이 그것이다.

그러니까 원하신다면 당신을 감동시켰던 질서가 언제나 존재했다고 상상하십시오. 그러나 나는 어떤 질서도 존재하지 않는다고 믿게 내버려 두십시오. 만약 우리가 사물과 시간의 시초로 거슬러 올라가 물질이 운동하고 혼돈이 점차적으로 정리되는 것을 느낀다면 질서 있게 잘 구성된 존재들은 몇몇인 데 반해 형태가 없는 많은 존재들을 만날 것이라고 생각하고 싶습니다. 만물의 현상에 대해 당신에게 반박할 것이 아무것도 없다 하더라도 나는 적어도 그 과거의 상태에 대해서는 당신에게 의문을 제기할 수 있습니다. 예를 들면 당신이나 라이프니츠, 클라크 그리고 뉴턴에게 동물이 만들어진 최초의 순간에 어떤 것은 머리가 없었고 다른 것은 발이 없었다는 이야기를 누구에게 들었는지 물어볼 수 있겠지요? 나는 당신께 이 동물은 위가 없고 저 동물은 장이 없었다는 것, 위장, 입천장, 치아를 보면 오랜 존속이 보장된 것같이 보이던 동물들이 심장이나 폐의 어떤 결함 때문에 사라져버린 것, 괴물들이 차례차례로 전멸된 것, 물질의 모든 불완전한 조합이 소멸하고 남아 있는 것은 단지 몸의 구조에 어떤 중대한 모순도 없어 스스로 존속하며 영속할 수 있는 것뿐이라는 것을 주장할 수 있습니다.[7]

『맹인에 대한 편지』에서 디드로가 말하는 영국의 맹인 기하학자 손더슨이 임종을 기다리며 홈스 목사와 나눈(혹은 나누었음직한) 위의 이야기는 괴물에 대한 디드로의 관심과 기존괴물 이론과의 단절을 분명히 보여준다. 여기서 무신론자 손더슨은 홈스 목사가 말하는 "자연의 경이"[8]를 반박한다. 신이 창조한 아름다운 자연이며 자연 속에 깃든 질서 따위는 선천적 맹인인 손더슨에게는 아무런 의미도 없다. 그는 눈 대신 촉각으로 세상을 지각하고 인식하며 평생을 보냈으니 "내가 신을 믿기 원하신다면 당신은 내가 신을 만지도록 해주셔야 한다"[9]고 말한다. 선천적 맹인에게는 그에게 부족한 감각으로 지각할 수 없는 세계가 있는 것이며, 그 세계를 아무리 그에게 설명해준들 그는 그 세계를 추상화할 수 없다. 그러나 그는 자신에게

. .

7. Diderot, *Lettre sur les aveugles*, DPV, t. IV, p. 50.
8. *Ibid.*, p. 49.
9. *Ibid.*

허락된 다른 감각들, 특히 섬세한 촉각을 통해 보통 사람들이 이를 수 없는 기하학의 대단한 업적을 남겼다. 그가 가진 한 가지 감각의 결여는 다른 감각의 도움으로 '재구성'되었던 것이다. 로크의 주장대로 모든 지식의 근원이 감각에 있다면 당연히 감각의 훼손은 지식의 감소를 가져온다. 그렇지만 디드로는 결여된 감각을 다른 감각들이 어떻게 보충하고 보완하며 새로운 방식으로 재구성하는지 맹인 기하학자 손더슨을 내세워 실험해본다.[10]

• •

10. "디드로는 "나 자신이 자기 안에 있는 동시에 자기 밖에도 존재"할 수 있는 방법을 찾고자 한다. 우선 감각의 순수 경험 즉, 이전에 발생한 감각 경험의 기억의 개입을 차단하면서, 일차적이고 직접적인 감각 경험으로 만족해야 할 것이다. 『맹인에 대한 편지』와 『농아에 대한 편지』에서 디드로가 전혀 시각과 청각적 경험이 없는 선천적 맹인과 선천적 농아를 내세우는 것이 이러한 이유이다. 이들이 가진 한 가지 감각의 결여 혹은 결핍은 새로운 감각 지각을 통해 보완되거나 더 정확히 말하자면 완전히 다른 방식으로 재구성되기 때문이다. 달리 말하면 주체는 자신의 지각의 원천인 감각을 실험적으로 절단하면서 지각하는 자신의 외부에 서 보게 된다. 즉 주체는 마비되었거나 상실된 감각을 통해 지각이 어떻게 다른 방식으로 재구성되는지 추적해 볼 수 있다. 요컨대 주체의 분열이 필요하다. 로크의 주장을 따라 모든 지식의 근원이 감각에 있다면, 당연히 감각의 의식적인 훼손은 지식의 감소를 가져온다. 그다음에 이렇게 감소된 지식에 상실된 감각을 보완하게 되면 내 안에서 이렇게 보완된 감각에 따라 새로운 지식이 발생하는 과정을 추적할 수 있을 것이다. 달리 말하자면, 내 자신을 스스로 괴물로 만들게 되면 기존에 내가 가졌던 익숙한

따라서 생존에 심각한 지장을 초래하지 않는 기형을 가진 존재를 괴물이라고 볼 수는 없다. 그들은 마치 디드로가 내세우는 선천적 맹인이며 선천적 농아와 같이 자신에게 부족한 감각 혹은 신체 기관의 기능을 다른 방식으로 보완하여 생존할 뿐더러 심지어는 그런 방식을 통하여 '정상'으로 간주된 존재 이상의 기능적 우월성을 확보하기 때문이다. 그렇다면 왜 그런 존재가 존재하는가? 왜 자연은 항구적이고 불변하는 질서를 만들지 못하는가? 『자연의 해석에 대한 단상들』에서 디드로는 "'왜 어떤 것이 존재하는가'의 문제는 철학이 제기할 수 있는 가장 난감한 문제이며, 이 문제에 답할 수 있는 것은 그저 계시뿐이다"[11]라고 말했다. 그런 까닭에 많은 이들은 그로부터

· ·

　　지식과 감각 작용의 '다른' 모습을 보게 된다. 이는 틀림없이 조각상에 촉각으로부터 시작해서 다른 감각들을 하나씩 부여하면서 변화하는 감각 작용의 추이를 실험했던 콩디야이 『감각론』에서 취한 방법과 유사하다. 다만 디드로는 촉각에서 출발해서 감각을 추가하는 대신, 우리의 오감에서 감각을 제거하는 방식을 취했다는 차이가 있다. 그는 『농아에 대한 편지』에서 "제 생각은 말하자면 한 사람을 해체해서 그가 오감 중 하나만 가졌다고 생각해보면 어떨까 하는 것입니다"라고 썼다. 이런 방식으로 감각을 상실케 하거나 훼손하면서 주체는 내 자신 속에 도사린 괴물의 모습을 포착하여 연구해볼 수 있다." (이충훈, 「무두인과 쌍두인: 디드로 소설의 기형학적 접근」, 불어불문학연구, 115집, 2018년 가을호, pp. 149-150)

11. Diderot, *Pensées sur l'interprétation de la nature*, §LVIII, DPV, t. IX, p. 88.

모든 현상과 존재가 비롯한 초월적이고 전능한 존재를 상상하는 것으로 문제를 해결하려고 한다. "종교를 따르게 되면 일탈할 위험도 줄어들고 과도한 연구도 줄여준다"는 디드로의 말이 바로 그 뜻이다. 괴물은 신이 창조한 것인가, 자연의 오류인가? 신은 자연의 오류를 허용했는가, 아니면 그런 오류가 나타나리라는 점을 몰랐는가? 그렇지만 문제는 괴물의 정의 자체에서 나오는 것이다. 괴물을 자연의 오류이자 위반이라고 정의하는 한, 그런 존재를 허용했든 허용하지 않았든 그 존재의 이유는 우리로서는 알 수 없는 신의 의지에 달린 것이기 때문이다.

신이 존재한다면 내가 만져보게 해달라는 손더슨의 말은 당연히 예수의 부활을 눈으로 보고 믿지 못해 손을 대고자 한 성 도마의 불경한 의심을 떠올리게 한다. 그러나 감각하지 않고 어떻게 믿을 수 있으며, 감각 없이 어떻게 지식을 확보할 수 있다는 말인가? 디드로는 손더슨을 통해, 다시 말하면 감각을 통하지 않고서는 지식과 신념을 확보할 수 없는 모든 인간 존재의 '기형성'의 문제를 제시한다. 괴물은 존재하는가? 디드로는 당연히 괴물은 존재한다고 답한다. 그렇다면 그 존재는 어디에 있는가? 디드로의 대답은 간단하다. 그 괴물이 바로 나이며, 그 괴물성은 "내 안에 있다."

형상과 기형
— 디드로의 예술론

　　형상과 기형의 차이는 존재의 이상과 실제의 차이와 같다. 아리스토텔레스에 따르면 존재의 역사는 그의 이상理想인 최종 목적을 향해 나아가는 부단한 과정이다. 이런 생각은 필연적으로 초월적 존재의 실재와 역량을 전제한다. 그리고 우연적인 사고로 그 목적에 이르는 데 실패하는 존재는 낙오자les ratés이자 괴물 같은 존재les monstrueux로 간주된다. 오랫동안 '자연의 모방'을 목표로 하는 예술가들의 성취와 실패 역시 존재의 형상la Forme[1]의 재현 여부로 평가되었다. 예술가라면 누구라도

･ ･

1. 얀 옵소머(Jan Opsomer)는 아리스토텔레스의 '형상(forme)'의 다양한 의미에 대해 설명한다. 그에 따르면 "아리스토텔레스는 '형상'이라는 말을 종종 본질적인 형상을 지시하는 데 쓴다. 그 형상은 어떤 사물의

235

절대적이고 초월적인 아름다움을 추구하기 마련이다. 그러나
아름다움의 추구가 고대인들이나 거장들의 맹목적인 모방은
아닐 터, 여기에 아카데미즘과 실험적인 예술가들 사이의 끊임
없는 긴장과 갈등이 존재한다.

디드로는 『1767년의 살롱』에서 "어떤 형상의 아름다움과
그것의 기형적인 모습 사이에는 머리카락 하나의 차이뿐이
다"[2]라고 썼다. 작품의 완전성이 "조금 더poco più와 조금 덜poco
menò"의 차이를 구분하고 재현하는 예술가의 재주le tact에 달렸
다는 말은, 반대로 흔히 생각하듯 절대적인 아름다움이란 자연

비우연적인 속성만을 포함하므로 개별적인 형상과는 구분된다. […]
본질적인 형상은 상이한 것들의 형상이라도 동일한 유형에 속한다면
동일한 것일 수 있다. 이것이 왜 εἶδος라는 말이 종종 철학의 언어에서만
큼 일상적인 언어에서도 종(種)의 의미를 갖는가 하는 의미이다." (Jan
Oposmer, "Aristote, Météorologiques" in *Philosophie de la Forme, EIDOS,
IDEA, MORPHE dans la philosophie grecque des origines à Aristote*, éd.
A. Motte, Chr. Rutten et P. Sombille, Louvain–La–Neuve, Eds. Peeters, 2003,
p. 374)

한편 릴리안 보드송은 εἶδος라는 말이 '(나는) 보다'라는 동사 εἴδω에
서 왔으므로, 어원적으로 "어떤 사물이나 어떤 존재를 시선에 제시하도
록 해주는 것", 즉 "외적인 양상"을 의미한다고 본다. (Liliane Bodson,
"Aristote, Génération des animaux, Histoire des animaux, Marche des animaux
Mouvement des Animaux", dans *Philosophie de la Forme* […], *Ibid.*, p.
400)

2. Diderot, *Salon de 1767*, dans *Salon de 1767 et Salon de 1769*, éd. Else
Marie Bukdahl et Michel Delon, Paris, Hermann, 1990, p. 72.

에 존재하지 않는다는 말이기도 하다. 범용한 예술가들은 손에 잡히지 않고 자기 손으로 표현해내기란 어림도 없는 이런 세밀한 차이를 장식과 치장으로 헛되이 보충하고자 한다. 자연의 완벽성을 추구한다는 구실로 자연을 왜곡하고, 초월적인 아름다움을 그려낸다는 구실로 자연을 훼손하는 자가 그들이다. 미의 여신을 그리면서 추한 여인을, 신화의 영웅을 그리면서 괴물을 그리고 있는 셈이다.

그렇다면 '자연의 모방'이라는 고대의 개념을 폐기해야 할까? 디드로는 오히려 자연의 엄정한 모방이야말로 모든 예술가들이 배우고 실천해야 하는 유일한 원리라고 본다. 예술가들은 아카데미에서 배운 "부자연스럽고, 꾸민듯하고, 단정하기만 할 뿐인 자세들과 어색하고 차가운 행동들"[3]을 잊어야 한다. 여기에는 아리스토텔레스 이래 지배적인 이념으로 자리 잡은 형상이론의 비판이 있다. 이 관점은 자연 자체에는 최종 목적을 향한 존재의 전개와 발전만이 있을 뿐이므로 예술가들은 자연 자체에서 형상을 찾는 대신, 완전한 것으로 제시된 모범, 영원하고 불변하는 기준을 모방하는 것으로 충분하다는 주장이다.

그렇지만 디드로는 『회화론』의 첫머리에서 "자연은 부정확

••

3. Diderot, *Essai sur la peinture*, dans *Salon de 1765*, éd. Marie Bukdahl et Annette Lorenceau, Paris, Hermann, 1984, p. 343.

한 것은 절대 만들지 않는다"고 말했다. "아름답거나 추한 모든 형상에는 각자 원인이 있다. 실제로 존재하는 모든 존재들 중에 그렇게 되어야 하는 대로 되지 않는 존재는 없다."[4] 그런데 디드로는 여기서 자연의 모든 산물이 완전하며 결함이란 존재 하지 않는다는 말을 하려는 것이 아니다. 그는 앞에 인용한 문장에서 '부정확한incorrect'이라는 형용사를 썼지 '불완전한 imparfait'이라고 쓰지 않았다.[5] 디드로는 『백과사전』에 실은 「정확한Correct」이라는 항목에서 '올바름'과 '정확함'을 구분 한다. "정확하다는 것은 문법의 규칙들을 꼼꼼히 지킨다는 것이다. 대단히 정확한 작가는 십중팔구 차갑다. 나는 적어도 통사론의 미묘한 규칙들을 버리고 뜨거움을 찾아야 할 대단히 많은 경우가 있다고 생각한다. 물론 이런 이유로 규칙을 무시하 라는 말은 아니다. 규칙은 보통 대단히 섬세하고 대단히 견고한 논리를 바탕으로 하고 있기 때문이다. […] 사실과 사물에 대해서는 올바르게l'exactitude 써야 한다. 단어들에 대해서는 정확하게la correction 써야 한다. 어떤 언어로 올바르고 꼼꼼하게

. .

4. *Ibid.*, p. 343.
5. 이런 의미에서 우리는 디드로의 이 문장을 '동어반복'이라고 보는 콜라스 뒤플로(Colas Duflo, "Forme artistique et forme naturelle chez Diderot", dans *Diderot et la question de la forme*, éd. Annie Ibrahim, PUF, 1999, p. 78)의 의견에 동의하지 않는다.

썼으면 무슨 언어로 썼어도 올바르다. 그러나 정확하게 썼다는 것ce qui est correct은 그와 같지 않다. 더없이 정확히 쓴 저자를 다른 언어로 옮겼을 때 대단히 부정확해질 수 있다. 올바름이 유일하고 절대적인 진리에서 비롯한다면 정확함은 합의에 따른 다양한 규칙에서 비롯한다."[6] 언어에는 지켜야 할 문법이 있어서, 그 문법을 따르지 않는다면 의사소통은 불가능하다. 그러나 딱딱하고 냉정한 사실 전달이 아니라 발효하는 정념의 작용과 다양한 개별 상황의 특수성을 담아내는 데는 문법의 파격과 새로운 용례의 도입이 적합할 때가 있다. 자연학자이자 예술가였던 디드로는 이를 자연에도 적용해본다. 누구도 자연학이 밝혀낸 자연의 운동과 작용의 법칙을 부정할 수는 없다. 그러나 자연이 항상 동일한 방식으로, 항상 일관된 방식으로 작용하는 것은 아니다. 그렇다면 세상의 모든 존재는 항상 동일하고 아무런 차이가 없을 것이다. 그러나 자연에는 똑같이 닮은 두 나뭇잎이 없고, 똑같이 닮은 두 사람이 없다. 어떤 사람을 거인으로, 다른 사람을 난쟁이로 부를 수 있다면 사람의 신장을 비교하여 평균을 냈기 때문이다. 평균을 과도하게 상회하는 자를 거인이라고 부르고, 평균에 과도하게 미치지 못하는 자를 난쟁이라고 부른다. 그러므로 평균을 어느 정도 벗어나야

· ·

6. Diderot, art. <Correct>, ENC, t. IV, p. 271a.

그 존재를 정상이 아니라고 보는가는 관례와 합의에 따른 것이다.

그래서 정상과 비정상, 완전과 불완전이라는 표현에는 판단하고 말하는 자의 가치가 개입될 수밖에 없다. 그러나 '부정확하다'는 말에는 알려지고 받아들여진 모델에 부합하지 않는다는 의미뿐이다.[7] 아울러 이러한 부정확함이 그때까지 알려지지 않았던 새로운 존재를 이해하는 기준이 될 수도 있다. 디드로가 바로 뒤에 말한 "아름답거나 추한 모든 형상에는 각자 원인이 있다"는 표현에도 그가 의식적으로 '형상과 기형Forme et difformité'이라는 말을 피하고 있다는 점이 확인된다. 이런 표현은 자연의 질서와 이의 결정적인 위반이라는 가치론적인 의미로 해석될 수 있기 때문이다. 앞서 살펴본 대로 디드로는 형상, 질서, 완전성과 같은 용어를 사용할 때 이들의 존재론적, 목적론적 함의를 제거하고자 한다. 존재론과 목적론 외부에는 개체들뿐이며 이들은 어떤 선험적인 분류와 위계의 기준을 갖지 않는다.

그렇다면 자연에 아름다움도 완전성도 질서도 없는 것처럼

. .

7. "문체가 문법 규칙에서 벗어났을 때 부정확하다, 부정확한 데가 많다고 말한다. 어떤 형체가 알려진 균형을 벗어났을 때 부정확하다고 말한다. 부정확하다는 비판은 알려진 모델을 전제하며 이것과 모방을 비교하는 것이다." (art. <Incorrection>, ENC, t. VIII, p. 656a)

예술가들도 이를 상상하고 모방하고 구현할 수 없다는 말인가? 세상의 모든 존재가 정도의 차이만을 가진 기형이자 괴물이라면 예술가들은 그런 존재만을 그리는 것으로 만족할 수밖에 없는가? 이 문제를 이해하려면 디드로가 그 뒤에 부언한 "실제로 존재하는 모든 존재들 중에 그렇게 되어야 하는 대로 되지 않는 존재는 없다"는 말을 이해해야 한다. 모든 존재는 체질이 각각이고 처한 환경도 각각이니 자연에 똑같은 두 사람이 있을 수 없다. 선천적이고 후천적인 수많은 요인들이 작용하여 한 사람을 세상의 유일한 존재로 만든다. 아름다움이며, 완전성은 서로 다른 존재가 갖는 특이성의 과거와 현재, 그리고 미래의 연속성을 재현하는 동시에 그 존재를 누구와도 다르게 만드는 '조금 더'하거나 '조금 덜'한 미세한 차이를 포착할 줄 아는 예술적 능력에 달렸다.

여기 어렸을 때 눈을 잃은 저 여인을 보시라. 눈 주위가 연속적으로 성장하면서 눈꺼풀이 더는 느슨해지지 않았다. 눈꺼풀은 눈의 기관이 없어서 뻥 뚫린 동공 속에 함몰되어 줄어들었다. 위쪽 눈꺼풀은 눈썹을 끌고 들어가고 아래쪽 눈꺼풀은 뺨의 높이를 가볍게 올려놓았다. […] 이런 변화는 사고가 일어난 중심부에서 더 멀거나 더 가까운 얼굴의 모든 부분들에도 영향을 준다. 그런데 당신은 기형이 얼굴에 국한되어 있다고 생각하는가? 당신은 기형이 목, 어깨, 가슴에도 완벽히 보증되어 있다고 생각하는가? 그렇다. 당신의 두 눈과 내 눈도 마찬가지이다. 하지만 자연을 불러서 이 목을, 이 어깨를, 이 가슴을 보여줘 보시라. 그러면 자연은 당신에게 이것은 어렸을 때 눈을 잃었던 여인의 목이요, 어깨요, 가슴이요, 라고 대답할 것이다.

당신의 시선을 등과 가슴의 모양이 불룩 솟아오른 남자에게 돌려보라. 목 앞쪽의 연골이 늘어나면서 뒤쪽 척추는 함몰되었다. 머리는 뒤로 젖혀지고 손은 손목 관절에서 균형을 이루었다. 팔꿈치가 뒤쪽을 향하고 사지는 이 불규칙한 체계에 가장 알맞은 공동의 무게 중심을 찾았다. 얼굴은 고통과 구속이 보이는 모습으로 변화했다. 이 얼굴을 가리고 자연에게 그 사람의 두 발만 보여줘 보시라. 자연은 대뜸 이 발은 등이 굽은 자의 발이요, 라고 대답할 것이다.[8]

디드로가 여기서 살아 있는 존재의 자율성에 대해 말하고자 한다는 점이 분명하다. 최초에 나타난 기형이 문제가 아니라 한 유기체가, 타고난 체질과 서로 다른 환경에 따라 끊임없이 변화해왔고, 앞으로도 변화해나가리라고 생각하는 것이 중요

· ·
8. Diderot, *Essai sur la peinture, op. cit.*, p. 343.

하다. 어떤 기형의 원인이 된 부위에서 대단히 멀리 떨어진 부분도 그 사고의 흔적은 작게나마 남는다. 그렇지만 디드로는 일견 사소해 보일 수도 있는 그 결과에 주목하지 않거나 무시한 다면 그 인물의 역사와 진실이 어처구니없게 간과되거나 왜곡될 수 있다는 점을 강조한다.

나는 [어떤 형태의] 외적 조직에서 나이와 습관, 혹은 그것의 일상적인 기능을 완수할 수 있는 용이성이 제대로 표현되어 있다면 그 형태를 잘못 그렸다고 비난하는 말을 단 한 번도 들어본 적이 없다. 그 형태의 전체적인 크기와 말단에 자리 잡은 사지四肢 하나하나가 이루는 진정한 균형과 전체를 결정하는 것은 그 기능이다. 그로부터 나는 아이와 성인과 노인이 나오는 것을 본다. 야만인과 문명인이 나오고, 치안판사와 군인과 짐꾼이 나온다. 찾기 어려운 형태가 있다면 그것은 대지의 진흙에서 바로 태어났을 스물다섯 살의 사람의 형태일 것이다. 그는 아직 아무것도 한 것이 없으니 이런 존재는 공상과도 같은 존재이다.[9]

오직 그만의 특성을 갖고, 누구와도 닮지 않은 인생을 살아온

● ●
9. *Ibid.*, p. 345.

한 개인의 초상에는 그에게 합당한 균형과 형태가 드러나기 마련이다. 그러므로 아이와 성인과 노인의 비율과 균형이 같을 리 없고, 오랫동안 다른 직업과 활동을 해온 사람들의 모습과 자세가 같을 리 없다. 반대로 범속한 예술가는 아카데미에서 배운 그대로, 머릿속에 가진 그대로 어떤 삶의 부침도 가져보지 못한 인물을 그려내는 것으로 그친다. "아직 아무 경험도 해본 일이 없는 스물다섯 살의 사람"을 그린 그림을 디드로가 조롱하는 것이 이와 같다. 그렇게 그려진 존재는 신의 손길로 창조된 젊은 아담을 재현한 그림과 같은 것이다. 물론 범속한 화가는 그 젊은이를 아무런 신체적 결함도 없고 완벽한 균형미를 갖추어 외관상 가능한 아름답게 보이도록 그려내겠지만 그런 존재는 세상 어느 곳에서도 찾아볼 수 없는 '공상에 불과한 존재'이다. 다시 말하자면 그런 존재가 바로 괴물이다. 평범하고 타락한 취향을 가진 사람들에게 그는 욕망의 대상이 될 수 있겠으나 인생의 굴곡도 생로병사의 기억도 갖지 못한 그는 자연에서 결코 찾아볼 수 없는 존재, 자신의 몸과 형상으로 자기가 살아오고 경험한 이야기를 할 줄 모르는 벙어리이자 얼간이dadais[10]일 뿐이다.

• •

10. *Ibid.*, p. 376.

[…] 자연적인 기형을 한쪽에 내려놓고 습관적인 기능에 따라 필연적으로 유발된 기형을 연구한다면 엄격한 균형을 부여하여 재현할 수 있는 존재는 오직 신과 야만인뿐인 것 같다.[11]

모든 존재는 태어났을 때 "유동적이고 무정형한"[12] 형태로 태어난다. 존재의 기관들은 내적인 구성이 굳어지고 외적인 환경에 적응하면서 점진적으로 견고한 형태를 갖춘다. 그러므로 관습화된 미적 규칙은 허구일 뿐 아니라 자연의 존재를 세상 어느 곳에서도 찾아볼 수 없는 괴물로 만들어버린다. 물론 신체적인 기형과 관람자의 눈에 충격을 줄 정도의 과도한 불균형을 가진 존재를 두고 그것에 그 자체로 아름다움이 구현되었다고 말할 수는 없다. 그렇지만 추한 존재와 희화화된 존재는 다르다. 추한 존재는 보는 사람에게 첫눈에 불쾌감을 줄 수 있을지 모르지만 그를 어떤 맥락으로 배치하고 그의 몸이 가진 변화의 역사를 읽게 해준다면 관람자는 숭고의 감정을 갖게 된다. 팔 하나가 없고, 눈 하나가 없는 사람이 있다고 하자. 그런데 그의 '결함'이 그가 기꺼이 자신을 희생하여 미덕을 실천하고자 한 결과라는 점을 이해한다면 우리는

* *

11. *Ibid.*, p. 407.
12. *Ibid.*, p. 345.

그의 결함을 숭고한 것으로 받아들이지 않겠는가?

반면 시각적인 아름다움은 쉽게 감각을 피로하게 하고 누구나 똑같은 기준을 적용하는 이상적인 대칭과 균형은 정신에 단조로움만을 주므로 그때 얻는 감동은 피상적일 수밖에 없다. 그러나 숭고의 감정은 영혼을 뒤흔들고 이성의 판단을 정지시키는 힘을 가졌다. 누구도 피해 갈 수 없는 운명의 힘을 두려워하게 하고, 그 앞에서 인간이 얼마나 무력한지 깨닫게 하는데 그저 감각에 호소하는 장식적인 아름다움으로는 턱없이 부족하다. 그래서 예술에는 언제나 괴물이 필요한 것 같다. 감각이 아니라 정신을 뒤흔드는 괴물 말이다.

쌍두인의 초상

— 디드로의 괴물론

디드로는 철학적으로든 의학적으로든 미학적으로든 괴물에 어떤 존재론적 가치를 부여하는 데 반대했다. 신의 섭리와 천지창조의 목적론적 해석은 괴물의 예외성과 부정성만을 부각할 수밖에 없다. 그러나 질서와 완전성은 실재하는 것도 아니고, 모든 존재가 귀결해야 할 목적도 아니다. 그것은 세상 만물처럼 생성과 변전을 겪으므로 영원불변하는 모델이 될 수 없다. 이는 디드로 사상의 상대주의와 회의주의를 말해주는 것일까? 그렇지만 이런 입장은 디드로 사상의 일부일 뿐이다. 질서며 완전성이며 도덕의 존재를 부정하는 대신 그는 이를 전통적인 개념들의 맞짝들인 무질서, 불완전성, 악덕과 경쟁시킨다. 디드로는 『백과사전』의 「혼돈Chaos」항목에서 "아리스토텔레스와 아리스토텔레스주의자를 제외한다면 그 누구도 우리의 세계가 우리가 보고 있는 것과 동일한 형태로 영원히 존재했다고 주장하는 사람은 없다. […] 지금 우리가 지구라고 부르는 천체는 최초의 상태에서 우리가 지금 보는 바의 세상의 물질과 원리를 내재한 무정형한 더미에 불과했다"[1]고 말했다. 앞서 살펴보았던 『맹인에 대한 편지』에 등장하는 영국 맹인 기하학자 손더슨의 입장이 바로 그러했다. 그가 "물질의 모든 불완전한 조합이 소멸하고 남아 있는 것은 단지 몸의 구조에 어떤 중대한 모순도 없어 스스로 존속하며 영속할 수 있는 것뿐"[2]이라고 했을 때 디드로–손더슨은 지구의 역사를 최초의 혼돈의 상태에서 유기적 구성과 기능의 효율성의 상태로의 이행으로 요약했다.

그러나 여기서 디드로가 다음 세기의 진보와 생물변이설le transformisme의 선구자였다고 쉽게 단정하지는 말자. 그는 질서를 혼돈의 부재로, 완전성을 불완전성의 제거로 정의하는 것이 아니라 자연 속에서 질서와 혼돈, 완전성과 불완전성은 끊임없이 길항하고 투쟁할 뿐 아니라 끊임없이 한쪽에 다른 한쪽이 포함되고 동화되는 과정으로 보는 것이다. 최초의 혼돈에서

• •

1. Diderot, art. <Chaos>, ENC t. III, p. 158a.
2. Diderot, DPV, IV, p. 50.

현재의 '질서로' 이행했다고 해서 괴물이 아예 사라지는 것은 아니다. 그렇다면 드물기는 해도 여전히 괴물이 출현하는 까닭은 무엇인가? 무정형의 물질 더미에 불과했던 지구가 이제 단단해지고 안정화되어 우리가 현재 보고 있는 모습을 갖추게 되었다고 해도 기상이변, 지진, 화산폭발과 같은 자연재해는 여전히 일어난다는 점을 생각해볼 수 있다. 앞서 인용한 「혼돈」 항목에서 지구 최초의 상태가 "우리가 지금 보는 바의 세상의 물질과 원리를 내재한 무정형한 더미"에 불과했다는 언급을 다시 생각해보자. 비록 지구 형성기의 혼란과 많은 시간이 흐른 뒤 안정을 찾은 지구의 상태를 단순 비교하기는 어렵다. 그러나 디드로의 입장은 최초의 혼돈이 현재의 질서로 대체되고 현재의 질서가 미래의 더욱 안정된 질서로 강화되리라는 단선적인 것이 결코 아니다. 형이상학에서와 달리 자연학에서 질서와 혼돈은 떼려야 뗄 수 없는 개념, 더 정확히 말하자면 한쪽에서 다른 쪽으로, 다음에는 다른 쪽에서 저쪽으로 이동하는 애초에 구분이 불가능한 하나의 상태로 환원될 수 있다. 규칙이라고 생각했던 것에서 예외들이 등장하고, 안정적이라고 생각했던 상태에서 예상치 못한 불규칙적인 사고들이 발생하고, 이성적이고 합리적이라고 생각했던 사유와 지성에서 비이성적이고 불합리한 점이 드러난다. 고전적인 대립항들의 안정성이 흔들리고 인간의 예지는 미래의 예측은커녕 현재

상태의 정확한 판단도 내리지 못할 만큼 허약하다.

그런 점에서 괴물과 기형성의 문제가 디드로 전 시기 저작에 끊임없이 등장한다고 해도 놀랄 일은 아니다. 그는 『백과사전』 5권에 실은 「백과사전」 항목에서 "인간 정신의 역사는 가장 합리적인 사건보다 어떤 이상한 괴벽^{怪癖}을 다룰 때 더 잘 드러난다"고 말했다. 자연사가에게 "괴물을 해부하는 것이 똑같이 닮은 백 명을 연구하는 것보다 더 도움이 돼"[3]는 것처럼 모럴리스트는 똑같은 성격을 연구하는 것보다 낯선 기벽을 연구할 때 인간에 대한 더 중요한 지식을 얻게 된다. 물론 나 역시 괴물로 태어났었을 수 있다. 내가 내 육체를 괴물의 기형적인 신체로 투사해 보았을 때 내가 이런 일탈에서 비켜났다는 점에 안도할 수 있으며, 바로 그런 점에서 그러한 존재에게 연민과 동정을 느낄 수도 있다. 그러나 디드로는 이러한 방식으로 괴물을 지각하는 데 반대한다. 괴물과의 마주침은 내 지각에 혼란과 충격을 주는 데 그치지 않는다. '그것'은 우선 나의 타자처럼 나타나며, 내가 그 존재를 지각한다는 것은 나의 존재의 본성을 반성적으로 사유하게 되는 중대한 사건이 된다.

괴물의 본성에 대한 문제는 형이상학적 의미로 […] 이해해

<hr>

3. Diderot, art. <Encyclopédie>, ENC t. V, p. 645Ab.

서는 안 된다. 그 문제는 '그 존재는 누구인가qu'est-ce qui?'라기보다는 '그게 도대체 뭔가?qu'est-ce que c'est que ça'라고 묻는 일이다. 그것ça, 내가 지금 여기서 눈앞에 보고 있는 바로 그것 말이다. 이 문제는 우리로 하여금 타인을 찾아 나서게 하는 실천적인 물음이다. 우리의 지각을 근본적으로 구성하고 있는 우리 자신의 육체의 흔적을 따라서 말이다. 타인을 지각한다는 것은 자기 자신의 육체에서 자기 위치를 찾을 수 있다는 것이고, 내면에서처럼 자신에게 가능한 행동들을 자기에서 타인으로의 단순한 투사보다 훨씬 더 심오한 방식으로 느낀다는 것이다. 타인은 항상 이미 주어진 존재이다. 우리가 우리 자신의 육체와 관련짓는 방식에 이미 포함되어 있는 것이다.[4]

요컨대 나 역시 괴물로 태어날 가능성이 있었고 괴물은 정상적인 우리와 단지 정도의 차이밖에 없다고 주장하는 것으로는 부족하다. 앙세의 지적처럼 괴물이라는 '그것'은 그 존재를 통해 우리가 우리 외부로, 혹은 우리 내면으로 '정상적인 나'와는 다른 "타자를 찾아 나서게 하는 실천적인 물음"을 던지게 하는 그 어떤 것이다. 우리가 현실에서 괴물과 마주쳤을

· ·

4. Pierre Ancet, *Phénoménologie des corps monstreux*, Paris, PUF, 2006, p. 10.

때 소스라치게 되는 반응이야말로 자아와 타자의 관계를 정확히 요약해준다. 그 소스라침은 자아와 타자 사이에 '의식적인 거리 두기'와 '무의식적인 거리 지우기'가 동시에 일어난다는 신체적이면서 심리적인 증거이다. 서로 왜 다르고 어떻게 다른지 묻는 일은 사후의 일이다. '그것'의 현전 자체가 우리로 하여금 관성에 젖은 삶의 방식과 즉각 단절케 하고 소위 '정상'에 갇힌 안전성의 직접적인 위협이 된다. 그것은 또한 세계의 외관상의 질서 속에서 혼돈이 발생함을, 창조주의 솜씨를 감탄하는 곳에서 그 존재의 폭정과 무자비함이 순식간에 드러나는 실존적인 경험이다.

이런 점에서 디드로의 『라모의 조카』만큼 그의 문제의식이 잘 드러나는 작품이 없으리라. 이 작품은 대부분 철학자와 라모의 대화 형식으로 구성되어 있지만 라모를 만나기 전에 철학자는 소설의 화자의 역할을 맡아 이제 그의 습관이 된 팔래루아얄의 오후 산책을 주제로 삼아 이야기를 시작한다. 디드로 자신일 수도 있고 그의 역할을 맡은 허구의 대리인일 수도 있는 철학자는 기이한 존재 라모를 만나기 전에 "몸과 마음을 그의 감수성에 내맡기는"[5] 것으로 시작한다. 수많은

• •

5. Nicolas Rousseau, *Diderot: l'écriture romanesque à l'épreuve du sensible*, Paris, Honoré Champion, 1997, p. 106.

대구와 대조의 표현이 등장하는 이 소설의 도입부는 철학자의 정신과 이성이 점차 느슨해지고 와해되어 가는 과정에 대한 훌륭한 묘사이다.

날이 좋건 궂건 오후 다섯 시면 팔래루아얄로 산책을 나가는 것이 내 일상이다. 그곳에선 누구나 언제나 다르장송 오솔길 벤치에 홀로 앉아 몽상에 잠겨 있는 나를 보게 된다. 나는 정치며, 사랑이며, 취향이며, 철학을 주제로 내 자신과 이야기를 나눈다. 정신이 완전히 자유롭도록 내버려 두는 것이다. 현명한 생각이든 그릇된 생각이든 머리에 떠오르는 첫 번째 생각에 정신을 내맡기곤 한다. 푸아 오솔길에서 우리네 방탕한 젊은이들이 경박한 태도로, 미소 가득한 얼굴로, 번득이는 눈으로, 코를 쳐들고 창녀의 뒤를 쫓아가다가 금세 다른 창녀를 뒤따라가는 것을 보듯 말이다. 어느 여자 하나 놓치지 않고 달려들지만 그 누구에도 집착하지 않는다. 내 생각은 내 창녀들이나 다름없다.[6]

· ·

6. Diderot, *Le Neveu de Rameau*, DPV t. XII, pp. 69–70. 이 부분은 디드로가 소피 볼랑에게 보낸 편지 말미와 대단히 유사하다. "한 젊은 리베르탱이 팔래루아얄을 산책합니다. 여기서는 코를 쳐들고 입술에 웃음기를 머금고 번득이는 눈으로 결연한 태도로 그곳을 바라보더니 이렇게 소리 지릅니다. "오! 아름다운 여자다!" 저는 경멸의 태도로 등을 돌리고 무구하고, 순진하고, 소박하고, 고상하고, 위엄 있고, 단정한 모습이

위의 인용문에는 날씨氣象, 팔래루아얄을 양쪽으로 나누는 다르장송 오솔길과 푸아 오솔길(공간), 그리고 다르장송 오솔 길 벤치에 앉아 이런저런 생각에 빠져보는 철학자와 그의 주변에서 여자들을 이리 쫓고 저리 쫓는 경박한 젊은이들(인 물) 등의 대립이 압축되어 있다. 철학자와 리베르탱, 지혜와 방탕, 자유와 방종, 일관성과 유동성, 진지함과 경박함이 쉼 없이 교차하는 부분이다. 『라모의 조카』의 철학자가 디드로 자신일 수 있다면 이 시간은 그가 하루 종일 집필하고 교정하고 출판업자들을 만나러 파리를 종횡무진했던 『백과사전』의 작 업을 잠시 멈추고 휴식하는 시간이라고 하겠다. 또한 프랑코 벤투리의 해석을 따라, 『라모의 조카』의 철학자를 젊은 시절 보헤미안의 삶을 살았던 디드로의 또 다른 모습이라고 보아도 좋다.[7] 그래서 팔래루아얄의 철학자 디드로는 첨예한 하루

• •

보이는 얼굴에 시선을 멈춥니다. 그 젊은이의 잘못인지 제 잘못인지 결정하는 것이 어렵다는 생각이 드세요? 그의 취향은 이런 것입니다. 나는 악덕을 사랑한다. 그리고 내 것은 이런 것입니다. 나는 미덕을 사랑한다. 다른 모든 판단들도 거의 이런 식이지요." (Diderot, lettre à Sophie Volland(le 2 septembre 1762), *Correspondance*, éd. George Roth, t. IV, Eds. de Minuit, pp. 130–131)

7. "[『라모의 조카』에서] 정말 절제 없이 살았던 먼 과거의 기억을 디드로 는 그가 <라모의 조카>라는 이름으로 그려낸 저 기이한 보헤미안을

동안의 긴장이 이완되면서 과거 보헤미안이었던 젊은 디드로
와 다시 만난다고도 말할 수 있다. 이성의 통제와 감시가 느슨해
질 때 철학자는 어쩌지 못하고 정신이 '제멋대로 움직이도록
내버려 둘abandonner à tout son libertinage' 수밖에 없는 처지이다.
논리와 미덕을 갖춘 철학적 주체의 정신이 이렇게 방치된다면
그는 자기 주변의 방탕한 젊은이들les jeunes libertins과 더는 구분
되지 못하게 될 처지이다. 위의 인용문을 마무리하는 "내 사유
는 내 창녀들이다"는 표현에서 두 번 반복되는 '내mes'라는
소유형용사는 이 둘을 완전히 소유하고 마음대로 하지 못하는
철학자의 당황스러움이 담겨 있다. '내 사유'라는 그것ça은
젊은이들이 이리저리 찾아 나서는 팔래루아얄의 품행 나쁜
여자들이나 같으니, 제 의지대로 잡을 수도 내버릴 수도 없다.[8]
이렇게 "상상력이 감각적 본성의 연속적 변화와 진기하기
이를 데 없는 존재를 더 잘 눈에 띄게 만듦에 따라"[9] 광인

• •

   제시하면서 변형시켜 놓고 있다." (Franco Venturi, *Jeunesse de Diderot
   (de 1713 à 1753)*, trad. Juliette Bertrand, Paris, Albert Skira, 1939, pp.
   15–16)
8. 『자연의 해석에 대한 단상』에서 이미 디드로는 디오게네스 라에르티오
   스를 인용하면서 "라이스의 소유가 되기 싫다면 라이스를 소유하라(Laï
   dem habeto, dummodo te Laïs non habeat)"(DPV t. IX, p. 46)고 충고한
   바 있다.
9. Nicolas Rousseau, *op. cit.*, p. 102.

라모가 철학자의 이완된 정신에 불쑥 나타날 수 있도록 준비를 마친다.

  그렇지만 라모는 철학자의 바깥에서 들이닥친 괴물이 아니다. 다르장송 오솔길의 벤치에 앉아 몽상에 잠긴 철학자가 그의 주변에서 젊은 리베르탱들을 바라보는 것이 아니라, 그 자신이 사람들의 응시의 대상C'est moi qu'on voit이 된다는 점을 기억하자. 나moi를 보는voit 타인on이 있다. 동일한 발음의 반복 /wa/ 사이에 끼어들어 타인의 응시를 가리키는 인칭대명사 'on'은 바라보는 주체로서의 나의 시선C'est moi qui vois 속에 이미 장애물과 같은 것이 들어섰다는 점을 말해준다. 이제 철학자는 타자의 응시의 대상이 되고, 그 응시로부터 더는 벗어날 수 없게 되었다. 그 타자가 이내 파리의 이름난 기인 라모의 모습으로 나타나고 이제 철학자는 라모의 시선에 사로 잡혀 꼼짝할 수 없는 상태가 된다.[10]

  그자는 고귀함과 비천함, 양식과 비이성을 한 몸에 지닌 자이다. 그자의 머릿속에는 정직과 부정직의 개념이 정말 이상 하게도 뒤죽박죽되어 있을 테다. 자연으로부터 좋은 자질로 받은 모든 것은 뽐내는 일 없이 보여주면서, 나쁜 자질로 받은 모든 것은 부끄러움도 모른 채 보여주는 것이다. 더욱이 신체는 강건하고 기이할 정도로 상상력의 열기를 가진 데다 드물게 강한 폐를 타고났다. 한 번이라도 그자를 만나 그자의 기이함에 발길을 멈추게 된다면, 당신은 귀를 손으로 막거나 당장 달아날 것이다. 맙소사, 그런 끔찍한 폐도 다 있다니, 누구라도 그자와 닮은 자가 있겠는가.[11]

스타로뱅스키는 위의 인용문에서 디드로가 "여러 가지 대칭과 모순의 유희를 통해 라모의 특이성을, 라모의 도발적인 이상성異常性을 규정"[12]한다는 점에 주목한다. 라모는 '고귀함과 비천함', '양식과 비이성'이 '이상하게도 뒤죽박죽'되어 있는 혼종적인hybride 존재, 모든 것이 잡다하게 뒤섞여 있는 끔찍한 괴물의 초상으로 나타난다. '그자의 기이함son originalité'은 그를 보는 사람들의 시선과 주의를 끌고 결국 누구라도 그 존재가 '그 누구와도 닮지 않았음'을 인정하게 된다. 그러나 '닮지 않았다'는 점이 철학자와 라모의 절대적 타자성을 강조하는 것만은 아니다. 그들은 한쪽의 의식이 무뎌지고 이완됨에 따라 출현하는 존재처럼 등장했다. 철학자의 이성이 활동하는 시간

. .

11. Diderot, *Le Neveu de Rameau*, DPV t. XII, pp. 70-71.
12. Jean Starobinski, *Diderot, un diable de ramage*, Gallimard, 2012, p. 126.

에 라모는 그의 앞에 모습을 드러내지 않는다. 라모의 광기가 활동하는 시간에 철학자의 이성은 휴식에 들어가게 되니, 라모와 같은 비이성은 그의 꿈에서나 등장할 법하다.

그런데 『라모의 조카』와 『달랑베르의 꿈』의 구조가 정확히 이러한 부재와 출현을 따른다는 점은 주목할 만하다. 수학자 달랑베르는 전날 유물론에 기초한 실험철학의 과감한 생각을 주장했던 디드로의 의견을 꿈에서 횡설수설 옮겨 낸다. 디드로는 『달랑베르의 꿈』에서 철학자와 라모의 토론을 디드로와 달랑베르에게 반복케 하는 것이다. 그러니 『라모의 조카』에서 철학자와 라모가 마주치는 시간이 이성과 노동의 하루가 끝나고 정념과 광기의 시간이 도래하기 직전의 시간이라는 점은 의미심장하다. 『달랑베르의 꿈』에서 달랑베르의 착란에 놀란 레스피나스 양은 디드로의 친구로서 몽펠리에 의학 학파를 대표하는 의사 보르되를 방문하도록 한다. 보르되와 레스피나스 양은 현대 철학과 현대 의학의 여러 까다롭고 흥미로운 문제들을 논의하는 중에 두 개의 머리를 갖춘 괴물의 사례를 언급한다. 보르되는 이 사례를 신화 속의 "카스토르와 폴룩스의 우화"처럼 "한 아이가 살면 다른 아이가 죽고 처음 아이가 죽으면 다른 아이가 살게 되는 경우"[13]로 설명한다. 그러자

· ·
13. Diderot, *Le Rêve de d'Alembert*, DPV, t. XVII, pp. 160–161.

레스피나스 양은 이 결합 쌍생아를 "두 개의 감각과 두 개의 의식이라는 원칙을 가진 한 마리 동물"[14]로 정의해본다. 이렇게 결합된 두 아이가 오랫동안 생존할 수 있어서 각자 의식을 갖고 사유할 수 있었다면 두 개의 머리는 "이중의 감각, 이중의 기억, 이중의 상상력"을 가지면서 "존재의 반쪽이 관찰하고, 알아내고, 명상하는 동안 다른 반쪽은 휴식을 취하"[15]게 되었을까? 어쨌든 철학자와 라모의 만남과 토론도 『달랑베르의 꿈』에 등장하는 이 결합 쌍생아를 연상케 한다는 것은 분명하다.

나는 이런 기이한 자들les originaux을 좋게 평가하지 않는다. 다른 사람들이라면 그런 이들과 가까이 지내고 친구도 되겠지만, 나로서는 그런 자들을 마주친대도 일 년에 한 번이나 주의를 기울여볼까 하는 것이다. 그들의 성격이 다른 이들과 뚜렷이 구분되어, 우리가 받았던 교육이며, 사회의 관습이며, 흔히 통용되곤 하는 예의범절이 도입했던 저 진저리나는 획일성을 단칼에 끊어버리기 때문이다. 그런 자가 모임에 모습을 드러내면 그자는 이내 효모처럼 발효를 일으켜서 각자 타고난 개성을

14. *Ibid.*, p. 162.
15. *Ibid.*, pp. 162–163.

되찾아 준다. 그자는 뒤흔들고 동요케 한다. 그로 인해 우리는 승인하거나 비난하고, 그러면서 진실이 드러나는 것이다. 누가 선한 사람들인지, 누가 망나니인지가 만천하에 드러난다. 그때 양식을 가진 자가 귀를 기울여 세상 사람들을 분간하게 된다.

철학자가 라모를 사회의 "진저리나는 획일성"을 "단칼에 끊어내는" 존재로 평가한다면 그는 라모라는 예외를, 도덕과 관습의 외부에 서서 그것의 가치와 의미를 위협하고 포위하는 '도덕적 괴물'을 내세우는 것이다. 그러므로 앞서 언급했듯이 "인간 정신의 역사는 가장 합리적인 사건보다 어떤 이상한 괴벽怪癖을 다룰 때 더 잘 드러난다"고 했던 디드로의 입장이 이보다 더 잘 나타나는 곳이 없을 것이다. 그렇지만 장 파브르의 지적대로 철학자는 "라모 앞에서 혐오, 반감, 경멸, 연민과 같은 감정들을 느끼거나 느낀다고 생각하지만, 사실 그가 느끼는 감정은 혼란, 감탄, 선망, 회한, 자기 자신에 대한 수치 같은 것"[16]이었으며 그래서 "라모는 있는 그대로의 또 다른 디드로, 무례하고 일관성 없는 데다 스스로를 관리할 생각도 못 하는 디드로 […] 보헤미안으로 살았던 젊은 시절의 동반자

16. Jean Fabre, <Préface> du *Neveu de Rameau*, Genève, Droz, 1963, pp. lxv-lxvi.

로 그의 과거 모습이면서, 어쩌면 그 자신도 그리될 수 있던 모습이자, 때로는 그리되지 않았던 것을 다행스럽게 여기면서 또 아쉬워하는 모습"[17]이기도 하다. 스테판 퓌졸 역시 철학자와 라모를 디드로의 두 모습으로 보는 파브르의 해석을 따른다. 그들은 "비슷하면서 또 다르지만 디드로가 다른 곳에서 주장했던 여러 입장을 각자 자신의 방법으로 옹호"[18]하고 있는 것이다. "철학자는 바로 디드로다. 그러나 라모의 특징과 재치, 그것도 역시 디드로이다"[19]라고 했던 스타로뱅스키의 해석도 이런 맥락을 따른다.

결국 철학자가 라모의 모습과 행동에서 자신으로서는 결코 받아들일 수 없을 괴물성을 발견할수록 철학자와 라모는 점점 더 "한 몸에 두 얼굴을 가진bifrons[20] 존재가 된다. 이런 점에서 떼려야 뗄 수 없는 디드로와 그의 분신으로서의 괴물성을 발견하는 곳이 여기이며, 그런 점에서 이 반성적 풍자의 대상은 바로 내부에 괴물을 가진 디드로 자신이라고 하겠다.

• •

17 . *Ibid.*, p. lxvi.

18 . Stéphane Pujol, *Le Philosophe et l'original. Etude du Neveu de Rameau*, Presses universitaires de Rouen et du Harvre, 2016, p. 79.

19 . Starobinski, *Diderot, un diable de ramage, op. cit.*, p. 186.

20 . Charles Vincent, Audrey Mirlo et Bénédicte Peralez Peslier, *Le Neveu de Rameau de Diderot*, Neuilly, Atlande, 2016, p. 88.

루소의 경우

― 사회가 만들어내는 괴물

　디드로의 '존재의 연쇄' 이론은 생명의 내적 원리, 즉 자기
보존을 통해 확보한 생존 가능성에 따라 끊임없이 재조립되거
나 분해되어 다른 존재로 흡수되는 종과 개체들의 역동성을
강조한 것이다. 이런 점에서 디드로의 생명 원리는 홉스가
말하는 자연상태의 작동 원리와 같다. 내적 정합성을 갖추면서
가혹한 환경에 적응한 존재만이 살아남으며, 그렇지 않은 존재
들은 사라져버린다. 이는 살아남은 모든 존재가 보다 완전에
가깝다는 말은 아니다. 존재의 생성과 변전은 종과 개체 내부에
국한된 것이 아니라 세계 전체와의 관계 속에서 파악되어야
한다. 모든 존재는 자기 안에 결함과 결여를 갖출 뿐 아니라,
그들에게는 모든 것이 과잉의 상태이기도 하다. 내게 결함이

있다는 것은 영속과 건강을 갖추지 못한 존재의 조건이며, 내가 과잉의 상태라는 것은 내 안에 광물과 식물이, 극미동물과 대형동물이 함께 존재한다는 말이다.

그러나 루소는 디드로와 마찬가지로 뷔퐁을 교과서로 삼았지만 그를 디드로와는 다른 방식으로 읽었다. 루소가 뷔퐁에게서 자신의 인류학을 위해 취한 것은 최초의 단일한 종이 서로 뒤섞이면서 수많은 방식으로 변형을 겪었다는 점이었다. 뷔퐁이 강조한 환경, 식생, 노예 상태에 따른 종의 퇴화와 변질의 이론이 루소에게는 더욱 매력적이었다. 그래서 루소는 디드로가 뷔퐁을 취했던 '연속성'과 '생성' 대신 단절과 타락의 테마를 가져온다. 루소가 모든 존재의 기원으로 거슬러 올라가 찾을 수 있는 원형을 가정하는 것은 그 원형에서 완전한 형태와 구성의 모델을 찾을 수 있어서가 아니라, 그 '원형'과 현재 상태는 엄청난 시간의 거리 때문에 서로가 알아볼 수 없을 만큼 달라졌음을 강조하기 위함이다. 루소가 『에밀』의 첫 부분에서 '환경, 요인, 계절'의 외적 요인의 작용으로 '타락'과 '기형'이 나타났다고 주장한 것은 두말할 것 없이 뷔퐁의 의견을 따른 것이다.

모든 것은 조물주의 손에서 나올 때는 선했으나 인간의 손에 들어가면 망가진다. 인간은 다른 땅에서 나는 걸 이 땅에 키워

보려고 하고, 저 나무의 열매를 이 나무에다 맺게 하려 한다. 그리하여 환경, 요인, 계절을 뒤섞어 뒤죽박죽으로 만들어버린다. 인간은 개, 말, 노예의 몸을 훼손한다. 그렇게 모든 것을 뒤집어엎고 모든 것의 형태를 일그러뜨리면서 기형과 괴물을 좋아한다. 인간은 어떤 것이든 자연이 만들어 놓은 그대로를 원하지 않는다. 심지어 인간마저도 그러하다. 조련된 말을 다루듯 인간을 자신에게 맞게 길들여야 한다. 그리고 마치 정원수처럼 인간을 자기 마음대로 뒤틀어 놓아야 한다.[1]

"인간은 모든 것을 뒤집어엎고bouleverser 뒤죽박죽으로 만들어버린다défigurer"는 문장의 두 동사는 최초의 상태의 완전성에 인간의 손이 가해졌을 때 만들어지는 괴물성에 대한 극적이면서 수사학적 표현이다. 그가 말하듯 신의 손에서 나왔을 때 모든 존재는 '선'했지만 인간의 손에서는 그 본성을 잃고 망가진다는 언급은 마치 말브랑슈와 레므리의 괴물 이론을 떠올리게 한다. 괴물은 인간의 손에서, 즉 사회에서 만들어지는 것이고, 신은 애초에 이러한 잡종과 인공적인 산물을 만들지 않았다. 『인간불평등기원론』의 주제가 바로 이것이 아닌가? 인간

· ·

1. Rousseau, *Emile*, l. I, in *Œuvres complètes*, t. IV, Gallimard, Bibliothèque de la Pléiade, 1969, p. 245.

은 자연상태에서 신체적으로나 지적으로 불평등하게 태어날 수밖에 없다. 그러나 루소는 이 자연적인 불평등이 사회적인 불평등의 근원이라는 점을 단호하게 거부한다. 왜냐하면 루소의 체계에서 자연적이고 신체적인 불평등은 자연상태에서는 인간의 생존을 위협하지 않는 한 개인 간의 불평등으로 전화될 수 없는 게, 인간은 원래 자연상태에서 서로 드물게 만날 뿐 대부분 고립되어 살았기 때문이다. 그러므로 괴물은 오로지 '정상'과의 비교를 통해서만 규정되므로 자연상태에서는 괴물의 개념이 없었다고 해야 할 것이다. 생존이 불가능한 정도로 기형일 경우에 그 개체는 자연에서 살아남지 못할 것이다. 반면 생존에 해가 되지 않을 정도의 기형의 존재는 당연하게도 살아남을 것이고, 가능하다면 자손을 남길 수도 있을 것이다. 그러나 누구도 그 존재를 괴물로 규정할 수는 없다. 정상과 기형을 가르는 기준 자체가 없기 때문이다.

반면 역설적으로 자연상태에서 내가 마주치는 모든 존재는 내게 괴물과 같다. 왜냐하면 내가 고립되어 살아가던 자연상태에서 우연히 한 번도 만난 적이 없었던 다른 개체를 마주치게 된다면 과연 그가 나와 같은 존재인지 나와 다른 존재인지 판단이 불가능하기 때문이다. 정상과 비정상을 구분할 수 있기 위해서는 우선 수많은 존재들을 만나고 또 만나면서, 그들의 특성을 추상화하기부터 해야 한다. 그러나 루소의 자연상태는 영원한 고립의 상태라는 점을 기억하자.

『인간불평등기원론』에서 루소는 다양한 민족들이 지금보다 더 상이한 방식으로 살아갔던 옛날에는 다양성이 더욱 두드러졌을 것이라고 생각한다. 그런 최초의 다양성을 보고 놀라는 이들이란 "자기 주변의 대상들만을 바라보는 데 익숙한 사람들과 환경, 대기, 양식, 삶의 방식, 일반적인 습관들의 다양성, 특히 동일한 원인이 여러 세대를 통해 오랫동안 연속적으로 작용할 때 생기는 엄청난 힘을 모르는 사람들"[2]일 뿐이다. 민족 간의 여러 방식의 교류가 활발해지면서 이렇게 다양했던 민족들이 "점점 비슷해져서 민족적인 어떤 차이들이 약화되었다."[3] 그래서 루소는 인간들의 다양성의 넓은 폭을 시간에 따라 늘어놓고자 한다. 여전히 자연상태에서 살아가는 인간과 그로부터 수많은 세기를 거쳐 온 인간은 서로가 동일한 존재라는 의식을 전혀 공유할 수 없을 정도로 다른 존재로 보일 수 있다. "옛날에 숲에 흩어져 살아갔던 종족이 잠재적으로 갖고 있던 어떤 능력도 개발할 기회가 없어서 완전성을 향해 단 한 발도 내딛지 못하고 여전히 원시적인 자연상태에 머물러

• •

2 . Rousseau, *Discours sur l'origine et les fondements de l'inégalité parmi les hommes*, *Œuvres complètes*, t. III, Gallimard, Bibliothèque de la Pléiade, 1964, p. 208.

3 . *Ibid.*, p. 208.

있었다"면 문명화된 우리에게 그 존재는 '괴물'로밖에 비치지 않을 것이다. 『언어기원론』에서 루소가 자연상태의 사람들이 서로 마주쳤을 때 그들이 서로를 '거인géant'이라고 불렀으리라고 말했던 것도 이와 같은 맥락이다. 서로가 공통적으로 갖는 특징을 추상화하기 이전에 모든 개인은 다른 개인에 대해 타자이며, 그 타자들은 자신과 같은 존재ses semblables로 받아들여지는 대신 자신의 생존을 위협할 수 있는 '괴물' 그 자체로 출현한다. 그러므로 타자가 더는 괴물이 아니게 되는 시점은 인간이 그들 존재의 '공통점'을 추상화하고 사회를 만들어 살게 되었을 때부터이다. 『인간불평등기원론』의 후주에서 루소가 16세기 영국 여행가 앤드류 바텔이 전한 '퐁고스와 엔조코스'라는 이름으로 불리는 "두 괴물"[5]을 언급하는 것도 우연은 아니다. 이들은 숲속에서 살아가는 인간을 똑같이 닮은 존재로 지금은 오랑우탄과 침팬지라는 이름으로 알려진 유인원이다. 루소는 이들을 관찰한 여행가들의 보고를 토대로 그들이 인간의 별종인지 아니면 인간과는 무관한 다른 종인지의 문제를 제기한다.

• •

4. *Ibid.*
5. *Ibid.*, p. 209.

소위 이 괴물을 묘사한 부분을 읽어보면 인류와 놀랄 만큼 닮은 유사성과, 사람과 사람 사이에서 고려할 수 있는 차이보다 훨씬 작은 차이를 보게 된다. 이 대목을 보면 저자들이 문제가 되고 있는 동물들을 야만인이라고 부르지 않으려는 이유들이 등장하지는 않지만, 그 동물들이 우둔하고 말을 하지 않았던 것이 그 이유였다고 쉽게 가정할 수 있다. 그런데 이런 이유들은 사람이 태어날 때부터 발성기관을 갖고 태어나지만 말을 한다는 자체는 사람에게 결코 자연스러운 일이 아니며, 발성기관이 완전해지면 사회인이 최초의 상태에서 얼마만큼 멀어질 수 있는지 아는 사람들에게는 대단히 설득력이 약한 것이다. 이런 설명을 고작 몇 행으로 기록한 것을 보면 이들 동물이 얼마나 정확하지 못하게 관찰되었으며 어떤 편견으로 그들을 보았던 것인지 판단할 수 있다. 예를 들어 이들 동물은 괴물이라고 규정되었지만 그들이 번식한다는 점에는 다들 동의한다.[6]

루소의 주장은 분류학적으로 퐁고스와 엔조코스와 같은 존재를 인간종에 넣어야 하는가 아닌가가 문제가 아니라, "최초의 상태가 지각하고 감각하는 것"인 야만인들은 바로 이

• •
6. *Ibid.*, p. 210.

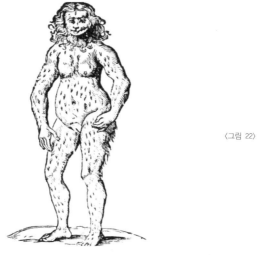

Figure 1. — L'ourang outang sive homo silvestris de Jakob de Bondt (1658).

점에서만큼은 "모든 동물과 전혀 다를 바가 없다"[7]는 것이다. 단순한 외관의 유사성과 반복되는 행동의 특징만으로 보았을 때 이들은 야만인과 크게 구분되지 않는다는 점은 사실이다. 그런데 루소는 사람들이 "퐁고스, 맨드릴, 오랑우탄이라는 이름의 짐승들"을 만들어낸 것과 "고대인들이 그런 존재들을 사티로스, 목신, 숲의 신이라는 이름의 신으로 만든 것"[8]이

● ●

7 . *Ibid.*, p. 143.
8 . *Ibid.*, p. 211.

〈그림 23〉

같은 방식이었음에 주목한다. 사회적 관습에 익숙하여 자신의
본성을 잊은 우리들이 자연상태에서 살아가는 존재들을 흔히
괴물이라고 부르지 않던가? 그렇지만 그런 존재들이 세상
어딘가에서 여전히 살아가고 있으니, 그런 존재들의 삶의 방식
을 연구해본다면 자연상태의 인간이 어떻게 살았으며, 현재의
우리와 어떻게 다른 방식으로 생존했는지 이해하는 데 도움이
되지 않겠는가? 그렇다면 그 괴물이야말로 우리가 비롯한
근원이자 원천이라고 해야 하지 않겠는가?

반면, 루소는 사회상태에서 우리가 만나게 되는 정말 두려운 괴물은 신체적이고 자연적인 기형을 가진 존재가 아니라, 인간의 조건과 특징을 초월하여 존재한다고 자처하는 폭군이라고 일갈한다. 이 전제군주는 자신의 임의적인 법으로 인민을 제 마음대로 짓밟는 존재이다. 루소에 따르면 사회계약은 결코 자연적인 것이 아니다. 그러나 모든 구성원이 자신의 전부를 양도하여 자연법과는 다른 사회의 법을 구성하고 이를 따르고자 할 때 이때가 바로 자연상태의 모방이자 지양으로서의 원시사회 상태이다. 그런데 이렇게 마련된 법과 질서를 '위반'하는 존재야말로 진정한 괴물이자, 사회에서 추방하지 않는다면 사회의 안전과 결속이 무너지게 되는 '악'인 것이다.『인간불평등기원론』2부의 루소의 추론을 살펴보자.

　사회적 조건과 재산이 극단적으로 불평등하고, 정념과 재능이 극히 다양하고, 쓸모없는 기술들, 해로운 기술들, 시시한 학문들로부터 이성, 행복, 미덕에 모두 반하는 수많은 편견들이 나올 것이다. 수장들이 함께 모인 사람들을 서로 떼어 놓으면서 약화시킬 수 있는 모든 것을, 사회에 겉으로만 화합하는 것처럼 보이게 하고 실제로는 분열의 씨앗을 뿌릴 수 있는 모든 것을, 다양한 신분에게 그들의 권리와 그들의 이익에 반하여 서로 불신과 증오의 마음을 심어 놓을 수 있는 모든 것을 조장하여, 결국 그들 모두를 억누르는 힘을 강화하는 모습을 보게 될 것이다.

전제주의가 단계적으로 저 끔찍한 대가리를 치켜들고 국가의 모든 부분에서 발견되었던 너무도 선하고 너무도 튼튼한 모든 것을 삼켜버려, 결국 법과 인민을 짓밟고 폐허가 된 공화국 위에 자리 잡을 때 그것이야말로 혼란과 격변들 한가운데에서 이루어지는 것이다. 결국 이러한 변화가 일어나기 직전의 시간들은 혼란의 시대, 재앙의 시대일 테지만, 결국 저 괴물은 이 모든 것을 하나도 남김없이 삼켜버리게 되고 그때 인민은 더는 수장도, 더는 법도 없이 폭군만을 갖게 된다. 이 마당에 풍속이며 미덕이 무슨 문제가 될 것인가. 전제군주가 지배하는 어느 곳이든 바로 이 순간부터 풍속과 미덕은 더는 문제가 되지 않게 될 것이다. 전제주의가 지배하는 어느 곳이든, 존경할 만한 것에는 희망이 없고, 어떤 다른 주인도 용인되지 않기 때문이다. 그가 말하는 순간 지켜야 할 의무도 따라야 할 올바름도 없다. 노예들에게 남은 유일한 미덕은 맹목적인 복종일 뿐이기 때문이다.[9]

위의 인용문에서 루소가 사용하는 표현들을 살펴보자. 사회

● ●
9. *Ibid.* pp. 190–191.

가 타락과 혼란$^{ce\ désordre}$에 이를 때 그것의 산물인 괴물이 그 끔찍한 머리$^{sa\ tête\ hideuse}$를 치켜드는 순간이 온다. 그 괴물은 "국가의 모든 부분에서 선하고 건강한 것을 먹어 치우고", "법과 인민을 짓밟"고, "결국 모든 것을 삼켜버"린다. 여기서 루소가 끌어오는 괴물의 이미지는 신화에서 가져온 것이다. 앞에서 보았듯이 르네상스 시기에 이성과 지식으로 무장한 영웅들이 옛 신화의 괴물을 징벌하고 추방하고 도륙하는 것을 찬양했다면, 루소는 그것과 정반대의 이미지를 제시한다. 무용한 학문의 발전이 인간의 정념과 이기심을 자극하면서 사회 내부에 어느 틈엔가 자라나 도사리고 있었던 무시무시한 괴물이 머리를 치켜들고 모든 질서를 짓밟게 되는 것이다.

늑대인간 루소

　루소는 전제군주와 폭군을 사회의 '괴물'로 규정하고 비난했지만 운명의 장난처럼 사회에서 루소를 괴물로 모는 일이 벌어진다. 『고백』에서 그는 "모든 잡지, 신문, 팸플릿이『에밀』의 저자를 불경하고, 무신론자에, 미치광이이고, 과격하고, 광포한 짐승이자, 늑대"[1]라고 선언했다고 탄식한다. 도대체 진리와 미덕의 옹호자였던 루소가 어떻게 사회로부터 괴물 취급을 받고 "만장일치의 합의로 추방되었"[2]는가? 도대체 이 철학의 시대에 누가 그를 '괴물'로 몰았는가? 무엇보다

● ●

1. Rousseau, *Les Confessions*, OC t. I, p. 591.
2. Rousseau, *Les Rêveries du promeneur solitaire*, OC t. I, p. 995.

루소의 '인간혐오misantrophie'의 태도가 천성적으로 사회를 싫
어한 원인이었으니, 그가 선택한 은둔과 고독의 삶은 숲속에
서 홀로 살아가는 늑대의 삶이나 다름없다고 간주되었다.
『대화』에서 루소의 옹호자를 논박하는 프랑스인이, 그의 대화
상대자가 숭배하는 장자크의 "마음에는 인간적인 면이 전혀
없으니까 늑대인간으로 살고 있는 것"[3]이라고 단언하는 것이
그 예이다.

따라서 후기 루소의 일련의 자서전은 그가 부당하게 뒤집어
쓴 '인간혐오자'이며 '늑대인간'의 오명을 벗기 위한 노력이라
고 하겠다. 그는 자연법에 따라 그와 같은 존재들과 함께 사회를
구성하며 살아가면서 서로 호의와 배려를 나누도록 태어난
인간의 본성에 반하는 '괴물'이 되어버렸다. "만장일치"로
괴물로 간주되어 사회에서 추방되어버린 루소는 자기에게
가해진 이러한 어처구니없는 오명이 자신의 적들의 교활하고
교묘하게 꾸며낸 "음모"의 결과였다고 단언하면서 그의 천성
과 품성을 잘 아는 사람들에게 도움을 구하고자 한다. 『대화』를
집필하기 직전인 1770년에 생제르맹 백작에게 보낸 장문의
편지는 나중에 『대화』에서 그가 논의할 입장이 유사한 표현과
어조로 이미 나타나 있다는 점에서 주목할 만하다.

• •

3. Rousseau, *Les Dialogues*, OC t. I, p. 787.

당신은 어디 계신가요? 용감한 이, 생제르맹 백작이여! 언제
가 되어야 저는 당신을 포옹하면서 뜨거운 용기로 차가워져버
린 당신의 몸을 덥힐 수 있을까요? 당신이야말로 제 가혹한
운명을 견디기 위해서 제게 없어서는 안 되는 분입니다. 세상
그 누구보다 사랑스러운 사람이 자기와 같은 사람들에게 다정
한 애정을 쏟은 대가로 그들의 공포의 대상이 되어버렸음을
깨닫게 되는 것만큼 끔찍하고 마음이 찢어지는 일이 도대체
있기나 한가요! 그러면서도 그런 광란의 원인이 무엇인지 도무
지 상상도 할 수 없으니, 그들의 광란을 자제시킬 방법도 없습
니다! 사악한 이들이 가혹한 적의를 품었기로서니 사람들이
전부 그런 미친 생각을 하게 되고 한 나라 전체가, 한 세대
전체가 마음을 돌려버리는 일이 어떻게 가능한가요?[4]

편지의 서두에서 루소는 자신의 친구에게 간절히 "어디
계신가요?"라고 묻는다. 그가 도움을 청하는 친구는 "용감한"
자이고, 어떤 부당한 음모를 앞에 두고서라도 그를 무한히
신뢰할 수 있는 사람이다. 루소는 그런 용감하고 충실한 친구가

• •
4. Rousseau, Lettre à Claude Aglancier de Saint-Germain(le 26 février 1770),
   Correspondance complètes, éd. R. A. Leigh, t. XXXVII, Oxford, Voltaire
   Foundation, 1980, p. 272.

지금 자신 주위에 없음을 한탄한다. 그에게는 지금 그를 껴안고 몸과 마음을 덥힐 수 있는 친구가 필요하다. 그의 잘못이라면 "자기와 같은 사람들에게 다정한 애정을 쏟"았다는 것뿐이다. 그런데 오히려 자신은 그 사람들의 "공포의 대상", 즉 괴물이 되어버렸다. 자기도 모르는 사이에 사람들은 자신을 "끔찍한 괴물의 모습"[5]으로 보고 있었다.

루소는 생제르맹 백작에게 도대체 자기의 잘못이 무엇이었는지 묻는 대신, 만에 하나 자신이 잘못을 저질렀다면 법정에 세워 시비를 가리고, 무엇보다 자신을 위해 변론할 기회부터 주었어야 하는 것이 아닌지 묻는다. 그러면서 그는 지금 자신이 놓인 상태가 그릇된 여론과 터무니없는 판결로 사형 선고를 받는 것보다 "백배는 더 가혹하다"고 외친다.

> 아니요, 저는 틀림없이 고소당하지 않을 것이고, 체포되지 않을 것이고, 심판받지 않을 것이고, 처벌받지 않을 것입니다. 반대로 사람들은 그런 척도 하지 않으면서 제 삶을 끔찍하고, 견딜 수 없는 것으로 만들고자 할 것입니다. 죽음보다 백배나 더 나쁜 상태로 몰아넣을 것입니다.[6]

. .

5. *Ibid*, p. 273,
6. *Ibid*., p. 283.

과연 루소가 말하는 "죽음보다 백배나 더 나쁜 상태"란 무엇인가? 루소가 생제르맹 백작에게 보내는 편지와 그 직후 『대화』에서 어처구니없게도 자신이 자기도 모르는 사이에 '괴물'이며, '늑대인간'이 되어버렸다고 끊임없이 반복하는 것을 그저 그가 처한 상태가 견디기 어렵고 부당하다는 볼멘소리로 치부할 일은 아니다. 특히 루소가 반복적으로 사용하는 '늑대인간'의 비유는 사실 의미심장한 것이다. 여기서 현대 철학자 조르조 아감벤이 『호모 사케르』에서 사회에서 추방당한 '늑대인간'에 붙인 주석을 기억해볼 필요가 있을 것이다. 아감벤은 고대 게르만 사회와 중세 사회의 공동체에서 추방된 자는 언제든지 살해당할 수 있었다는 점을 지적한다.

일부 게르만 및 앵글로색슨 사료들은 추방된 자를 늑대인간 ('바르구스', '베오울프', 라틴어의 '가룰푸스' 및 그것에 어원을 두고 있는 프랑스어 '루 가루')으로 규정함으로써 그가 처한 극한적 상황을 강조한다. 예를 들어 살리카 법과 리푸아리아 법은 "늑대인간 역시 추방된 자이다"라는 정식을 신성한 인간은 살해해도 좋다고 재가하는 "신성할지어다sacer esto"라는 주문을 환기시키는 의미로 사용하며, 또한 고해왕 에드워드의 법률은 추방된 자를 '울프스헤드'라고 정의하면서 늑대인간과

동일시한다.[7]

　'신성하다'는 말의 상반되고 모순되기까지 한 의미를 추적하는 아감벤은 이 표현이 신격화된 성^聖스러움은 물론 그렇기 때문에 언제든 살해당할 위험을 가진 존재의 표현임을 잊지 않는다. 위에서 아감벤이 지적했던 "신성할지어다"라는 표현을 루소가 『사회계약론』 초고에 실은 단편 「시민종교에 대하여」에서 찾을 수 있다는 것이 우연일까? 이 부분에서 루소는 "신에게 드리는 예배 의식과 법에 대한 사랑을 하나로 결합하고 시민들이 조국을 숭배의 대상으로 삼아 국가에 봉사하는 것이 곧 신에게 봉사한다는 것임을 가르치는" 사회를 신정정치 사회로 규정하며, 그 사회에서 "법에 복종하지 않는다는 것은 불경과 신성모독을 저지르는 것과 같고, 범죄인을 공개 처형하는 것은 신의 분노에 맡기는 것과 같다"고 말하면서 "신성할지어다sacer estod"[8]라고 썼다. 동일한 표현이 다른 초고에도 등장한다. "초기 로마 사람들에게서나 높이 살 수 있을 한 가지가 있다면 그것은 십이동판법으로 대역죄인들에 대해 단 하나의

• •

7 . Giorgio Agamben, *Homo sacer. Le Pouvoir souverain et la vie nue*, dans *Homo Sacer. L'intégrale. 1997–2015,* trad. Marilène Raiola, Eds. du Seuil, 2016, p. 96.

8 . Rousseau, *Du contrat social(1^e version),* OC III, p. 337.

방식으로 처벌을 규정한 것이다. 그 처벌에 공포를 느끼지 않을 사람이 없으니 그것은 '신성할지어다^{sacer estod}'라는 것이었다. 로마 인민이 공개적으로 내세우는 증오나 존중이 법으로 면제된 형벌이거나 보상이었음을 생각해보지 않고서 그들이 얼마나 덕성을 갖춘 인민이었는지는 상상도 할 수 없는 일이다.'[9] 로마인들에게 법을 통한 판결과 엄격한 형의 집행보다 더 두렵고 더 무서운 형벌은 그의 생사를 인간이 아닌 신에게 맡기는 것이며, 다시 말하면 시민으로서의 그의 신분을 박탈하여 공동체로부터 어떠한 보호도 받지 못하게 만들어버리는 것이었다. 아감벤에 따르면 그렇게 추방된 존재는 "짐승과 인간, 퓌시스와 노모스, 배제와 포함 사이의 비식별역이자 이행의 경계선"에 놓이면서도, "역설적이게도 이 두 세계 어디에도 속하지 않으면서 그 두 세계 모두에 거주하는 늑대인간처럼 인간도 아니고 짐승도 아닌 추방된 자의 삶을 살"[10]지 않을 수 없다.

따라서 루소가 『고백』, 『대화』, 『고독한 산책자의 몽상』으로 이어지는 일련의 자서전 작품에서 자신이 '괴물'이자 '늑대인간'으로 규정되어버렸음에 주목한다면 그의 '죄'가 사회공

● ●

9. Rousseau, *Fragments politiques*, OC III, p. 495.

10. Giorgio Agemben, *Homo sacer*, *op. cit.*, p. 97.

동체 내부의 법률적인 판결을 기대할 수 없는 성격의 것으로 간주되었으며, 따라서 그는 법에 따른 처벌이냐 무죄냐의 판단 외부에 서 있게 되었다는 점을 토로하는 것이다. 루소는 어떤 법적 절차도 없이 공동체로부터 추방되었고, 그렇기 때문에 언제든지 살해당할 위험에 처한 이중적인 의미의 '성스러운자 le sacré'가 되었다. 그는 정당하게든 정당하지 않게든 사형선고 를 받고 죽음을 기다리는 입장이 아님을 강변한다. 그는 살아 있으나, 삶을 애착하기보다는 차라리 죽음을 갈망하는 죽음보 다 더 가혹한 죽음의 상태, 즉 '물과 불이 금지된 유배' 상태에 놓인 것이다. 『백과사전』의 「유배」 항목에는 "로마인들에게 유배exilium라는 말은 엄밀하게 말해서 물과 불의 '금지' 혹은 '배제'를 의미했다. 그 자연적인 결과는 그렇게 형을 선고받은 사람이 물과 불이라는 두 가지 요소들 없이 살 수 없기 때문에 다른 나라에 가서 살지 않을 수 없게 만드는 것이다. [⋯] 족쇄, 치욕, 허기를 피하기 위한 일종의 피난처 말이다."[11] 그렇 지만 루소는 『대화』에서 이런 가혹한 로마법을 견뎠던 사람들 도 자신의 처지보다는 나을 것이라고 덧붙인다.

로마인들에게서 불과 물의 금지는 생명을 유지하는 데 필요

• •

11. L'Abbé Mallet, art. <Exil>, ENC. t. VI, 260a.

한 것과 관계가 있었는데, 이런 금지는 생명을 견딜 만하고 즐거운 것으로 만들어 줄 수 있는 것, 그러니까 명예, 정의, 진리, 교제, 애착, 평판 같은 것과 관계가 있겠군요. 로마인의 금지는 죽음으로 이끌었습니다. 그런데 이 금지는 죽음을 안기지는 않지만 죽음을 바라게 만들고, 오직 삶을 끔찍한 형벌로 만들기 위해 남겨집니다. 그런데 로마인의 금지는 재판을 거쳐 죄인에게 유죄 판결을 내리는 합법적인 형태로 적용되었습니다. 이 금지에서는 그런 것이 보이지 않습니다. 왜 그런 것이 빠져 있는지, 그것을 대신하는 것이 무엇인지 알고 싶습니다.[12]

로마법이 아무리 가혹했대도 재판이 합법적으로 이루어지고 판결에 따라 형벌이 정당하게 부과되었다면 진리의 순교자로서 그 판결을 따를 수도 있다. 그러나 루소가 견뎌야 하는 형벌은 재판도 없이 자신도 알지 못하는 사이에 부과된 것이므로 가혹하다. 물과 불이 금지된 이 유배의 상태에 놓인 그는 이제 어디로 가야 하는가? 루소는 프랑스에서 외국인이었을 뿐 아니라 조국 제네바에서도 추방되었으니 어느 쪽으로도 갈 수 없는 처지였다. 사회와 자연을 개념적으로, 역사적으로 갈라 세웠다고 비난받던 그였으니 세상 어디에서나 무국적자

• •
12. Rousseau, *Les Dialogues*, OC t. I, pp. 707–708.

로 살아가야 할 것이다. 생제르맹 백작에게 보낸 편지에서 루소는 "사람들이 저를 추방한 것처럼 보이지도 않게 하면서 사회의 이방인으로 만들어버렸"으며 "제 주위에 칠흑같이 어두운 암흑의 건물을 올리고 저를 산 채로 관棺에 넣어 묻어버렸습니다"[13]라고 말한다. 그의 유배가 가혹하다면 그것은 그가 어떤 곳이든 생존할 수 있는 곳으로 갈 수 있는 기회조차 부여받지 못한 채 그저 갇혀 있을 수밖에 없기 때문이다.

자신의 뜻과는 상관없이 인류의 적이 되어버린 그는 이제 이 개화된 철학의 세기가 야만의 시대로 후퇴하고 있음을 직시한다. 장터에 모인 필부필부匹夫匹婦들조차 터무니없이 기괴한 괴물의 존재를 더는 믿지 않는 시대에 그를 괴물이자, 늑대인간으로 몰아세우는 자들이 바로 소위 철학자들les Philosophes로 자처하는 이들이었다. 그들이 민중을 선동하여 어처구니없게도 그를 괴물로 취급해 법 밖으로 내쫓아 죽음으로 내몰았다.

[음모가들이] 고안해낸 가장 멋진 것 하나는 자신들의 목적
을 위해 우르스 거리에서 밀짚으로 된 스위스 사람을 불태우는

• •

13 . Rousseau, Lettre à Claude Aglancier de Saint—Germain, *Correspondance complètes*, *op. cit.*, p. 283.

연례행사의 관습을 이용한 것이었습니다. 그 민중 축제는 이 철학의 시대에 너무 야만적이고 우스꽝스럽게 보여 이미 무시되던 것이었는데 우리 신사분들이 바로 J.J.를 위해 부활시킬 생각을 하지 않았다면 완전히 없어졌을 겁니다. 그들은 J.J.의 모습으로 밀짚 인형을 만들고 그의 옷을 입혔습니다. 그리고 인형의 손에 반짝이는 칼을 들게 하고 인형이 요란하게 파리 거리를 돌아다니게 했습니다. 그들은 인형을 J.J.의 집 창문 바로 밑에 세우고 군중에게 잘 보이도록 수고스럽게도 얼굴을 사방으로 이리저리 돌리기도 했습니다. 그러는 동안 자비로운 해설자들은 원하는 죄목을 군중에게 들이대며, 뭔가 더 좋은 상황을 기다리면서 J.J.의 허수아비를 불태우도록 선동했지요.*

*나를 직접 불태우는 것에 대해서는 두 가지 불리함 때문에 그 신사분들이 기쁨을 느낄 수 없을 것이다. 첫째로 내가 일단 죽어서 불태워지면 더는 그들의 손아귀에 있지 않을 것이므로 그들이 나를 산 채로 고문하는 더 큰 기쁨을 잃게 되리라는 것이다. 둘째는 더 심각한 것으로서, 나를 불태우기 전에 적어도 형식적으로나마 내 이야기를 들어야 하리라는 것이다. 그들은 20년 동안이나 조심스럽게 음모를 꾸몄지만 아직도 그런 위험을 감수하리라고는 생각되지 않는다.[14]

루소는 자신의 모습으로 밀짚 인형을 만들어 치러진 모의 화형식을 그저 모욕적으로 받아들였던 것뿐일까? 그는 자신을 희생물로 하여 치러진 이 제의가 갖는 이중의 의미에 주목한다. 이 희생 제의를 집행하는 주체가 자신을 벌거벗겨 그의 상징적인 죽음을 선언해야 하는 이유는 무엇인가? 또한 이 희생 제의가 왜 반복되어야 하는가? 그것은 첫째, 그의 인형을 "부재하는 시신의 대체물"[15]로 삼아 비록 그가 아직 "살아 있지만 더는 살아 있는 자들의 세상에 속하지 않는다"[16]고 선언하기 위함이며 둘째, "아직 완수되지 않은 봉헌 의례의 대리 집행"[17]을 반복하면서 루소 자신은 물론 그의 입장에 동의하고 그의 삶을 옹호하는 『대화』의 '루소'와 같은 모든 이들을 동일한 운명에 몰아넣고자 하기 때문이다.

그런데 루소가 『고백』 이후, '괴물'이라는 선고를 받은 자신을 내세우는 것도 이중의 의미로 파악할 수 있다. 그는 자신을 "반은 인간이고 반은 짐승이며, 반은 도시에 그리고 반은 숲속에 존재하는 잡종 괴물로서의 늑대인간"[18]처럼 제시한다. 그런

14. Rousseau, *Les Dialogues*, OC t. I, p. 714. *의 내용은 텍스트 아래에 루소가 직접 붙인 주석이다.
15. Giorgion Agamben, *Homo sacer*, *op. cit.*, p. 89.
16. *Ibid.*, p. 91.
17. *Ibid.*, p. 92.
18. *Ibid.*, p. 97.

데 이러한 처지에 몰릴 빌미는 사실 그가 제공한 것이기는 했다. 그는 의식적으로든 아니든 어쨌든 야만인의 순수성을 강조했고, 사회가 설립되기 이전의 자연상태를 마치 그곳이 낙원이기라도 하듯 옹호하지 않았던가? 또한 사회와 학문과 예술을 타락의 형식으로 비난하지 않았던가? 문인들과 학자들의 적으로, 근대 절대왕정의 적으로, 르네상스 이후 유럽 문명의 적으로 자처하지 않는가? 그러므로 권력자들과 그들의 편에 선 철학자들이 자기에게 늑대 머리를 뒤집어씌워 인간 사회에서 추방하려는 것도, 그를 반인반수의 괴물로, 인류의 진보와 문명을 거부하는 괴물로 보는 것도 당연하다.

그러나 그를 괴물이자, 늑대인간으로 몰아세우는 자들은 도대체 어떤 사람들인가? 바로 이 세기 내내 민간전승의 괴물을 편견과 미신이라는 이름으로 몰아내고자 했던 바로 그들, '철학자들'이 아닌가? 루소가 끔찍한 괴물로 몰아붙인 전제군주이자 폭군에 헛되이 희망을 걸고 그들의 값싼 호의와 배려를 구걸하는 자들이 아닌가? 그들이 이제 어린아이들도 더는 믿지 않는 상상 속 괴물, 더는 두려워하지 않는 늑대인간의 이미지를 루소에게 뒤집어씌우고 있다.

앞에서 당신은 그가 사악하기 때문에 죄를 지었다고 하셨어요. 그런데 지금은 그가 죄를 지었기 때문에 사악하다고 하십니다. […] 그런 괴물에게는 평범한 죄인을 위해 마련된 죄를 확인시키는 형식을 따를 가치가 없다고 당신은 말했지요. […] 당신이 묘사한 괴물, 그런 괴물이 존재한다면 죄인의 확인과 무고한 사람들의 안전을 위해 확립된 어떤 조치도 고려해줄 가치가 없다는 점에 동의하겠어요. 그러나 그런 괴물의 존재를 확인하기 위해서는, 당신이 말하는 그의 행적이 정말 그의 것인지 완전히 확신하기 위해서는 훨씬 더 많은 조치가 필요할 겁니다. […] 게다가 그들이 즐겨 우리에게 제시하는 그런 괴물은 정말 이상하고 희한하고 모순되는 인물, 극도의 흥분에 빠질 때 만들어지게 되는 그런 상상의 존재라는 것을 인정하셔야 합니다. 그 괴물은 이질적인 부분들로 복잡하게 형성되어 있는데, 수많은 부분들이 조화를 이루지 못하고 모순되기 때문에 하나의 전체를 이룰 수 없습니다. 그런 기상천외한 집합이라는 것만으로도 그런 괴물의 존재를 부인할 수 있는 이유가 되는데, 당신에게는 그것이 확인도 하지 않고 인정하는 이유가 되는군요. 너무 죄가 많아서 그의 말을 들어볼 가치도 없고, 그는 너무 비정상적이어서 그의 존재를 의심할 수 없다는 논리인 겁니다.[19]

19. Rousseau, *Les Dialogues*, OC t. I, p. 746,

그렇다면 루소는 어떻게 괴물의 오해와 누명을 벗을 수 있을까? 이 착시로부터 자신을 제대로 봐줄 수 있는 사람을 찾기만 하면 된다. 그가 기이하고 특수한 존재인 것은 현대인들의 익숙한 시선으로는 그의 모습과 성격이 그렇게밖에 보이지 않기 때문이다. 그러니 보다 자연에 가까운 사람, 즉 자연의 눈으로 자신을 봐줄 수 있는 사람이 필요하다. 자연상태의 인간이었다면 그를 기이하지도 특수하지도 않게 생각했을 것이다. 괴물은 없다. 왜냐하면 자신의 습관과 의견을 지배적인 것으로 보는 사람들만이 자신과는 다른 사람들을 괴물로 정의하기 때문이다. 괴물은 자연의 위반이 아니라 사회의 타자 외에 다른 것이 아니다. 그러므로 내가 사회의 타자의 자리에 선다면 처음에 괴물로 보았던 존재는 더는 괴물이 아니게 된다. 루소는 자기를 직접 보러 찾아올 것을 권한다. 물론 그는 그들을 만나주지 않을 것이다. 어차피 마음을 정하고 자신을 볼 수 있는 다른 눈을 가진 그들을 아무리 설득한들 그들에게 자신은 여전히 괴물일 뿐이기 때문이다. 그러나 마음을 열고 자연의 목소리에 귀 기울일 줄 아는 사람이라면, 자기와 같은 그런 사람이 한 명이라도 있다면 그의 눈앞에 루소가 쓰고 있던 늑대 머리는 금세 떨어지고 그는 루소의 자연인으로서의 얼굴을 바로 볼 수 있을 것이다.

사드의 괴물

호의적이었든 악의적이었든 사드는 루소와 당대 유물론 철학자들의 이론을 교묘하게 뒤섞어 자신의 악한들에게 악의 원리를 만들어준다. 루소가 자연상태와 사회상태에는 근본적인 차이가 있으며, 자연상태의 인간이 완전한 독립과 자유를 누렸다고 주장했음은 주지의 사실이다. 그런데 사드는 사회제도의 설립에 따라 제정된 법과 그 법이 규정하는 금지를 자연의 위반이자 자연상태의 타락으로 본다. 이런 논리에서 자연상태의 인간이 가족과 공동체의 결속과 의무를 몰랐던 것이 '자연'을 따르는 것이라면 모든 금지와 터부는 자연의 위반이자 타락의 소산이다. 사회에서 공동체의 유지를 위해 권장되는 모든 가치는 '환상'일 뿐, 자연은 그런 환상을 인간에게 권유한

적이 없다.

아! 외제니, 미덕을 거부해야 해! […] 미덕이란 그저 환상일 뿐이야. 미덕의 숭배란 영원한 자기희생이고, 기질 때문에 품게 되는 생각에 끝도 없이 맞서 싸우는 것이라고. 그런 마음의 움직임들이 도대체 자유로울 수가 있겠니? 자연은 미덕을 짓밟으라고 충고하지 않더냐? 훌륭한 미덕을 가졌다는 말을 듣는 여자들을 믿으면 안 돼. 그런 여자들이 가진 정념은 우리들의 정념과 다르단다. 그 여자들은 다른 정념을, 그것도 훨씬 더 경멸받아 마땅한 정념을 갖고 있지… 야심, 오만함, 개인적 이익이 그것인 데다, 기질이 냉혈적이라 무엇에도 동하는 일이 없지. […] 그 여자들은 오직 자기애가 만들어내는 마음의 작용만을 따랐던 것이 아니냐? 그러니까 정념보다는 이기심을 따르는 것이 더 낫고, 더 현명하고, 더 적절한 것일까? […] 다만 정념의 목소리만을 듣는 사람이 확실히 더 이성적이다. 그 목소리만이 자연의 목소리란 말이거든. 반대로 이기심은 바보 짓이거나 편견에 불과하다.[1]

• •

1. Sade, *La Philosophie dans le boudoir*, *Œuvres*, éd. Michel Delon, t. III, Gallimard, Bibliothèque de la Pléiade, 1998, p. 26.

사드가 말하는 미덕은 개별자들이 갖는 특이한 성정의 발현으로 자연적인 감정과는 무관하다. 그는 확실히 지난 세기의 모럴리스트들이 구분했던 것과 같이 미덕la vertu과 호의la bien-veillance를 전혀 다른 감정으로 본다는 점에서 옳다. 인간의 이기심l'amour propre은 자기 자신을 실제의 모습이 아닌 더 우월한 모습으로 바라본다는 점에서 '환영l'illusion'과 같다. 자신을 타인보다 드높이는 나르시스적인 성향은 타인을 자신의 지배와 통제하에 두고자 하는 폭군적인 욕망에 쉽게 이른다. 『규방철학』의 생탕주 부인은 자신의 악행을 고스란히 가르치고자 하는 학생 외제니에게 "미덕은 환상에 불과"하다고 말하면서 이상적인 도덕 가치로서의 미덕을 타인과의 관계에서 자신의 우월성을 확보하려는 이기심의 다른 모습으로 강조한다. 자연 상태의 인간이 따르는 자기 보존의 원리는 자기희생이 아니라 자기 행복의 추구를 위한 것이다. 루소가 연민과 동정의 감정을 결코 자연스러운 것으로 보지 않았던 것도 이 감정은 결국 고통받는 타인의 자리에 자신을 둘 때 갖게 되는 '가상의 동일시'와 다른 것이 아니기 때문이었다. 사회가 설립된 뒤 재산의 불평등은 부자와 빈자의 차이를 극단적으로 만들었고 부자는 자연적인 감정에 의해서가 아니라 사회적인 필요에 따라 빈자에게 적선과 친절을 베풂으로써 그의 안전을 보장하고 사회적 종속관계를 강화한다. 미셸 들룅이 강조하듯 사드는 이기심을 인간 본성으로 보면서 이를 "패권적이고 폭군적인 자기의 확증"[2]으로 삼는 한편 이를 '자연의 법칙'으로까지 승격시킨다.

그러나 사드는 자연상태에서 사회 설립의 이행에 필요했던 측정이 불가능한 오랜 시간이며, 이 두 상태의 질적인 단절을 고려하지 않는다는 점에서 루소의 충실한 해석자라고 할 수는 없겠지만, 그가 악인들의 추론의 근거로 자주 루소의 체계를 이용한다는 점만은 분명하다. 『누벨 쥐스틴』에서 생트 마리 데 부아 수도원의 잔혹한 악인 실베스트르 신부는 수도원장 돈 세베리노에게 이기심만을 따르는 자신이 곧 '자연의 인간'이라고 말하며 이를 통해 그의 범죄를 합리화한다.

자연의 격정적인 도약은 대부분 사회에 위험한 것이다. 그래서 자연은 아주 당연하게도 그것으로 많은 범죄를 행했던 것이지. 그런데 사회의 법은 모든 인간을 대상으로 하고, 자연의 법은 개별적인 것이니, 더욱 선호될 만한 것이거든. 사람이 모든 사람을 위해 만든 법은 잘못될 수 있지만, 자연이 한 사람 한 사람의 마음에 개별적으로 불어 넣었던 법은 틀림없이

· ·

2. Michel Delon, "De La Rochefoucaud à Sade, la morale d'un immoraliste", dans *La Morale des moralistes*, textes recuillis par Jean Dagen, Paris, Honoré Champion, 1999, p. 214.

확실한 법이 아닌가. 물론 내 원칙이 가혹하다는 것은 알고 있어. 그 결과가 위험하다는 것도 말이지. 하지만 원칙이 정당하기만 하다면 도대체 무슨 상관이란 말이야! 나는 사회의 인간이기에 앞서 자연의 인간이야. 그러니 사회의 법에 귀기울이기 전에 자연의 법칙을 존중하고 따라야만 하지. 사회의 법은 자주 날 속일 테지만, 자연의 법은 결코 틀릴 수가 없어.[3]

"자연의 법은 개별적"이라고 주장하는 실베스트르 신부는 자연에 존재하는 개체의 특이성과 성벽性癖의 다양성을 강조한다. 다양한 개인차를 인정하지 않고 모든 사람을 획일적인 법에 따르게 하는 사회야말로 자연의 대척점에 있다는 것이다. 요컨대 사드에게는 사회의 법, 제도, 도덕, 풍속이 모두 '자연의 위반'이며, 여기서 개인들은 각자의 자연적인 성향, 즉 리비도를 억누른 채 살아갈 수밖에 없다. 그러므로 사드에게 '자연의 위반'으로서의 괴물은 사회의 관습과 합의에 동의하지 않고 범죄와 살육을 자행하는 존재가 아니라, 미덕과 선행으로 자신의 자연적인 성향을 숨기고 타인의 기벽을 관용하지 않는 자들이다. 이런 점에서 사드는 더는 루소 체계의 옹호자가 아니라 반대쪽 극단으로 나아간다. 가족 관계를 포함한 모든

• •

3. Sade, *La Nouvelle Justine*, *Œuvres*, t. II, *op. cit.*, p. 623.

사회적 관계가 합의로 세워진 것이라면 이보다 더 인간의 본성을 거스르는 것이 없다. 달리 말하면 사회 속의 모든 개인은 그들의 자연적인 성향을 간직하고 이를 실현하고자 하는 욕망이 있다. 문명화된 국가에서 멀리 떨어진 야만인들의 풍속과 도덕이 잔혹해 보인다면 그것은 그들이 자연의 원리에 보다 가까이 살아가기 때문이다. 실베스트르 신부 역시 자신의 "원칙이 가혹하다"는 것을 부정하지 않는다. 그러나 사회 속에서 개인들이 원래 누렸던 자유와 에너지를 잃고 인위적인 도덕과 제도에서 살아가는 것이 부당한 까닭은 자연으로부터 받은 개인들의 기벽이 단죄되기 때문이다. 사드의 악한들의 논리와 체계에 따르면 그 기벽은 '신성한 것'이며 어떠한 한계와 제약도 갖지 않는다.

사드가 루소를 벗어나 동시대 유물론자들의 체계를 수용하는 곳이 여기이다. 자연이 부여한 법칙을 따르는 것이 올바른 일이라면 살인과 살육 같은 중대한 범죄 역시 용인될 수 있는가? 사드는 거침없이 그렇다고 말한다. 자연은 스스로의 원리에 따라 모든 피조물을 만들어냈으며, 인간이 정념을 따르고 자기 이익을 추구하게끔 했으므로 인간이 이러한 자연법칙에 따라 타인을 희생하는 것도 허용된다. 자연이 부여한 생명에는 한계가 있고, 생명의 상실은 어떤 도덕률을 적용하더라도 선악을 판단할 수 없다. 육체는 죽은 뒤 부패하여 처음의 원소로

돌아가고 그 원소들은 다시 새로운 생명이 만들어지는 토대가
되기 때문이다.

　자연을 만드는 물질은 무엇인가? 생명을 갖고 태어나는 존재
는 무엇으로 구성되는가? 생명을 갖는 존재를 형성하는 세
요소는 다른 물체가 먼저 파괴된 후 나오는 것이 아닌가? 모든
개체가 영원히 살아간다면 자연은 새로운 개체를 만들 수 없게
되지 않을까? 자연에서 존재가 영원할 수 없다면 존재의 파괴
가 자연의 한 가지 법칙이 된다. 그런데 이러한 파괴가 자연에
게 유용한 것이고, 자연이 파괴를 절대적으로 필요로 한다면,
죽음이 마련하는 수많은 파괴 없이 자연은 결코 창조에 이를
수 없다고 한다면, 이 순간부터 죽음과 동일시했던 생명을
앗는 행위란 머릿속에서 이루어지는 상상이지 실제로 이루어
지는 일이 더 이상 아닐 것이고, 그 행위를 더는 확인할 수
없을 것이다. 생명을 가진 동물의 종말이라고 부르는 것은
실제적인 종말이 아니라, 단지 간단한 변형일 뿐이게 된다.
변형의 기초는 물질의 진정한 핵심인 영구운동이며, 모든 현대
철학자들이 이를 제일 법칙 중 하나로 인정하고 있다. 저 부인
할 수 없는 원칙을 따르면 죽음이란 형태의 변화, 한 존재에서
다른 존재로의 눈에 띄지 않는 이동에 불과하다.[4]

사드의 모든 저작을 관통하는 원리가 이와 같다. 그의 악인들은 "세상에 소멸하거나 파괴되는 것은 아무것도 없고 자연은 끊임없이 생성과 재생을 거듭"[5]하므로 살인과 같은 행위가 어찌 죄악이 될 수 있는지 묻는다. 이를 사드가 창안한 악의 체계로만 볼 수는 없다. 사드가 애독했던 돌바크의 『자연의 체계』는 "파괴와 재생산, 결합과 와해, 변용, 변화, 이행의 무한한 연속"[6]을 강조하지 않던가. "인간은 자연에서 특권적인 존재가 아니"[7]며 결국 죽음에 이르기 마련인 모든 "인간의 육체는 죽은 뒤 운동의 결합으로 그의 삶을 구성했던 운동을 산출할 수 없게 된 더미에 불과"[8]할 뿐이다. 디드로의 『맹인에 대한 편지』를 다시 인용해보자면, 맹인 기하학자 손더슨은 "최초의 인간의 후두가 막혔거나 적당한 음식물이 부족했거나 생식기관에 뭔가 결함이 있었거나 배우자를 만나지 못했거나 또는 다른 종에 자손을 남겼다면 인류는 어떻게 되었겠습니까? 우주 전체의 정화 작용에 끌려 들어갔을 겁니다. 인간이라 불리는 이 거만한 존재는 물질의 분자 속에 용해되어 흩어져

• •

4. Sade, *La Philosophie dans le boudoir*, *op. cit.*, pp. 144–145.

5. Sade, *Dialogue entre un pretre et un moribond*, *Œuvres*, t. I, *op. cit.*, p. 10.

6. D'Holbach, *Systeme de la nature*, t. II, Alive, 1999, p. 217.

7. *Ibid.*, p. 218.

8. D'Holbach, *Le bon sens*, §120, t. III, Alive, p. 270.

아마도 영원히, 존재의 상태로만 남아 있을 것입니다"[9]라고 말한 바 있다. 디드로가 여기서 말하는 "우주 전체의 정화작용"은 18세기 후반 유물론적인 '운명론le fatalisme'을 예고하는 정확한 표현이겠다. 생명과 성장과 죽음은 어떤 존재론적 가치도 갖지 않는다. 누구도 피해 갈 수 없는 이 생로병사의 과정은 자연에서 볼 수 있는 물질의 영고성쇠와 유비적인 관계가 있다. 그러나 사드와 동시대 유물론자들의 차이는 후자가 종교가 제시한 인생의 존재론적 가치를 따르는 대신, 자연의 유희와 우연의 과정을 실증적으로 이해하는 가운데 다양한 성향과 입장을 가진 개인들이 사회 속에서 조화를 이루는 '도덕정치 éthocratie'의 가능성을 탐색하는 것이라면, 전자는 사회에서 윤리와 도덕의 가능성을 애초부터 인정하지 않는다는 데 있다. 사드의 악한들이 정상과 비정상, 형상과 기형의 근본적 차이를 부정하는 곳까지는 동시대 유물론자들의 입장을 따르지만, 그는 이를 비정상과 기형의 우위를 선언하는 데까지 나아가면서 그들과 갈라서는 것이다.

파괴란 자연의 제일 법칙의 하나다. 파괴하는 그 누구도 죄인일 수 없다. 자연에 그토록 훌륭히 봉사하는 행위가 자연

● ●

9. Diderot, *Lettre sur les aveugles,* DPV, t. IV, pp. 50–51.

을 위반하는 것이 될 수 있겠나? 더욱이 인간이 잘못 생각하곤 하는 파괴행위란 것도 그저 환상에 불과하다. 살인은 파괴행위가 아니다. 살인을 저지르는 사람은 계속 형태를 바꾸는 것일 뿐이고, 능숙한 자연의 손이 사용하는 요소들을 자연에 돌려주어 자연으로 하여금 다른 존재로 금세 보상이 되게 한다.[10]

그러나 사드가 그 자신이 창조한 괴물들과 수미일관 같은 입장이었다고 보지는 말자. 동정과 연민의 감정을 모르는 무쇠심을 가진 사드의 악인들은 자연이 그들조차 파괴하고 무로 만든 후, 형태만을 바꾸어 세상에 다시 내놓으리라는 것을 알고 있다. 그들은 '자연의 원칙'에 순응하고 '자연에 봉사'한다는 미명으로 자신의 리비도를 극대화하고 악의 취향을 달래보지만 자연의 맹목적이고 가차 없는 힘이 그들조차 휩쓸어갈 수 있음을 잘 알고 있다. 그들은 자신의 무력하기만 한 운명을 극복하려 들기는커녕 잔혹한 자연의 사제가 되는 것으로 만족

· ·

10. Sade, *La Philosophie dans le boudoir, op. cit.*, p. 129. 그렇지만 이런 생각은 사드만의 것은 아니다. '자살의 문제'를 다룬 것으로 유명한 몽테스키외의 『페르시아인의 편지』(편지76)에서 우스벡은 "[자살이란] 물질의 형태를 바꿀 뿐이며, 운동의 제1법칙인 창조와 보존의 법에 의해 원형으로 만들어진 공을 사각으로 바꿔 놓는 것일 뿐"(Monte squieu, *Lettres persanes, Œuvres complètes*, éd. Roger Caillois, Bibliothèque de la Pléiade, t. I, 1949, p. 246)이라고 말했다.

한다. 그들은 자연을 숭배하고 복종하기 위해 사제가 되려는 것이 아니라, 자연이 가르쳐주는 유일한 교훈, 즉 이기심l'égo-ïsme을 실행하기 위해 그 임무를 맡는다. 사드에게 자연은 악이며, 징벌이며, 파괴의 동인이며, 자연의 사제가 된다는 것은 정확히 자연이 행하는 바로 그런 역할을 스스로에게 부여한다는 것이다. 그러므로 사드의 '종교'는 어떤 초월적인 존재도, 신성불가침한 교리도 갖지 않으며 지상의 에너지를 오로지 자신에게 집중하는 악의 실천과 같다. 이런 괴물과 같은 악인을 내세우는 사드는 자연에 대한 그의 증오를 숨기지 않는다. 그에게 자연은 끊임없이 조화와 균형을 유지하려는 존재론적인 신이 아닌 "냉혹한 지고의 존재Être suprême en méchan-ceté"[11]가 발현하고 작동하는 과정에 불과하다. 사드의 그 자연은 세상에 기형과 괴물의 존재만을 내보낸다. 바로 자기 자신부터 그러한 기벽과 누구와도 다른 취향을 가진 괴물이지 않은가. 『쥐스틴』의 클레망 신부는 그러한 기벽을 이렇게 정당화한다. "무슨 취향이라도 자연에서 받은 신체 구조를 따르지 않는 것이 없다는 걸 누구라도 절대 이해 못 할 거야. 제아무리

· ·

11. Philippe Sollers, *Sade contre l'Être suprême*, Gallimard, p. 66. 모리스 블랑쇼는 "단일한 존재, 그 부류에서 오직 유일무이한 존재라는 것은 주권의 기호(le signe de la souveraineté) 바로 그것이다"라고 썼다. (Maurice Blanchot, *Sade et Lautréamont*, Eds de Minuit, 1963, p. 31)

괴상하고, 제아무리 범죄적인 취향이라고 할지라도 말이지. 이렇게 가정하고 묻겠는데, 어느 누가 무슨 권리로 타인에게 취향을 고치거나 사회의 질서에 맞춰 조정하라고 감히 요청할 수 있을까? […] 우리가 지금 우리와는 다른 사람이 될 수 있겠느냐?"[12] 이러한 끔찍한 이론에 놀란 선한 쥐스틴은 "당신이 말하는 사람은 괴물일 뿐"이라고 응수한다. 그러나 사드의 악한은 그녀의 말을 받아 이렇게 답한다. "내가 말하는 사람은 자연의 인간일 뿐이야."[13]

• •

12. Sade, *Justine*, *Œuvres*, t. II, *op. cit.*, p. 261.
13. *Ibid.*, p. 269.

뷔퐁의 두 해석

— 퀴비에와 에티엔 조프루아 생틸레르

사드는 그저 선이 악으로 대체된 세계가 아니라, 그 둘이 평형을 이루는 세계를 그린다. 사드의 '괴물'이 순박한 존재의 박해자가 되는 곳은 언제나 그들의 성城이 됐든, 수도원이 됐든, 실험실이 됐든, 그들만의 닫힌 공간 속에서이다. 그 장소가 그들의 종교와 이념이 '순수하게' 논의되고 실천되는 곳이므로 그곳은 역설적으로 성聖스러운 공간이다. 다시 말하자면 보통의 인간은 그곳에 접근해서는 안 되고, 그곳의 사제들과 접촉해서도 안 된다. 그렇지만 사드의 불운한 주인공들은 '생명의 위협' 때문에 그쪽으로 다가간다. 그러나 그들은 그곳에서 상상도 할 수 없는 방식으로 다가오는 죽음을 기다릴 수밖에 없는 신세이다. 어떤 점에서 사드는 '질서'와 '미덕'의 위반을 옹호한다기보다는 질서 내부에 존재하는 무질서를, 미덕 내부에 존재하는 악덕의 이중적인 세계를 그려내는 것이다. 그러나 이런 세계가 단지 사드만의 세계인 것은 아니다. 18세기 후반의 자연사가이자 철학자인 장 바티스트 로비네는 『자연에 대하여』에서 자기 저작의 목적이 "모든 실체와 그 실체들의 모든 양상에서 선과 악이 평형을 이루고 있음"[1]을 보여주는 데 있다고 선언한다. 죽음이 삶의 외부에 놓이고, 이성이 정념의 바깥에 있는 것이 아니라, 삶 속에 그 삶을 비웃는 죽음이 도사리고 있고, 이성이 잠들 때 정념이 깨어나고, 미덕과 진리를 향한 인간 내부에 가공할 동물적인 어두운 힘이 끓어오른다. 그곳은 외부와 내부가 선명히 구분되는 곳이 아니라, 끊임없이 외부가 내부로 들어가고 내부가 외부로 드러나는 순환적인 곳이라고 하겠다. "분자들의 항구한 결합 대신에 우리는 분자 속에서 외부와 내부, 내부와 외부의 연속된 순환을 보아야 한다. 그 순환은 끊임없이 유지되지만 어떤 한계에 고정되어 있다. 그러므로 생명체는 죽은 실체가 연속적으로 들어서서 다양한 방식으로 그 실체들 사이에서 결합하고 그곳에서 한 자리를 차지하고 그 실체들이 그곳에 들어가 결합의 본성에 따라 결정된

• •

1. Jean–Baptiste Robinet, *De la nature*, t. I, Amsterdam, E. van Harrevelt, 1766, pp. vi–vii.

행위를 수행하게 되는 일종의 집foyers처럼 간주되어야 한다. 결국 언젠가 이들은 그곳에서 **빠져나와** 죽은 자연의 법칙을 따르게 된다.ᐟ² 이는 사드와 거의 동시대인이었던 비교해부학자 퀴비에의 말이다. 그러므로 미셸 푸코가 고전주의 시대의 '재현'에 '역사'를 도입했던 최초의 생물학자로 퀴비에를 언급하며 그와 사드의 '유사성'을 강조하는 것도 우연한 일은 아니다. "『소돔 120일』은 [퀴비에의] 『비교해부학 강의』의 부드럽고 경이로운 이면"³이라고 말할 때 푸코는 분명 과장하고 있지만 사실 이런 지적만큼 정확히 사드의 비관적인 세계를 단숨에 보여주는 것도 없을 것이다.

요컨대 '괴물'이라는 말이 갖는 모호한 의미는 그것이 한편으로는 동일성에 포섭되고 다른 한편으로는 차이를 극대화하기 때문이다. 요컨대 괴물은 '동일성'이 확보되지 않는 한, 그러니까 우리가 그 존재를 전혀 우리와 닮지 않은 존재로 받아들이는 한, 우리를 두려움에 떨게 하지도, 매혹에 차오르게 하지도 않는다. 사람들 사이의 동일성, 동물들 사이의 동일성, 사물들 사이의 동일성이 설정될 때 괴물은 그 잔여이다. 동일성이라는 구심력에 빨려 들어가지 않는 그 나머지가 괴물이

2. Cuvier, *Leçons d'anatomie comparée*, t. I, p. 4.
3. Michel Foucault, *Les Mots et les choses*, Gallimard, 1966, p. 290.

되는 셈이다. 반대로 동일성이 문제가 될 때 사정은 반대가
된다. 동일성이 흔들리게 될 때 그 안에 포함되었던 존재들은
원심력을 통해 밖으로 쏟아져 나가고, 이때 괴물은 더는 동일성
의 잔여가 아니라 차이의 과잉으로 넘친다. 동일성의 잔여라는
생각이 정상과 괴물을 구분하고 둘의 경계를 확정한다면, 차이
의 과잉이라는 생각은 모든 존재들을 동일한 평면에 늘어놓게
한다. 그런데 이는 벌써 뷔퐁이 『자연사』에서 개진한 생각이
다.

　인간의 신체를 모든 생명체의 신체적 모듈로 간주하여 그것
으로 모든 부분을 측정하고, 재어보고, 비교해본다면, 호흡하
는 모든 존재의 형태가 '거의' 동일하다시피 하며, 원숭이를
해부하면서 인간의 해부학을 마련할 수 있을 것이고, 다른
동물을 취해보아도 항상 동일한 구조의 근본, 동일한 감각,
동일한 내장, 동일한 뼈, 동일한 근육조직, 유기체 속에서의
동일한 운동, 고체 속에서의 동일한 작용을 찾아볼 수 있었다
는 것을 알았다. 모든 존재 속에서 하나의 심장, 정맥과 동맥을
찾아냈다. 순환기, 호흡기, 소화계, 영양, 배설을 담당하는 모든
기관 속에서, '거의' 동일한 방식으로 조립된 동일한 조각들로
구성된 단단한 건축물의 뼈대에서, 이 설계도는 항상 동일하
며, 인간으로부터 원숭이로, 원숭이에서 네발동물로, 네발동

물에서 갑각류, 조류, 어류, 파충류로 항상 이어진다. 나는 이 설계도가 인간의 정신으로 제대로 이해되었을 때 살아 있는 자연의 충실한 표본이요, 우리가 자연을 고려할 수 있는 가장 단순하고 가장 일반적인 목적이라고 말한다. 우리가 그 설계도를 확장하고 살아 있는 동물에서 식물로 연장시켜보려고 한다면 이 설계도가 처음에는 미세한 차이에 의해서만 다양하게 변할 뿐이고, 단계적으로 모습을 바꾸어 파충류에서 곤충으로, 곤충에서 벌레로, 벌레에서 식충蝕蟲류로, 식충류에서 풀로 변하리라는 것을 볼 수 있다. 비록 외적인 부분들 전체가 변질되었다고는 하나, 그럼에도 양분의 섭취, 성장, 재생과 같은 특징들은 모든 유기적 실체에 공통된 일반적인 특징들로서 동일한 내용과 동일한 성격을 보존하고 있다. 이 특징들은 영원하고 신성한 것으로, 시간이 흐른대도 지워지거나 파괴되기는커녕 계속해서 재생되고 보다 명확해진다.[4]

위의 긴 인용문에서 뷔퐁이 반복하는 유기체들 사이의 '동일성les mêmes'과 항상성toujours의 표현들 사이에서 이의 예외를 특기하는 '거의à peu près'라는 표현은 단 두 번에 불과하다. 물론 뷔퐁은 유기체들 사이에 차이가 전혀 없다는 과감한

• •

4 . Buffon, *Œuvres complètes*, éd. Flourens, t. IV, 1855, p. 15.

주장에까지 나아가는 것은 아니다. 그러나 이 인용문의 맥락에서 간신히 등장하는 두 번의 '거의'라는 표현은 어떤 '차이'가 있음을 강조하기보다는 이런 동일성 속에서 그 '차이'가 그저 사소한 차이에 불과하며 전체적으로 전혀 특별한 작용을 일으키지도 않는다는 점을 보여주는 것 같다.

그런데 뷔퐁은 위의 인용문에서 어떠한 '사실을 발견했다^{on} $_{trouvait}$'나 어떠한 사실을 '알았다$^{on\ voit}$'는 표현을 반복한다. 여기서 주어^{on}는 모든 사람들을 구분 없이 가리키는 것이 아니라 해부학자와 자연사가의 시선에서 그러하다는 내용으로 제한된다. 뷔퐁은 유기체들은 모두 동일하다고 확정적으로 말하는 것이 아니라 그 존재들이 해부학자와 자연사가에게 그렇게 보인다고 말하는 것이다. 신은 모든 유기체를 하나의 동일한 설계도를 놓고 창조하고 이들 사이에 서로 미세한 차이를 '단계적으로' 부여하기라도 한 것 같다. "이 시선을 확장하고자 한다면" 우리에게도 그러한 '설계도가 보이는 것'이다. 그러나 조프루아 생틸레르는 이 단일한 설계도가 실재한다고 확신한다. 우리는 자연 어디에서나 그 설계도에 따라 유기체가 형성되었음을 '이미' 알고 있다.

아가미 덮개 같은 오직 어류만 갖는 형태와 용도의 몇몇 부분들을 보면, 적어도 이러한 기이한 존재들을 형성할 때 자연이 다른 척추동물들을 만들 때 따랐던 설계도를 버리지 않았다면, 자연은 어류가 물속에 살 수 있게끔 하려고 그 동물들의 주요 기관들을 대단히 변화시키지 않을 수 없어서, 이 최초의 설계도로부터 단지 포착하기 어려운 이곳저곳에 산재한 어떤 특징만을 남겨두었던 것이라고 생각하게 된다. [⋯] 우리는 자연은 끊임없이 동일한 물질을 가지고 작업하며, 형태를 바꾸는 데에만 천재적일 뿐이라는 것을 알고 있다. 마치 실제로 자연이 최초로 주어진 것들에 복종했다면 우리는 자연이 항상 동일한 원소들을, 동일한 수로, 동일한 환경에서, 동일한 접속을 통해서 되풀이하는 경향이 있다는 점을 알게 된다. 한 기관이 기이하게 성장을 하게 되는 일이 벌어지면 그 영향은 이웃 부분들에게도 큰 영향을 준다. 그래서 더는 일상적인 발육에 이르지 못하게 되는 것이다. 그 부분들은 일반적인 설계도의 항구성을 보여주는 기초 기관들이다.[5]

"우리는 자연이 동일한 물질을 가지고 작업한다는 것을 알고 있다$^{on\ sait}$"는 언급은 이미 자연이 한 장의 설계도로 모든 개체들을 창조한 것이라는 확정적인 판단이다. 앞의 뷔퐁

. .

5. Isidore Geoffroy Saint–Hilaire, *Essais de zoologie générale, ou mémoires et notices sur la zoologie générale, l'anthropologie et l'histoire de la science*, Paris, 1841, p. 94.

의 인용문에서 뷔퐁이 자연사를 연구하면서 인간에서 유인원으로, 유인원에서 네발동물로, 네발동물에서 파충류로, 이런 식으로 식물에 이르기까지 공통된 특징이 단계적으로 전개되고 있다고 주장한 것은 사실이다. 뷔퐁은 이를 '단계적으로 변형된다se déformer par degrés'고 표현했다. 그렇지만 뷔퐁의 지적에서 그것이 형태적인 동일성을 말하는 것인지, 기능적인 동일성을 말하는 것인지 앞의 인용문에서는 분명하게 드러나지 않았다. 그렇지만 에티엔 조프루아 생틸레르는 "모든 동물의 계열은 단계적으로par degrés 가장 복잡한 유기 조직으로 상승"[6]한다는 점을 명확히 했다. 그에 따르면 "유기적 현상들을 산출할 수 있는 형성 방식은 단 하나뿐이다. 그 작용이 일찌감치 정지해서 더없이 단순한 동물이 생기거나, 이 작용이 가능한 힘을 끝까지 써서 더없이 복잡한 기관을 가진 동물이 생기거나 말이다. 사실 여기서 문제가 되는 것은 경이가 아니라 시간의 작용[…]이다. 이렇게 고려해본다면 더는 다양한 동물들은 존재하지 않는다. 동물들을 지배하는 현상은 단 하나뿐이다. 단 한 존재가 나타나는 것 같다. 그 존재가 존재하고, 동물계에 머무른다. 그 존재는 다양한 형태를 띠고 우리의

• •

6. Etienne Geoffroy Saint-Hilaire, *Principes de philosophie zoologique, discutés en mars 1830, au sein de l'Academie royale des sciences*, 1830, p. 21.

감각이 지각할 수 있는 추상적인 존재이다. 사실 그 존재는 함께 동화되는 주위의 분자들의 특별한 친화력의 조건에 따라 다양한 형태로 나타난다. 이런 무한한 영향력에 […] 뚜렷이 구분되는 무한한 배치가 대응한다. 그 배치로부터 세상에 퍼진 무수하고 다양한 형태들이 나오게 된다."[7]

그런데 앞의 인용문 바로 뒤에 뷔퐁은 원숭이와 인간의 넘어설 수 없는 차이를 강조한다. 원숭이와 인간의 해부학적인 형태가 아무리 동일해 보일지라도 이 둘을 같은 평면에 놓고 비교한다는 것 자체가 있을 수 없는 일이다. 뷔퐁은 "원숭이가 인간과 아무리 닮았다고 해도 동물은 동물이며, 원숭이가 인류의 아래 자리를 차지한다는 것은 터무니없는 일이고, 또 원숭이가 동물들의 질서에서 윗자리를 차지할 수도 없다"고 잘라 말한다. "원숭이를 인간과 비교하려면 다른 사다리, 보다 정확히 말하자면 다른 모듈이 필요"하며, 이런 점에서 원숭이는 "대부분의 동물들 이상으로 인간과 거리가 멀다."[8]

뷔퐁은 종들 간의 '단계적인' 형태적인 유사성을 상상했지만 그것으로 종들 사이의 질적 차이까지 부정하는 것으로 나아가지는 않았다. 조프루아 생틸레르의 동료이자 이론적 라이벌이

· ·
7 . *Ibid.*, p. 22–23.
8 . Buffon, *Œuvres complètes*, éd. Flourens, t. IV, p. 21.

었던 퀴비에는 종들 간의 경계를 허무는 입장에 단호히 반대했다. 세상에 존재하는 모든 종들 속에서 유사성과 동일성을 볼 수 있더라도 그것은 그들에게 더 주의를 기울이든 덜 주의를 기울이든 관찰하고 판단하는 인간의 관점이지, 자연 자체의 관점은 아닌 것이다. 그래서 퀴비에는 동물들 사이의 넘어설 수 없는 경계를 무시할 수 없었다. 경계가 정해진 한 동물의 집단에서 각 개체와 종은 기관들의 '기능'에 따라 판단하고 분류해야 한다. 구조들의 기능적인 차이를 무시하고 외관상의 동일성만을 강조해서는 안 되는 것이다. 그래서 퀴비에는 조프루아 생틸레르의 "구성의 단일성l'unité de composition" 이론을 거부하고 결코 동일시될 수 없는 네 개의 문門, embranchements을 설정했으니, 척추동물문, 연체동물문, 절지동물문, 해면동물문이 그것이다. 파리과학아카데미에서 퀴비에와 조프루아 생틸레르의 논쟁의 포문을 연 퀴비에의 『연체동물에 대한 고찰』에서 그는 생틸레르의 구성의 단일성 이론에 단호히 반대한다.

나는 이러한 구성이 부분들의 다양성과 풍부함에 대해서 동일한 방식으로 구성되지도, 동일한 설계도에 배치되었다고 말하고 싶지 않다. 반대로 나는 어떤 지점까지 척추동물에 공통된 설계도가 연체동물들까지 연속되지 않는다고 항상 주장해왔다. 나는 합리적으로 구성이 '하나'라고 말할 수 있다는 점을 받아들인 적이 없다. 그 구성을 하나의 문에서조차 취할 수 없을지언정 다양한 문들에서는 어떻겠는가.[9]

퀴비에는 1830년 2월에 과학아카데미에서 조프루아 생틸레르와 그의 제자들이 주장하는 '구성의 단일성'[10]은 결국 형태상의 상사성相似性, ressemblance 혹은 동일성identité으로 귀착한다고 본다. 그가 보기에 이러한 논의는 고대부터 내려온 동물학을 그대로 답습하는 것일 뿐 전혀 새로운 해석을 가져오지 못한다. 그에 따르면 조프루아는 "이 구성의 단일성도 동일성도 전혀 밝혀내지 못했고 새로운 원칙도 전혀 제시하지 못했다."[11] 조프루아는 두족류頭足類와 척추동물의 '구성의 단일성'을 "척추동물이 곡예사처럼 몸을 둘로 접어 등뼈의 두 부분을 맞닿게 한다면 머리가 발로 내려가고 골반은 목 뒤로 넘어갈 수 있으므로 [⋯] 두족류는 이렇게 접힌 척추동물과 같다"[12]는 주장을 편다. 그러나 퀴비에는 이러한 단순 비교는 조프루아 생틸레르

⦁ ⦁

9. Cuvier, *Considérations sur les mollusques*, 1830, p. 2.
10. 조프루아 생틸레르의 '구성의 단일성'의 문제를 들뢰즈의 관점에서 해석한 이찬웅, 『들뢰즈, 괴물의 사유』, 이학사, 2020, pp. 69-75를 참조할 것.
11. Cuvier, *Considérations sur les mollusques*, *op. cit.*, p. 8.
12. *Ibid.*, p. 10.

의 해부학적 무지를 증언하는 것에 불과하다고 비판한다.

벌어진 입이 접혀 있는 쪽이 목이 위치한 쪽이 되려면 포유류에서 볼 수 있듯이 식도가 이 부분과 간장肝臟 사이를 통과해야한다. 그러나 이 점에서 정반대이다. 식도는 우리가 배근背筋이라고 부르는 반대쪽에서 나온다.

심장과 호흡기의 위치에서 유사관계를 찾기 위해서는 이두 기관이 포유류에서 볼 수 있듯이 횡경막, 간장, 위장의 상부에 위치해야 한다. 그런데 이는 우리가 배근이라고 부르는쪽으로부터 나오게 될 텐데, [그의] 가설에서는 이를 복부라고부른다. 이 점에서 정반대이다. 아가미와 심장은 간장과 위장보다 머리에서 더 멀리 위치해 있고 그가 횡경막이라고 부르고자 했던 이 부분 아래에 있다. 이 부분에서 그는 요근과 유사한지주들을 발견하고 싶어 했지만 이는 […] 입의 근육과 다른것이 아니다.

굵은 혈관의 위치에서 유사관계를 찾으려면 주동맥과 주정맥이 두뇌가 있는 동일한 쪽을 따라 함께 나아가야 한다. 문어의 내장을 취하는 방향에서 동맥에서는 맞지만 정맥에서는정반대이다. 정맥은 정확히 반대 방향으로 뻗어간다. 이 점에서 정맥은 새로운 저자들의 입장에 부합하는 것 같지만, 정맥을 두뇌, 동맥, 식도, 간장, 아가미보다 선호할 만한 조절 장치라고 간주할 수는 없다. 정맥이 존재하는 반대쪽 상황은 단지 설계도의 동일성을 찾을 수 없는 더욱 분명한 증거일 뿐이다.

생식기관의 위치에서 유사관계를 찾으려면 이 기관들이 목에 접혀 있는 부분에서 저자들이 배근이라고 했던 부분으로 돌아오기 위해 이렇게 움푹 들어간 곳의 위치와 등을 맞대고 있어야 한다. 그런데 사실은 정반대이다. 이 기관들은 그들의 가설에서 복부와 배꼽으로 이어지게 될 부분 속에서 주머니로 바로 덮여 있다.

생식기관의 출구 속에서 유사성을 찾으려면 그 기관들의 구멍들이 포유류처럼 앞쪽에서나 어류처럼 옆쪽에서 항문과 이웃해 있어야 한다. 그러나 전혀 그렇지 않다. 적어도 암컷에서는 완전히 반대이다. 난관卵管은 항문에서 대단히 먼 곳에 위치한 아가미 옆에 열려 있다.[13]

퀴비에는 조프루아 생틸레르와 그의 제자들의 '단순한' 유사관계가 서로 완전히 다른 해부학적 구조를 갖춘 두 문門의 차이를 무시하고 있다고 본다. 퀴비에가 보기에 그들은 '구성의 일관성'이라는 검증 불가능한 가설을 내세워 세계 내 모든 피조물을 섬세하지 못한 눈과 정확하지 않은 도구를 이용해서

• •
13. *Ibid.*, p. 12-13.

연속시키는 것으로 만족하고 있을 뿐이다. 모든 피조물이 연속성을 가지므로 이들을 질서정연하게 한 평면에 늘어놓을 수 있다고 해도 그것이 자연의 비의에 더 가까이 나아가는 것도 아니고, 창조주의 입장을 더욱 옹호할 수 있는 것도 아니다. 프랑수아 자콥의 말대로 퀴비에는 "자연이 한 평면에서 다른 평면으로 도약"하며 "자연의 산물들 사이에 자연은 뚜렷한 간격을 남겨 놓았다"는 점을 강조한다. "연체동물과 척추동물은 부분들의 수에 있어서나 조직화에 있어서나 어떠한 유사성도 가지고 있지 않다. 연속성이 발견될 수 있는 것은 각 집단 안의 가지들을 살펴봄으로써 가능하며, 이 경우에 있어서도 이들은 선형적이지 않다."[14]

퀴비에와 조프루아 생틸레르의 입장의 차이에서 18세기 전반기 과학아카데미의 괴물논쟁과 유사한 논리를 발견할 수 있다는 점이 그저 우연일까? 능숙한 해부학자로서 뒤베르네와 윈슬로는 말브랑슈 철학에 기댄 레므리의 보고를 신뢰할 수 없었다. 그들은 태내에서 발생한 '우연'의 작용으로 괴물의 출현의 모든 양상을 전부 설명할 수 있기를 기대했던 레므리의 입장을 결코 채택할 수 없었다. 비전문적인 해부학자였던 레므

∙ ∙
14 . François Jacob, *La Logique du vivant. Une histoire de l'hérédité*, Gallimard, 1970, p. 124.

리처럼, 조프루아 생틸레르도 19세기 초 해부학의 대가였던 퀴비에와는 전문적인 논쟁 상대가 되기 어려웠다.[15] 조프루아 생틸레르가 주장하는 '구성의 단일성' 이론은 퀴비에가 보기에는 섬세한 관찰을 토대로 했다기보다는 당대 계몽주의 이념의 재현이자, 그것의 비과학적인 증명일 뿐이다. 지구상에 존재하는 피조물들을 연구하고 분류하고 질서를 부여하기 위해서는 형태상의 유사성에 집착하는 대신 유기체를 구성하는 부분들이 어떻게 상호작용하고 있는지 유기체 외부의 기준이 아니라 유기체 내부의 구조를 통해서 파악하지 않으면 안 된다. 퀴비에가 네 개의 상이한 독립적인 문[門]을 설정할 때 일견 이러한 주장은 배아의 선재이론에서 출발했던 뒤베르네와 윈슬로의 해부학적 형이상학에 접근하는 것처럼 보인다. 그러나 문이 하나가 됐든 네 개가 됐든 혹은 그 이상이 되든 자연에 존재한다고 믿고들 싶었던 연속성과 질서를 무너뜨리는 것은 아니다. 퀴비에에게 괴물은 이렇게 닫혀 있는 문들 사이의 차이와도 같다. 근본적으로 서로 다르게 조직되어 태어나고 자라나고 번식하는 여러 개체들은 서로 닫힌 다른 문들의 종에게는 괴물로 보일 수밖에 없다. 그러나 그 개체들은 각자의 환경과 집단에서 생존하고 번식하기 위한 '기능'에 따라 조직

· ·

15. Pierre Flourens, *De l'unité de composition*, 1865, p. 104 참조.

된 것이므로 퀴비에에게 괴물의 존재를 연구하고 분류하는 것은 큰 의미가 없다. 그 괴물이 기능적으로 조직된 방식에 따라 생존과 번식이 가능하다면 그 존재는 살아남아 새로운 '종'을 형성할 것이며, 그렇지 않다면 사라지고 말 것이기 때문이다.

근육의 힘이 최소한의 상황에까지 도움이 되지 않는다면 감수성이란 무엇일까? 촉지할 수 있는 대상들로 손을 뻗을 수 없다면 촉각이 무슨 소용일까? 머리나 눈을 원하는 대로 돌릴 수 없다면 어떻게 보게 되었을까?

기관들의 관계를 결정하고 형이상학적 혹은 수학적 법칙과 동등한 필연성에 속하는 법칙들은 바로 이런 기능의 상호 종속 성과 기능들이 상호 제공하는 이런 도움 속에 세워져 있다. 서로 작용하는 기관들 사이의 적절한 조화가 그들이 속하는 존재의 실존에 필요한 조건이다. 이 기능들 중 하나가 다른 기능들의 변형과 양립할 수 없는 방식으로 변형되었을 때 이 존재는 존재할 수 없을 것이다.[16]

따라서 퀴비에에게 괴물은 '존재할 수 없는 존재', 기능상의

16. Georges Cuvier, *Leçons d'anatomie comparée*, t. I, p. 50.

결함 때문에 생존이 불가능한 존재이다. 그들이 자연의 위반이라면 유기체를 이루는 기관들의 '수학적 법칙'을 터무니없이 벗어나 유기체 내부의 자율적인 통일성이 유지될 수 없기 때문이다. 그러나 어떠한 외적 형태가 우리에게 일으키는 놀라움은 결코 괴물과 정상을 분리하는 기준이 될 수 없을 것이다. 퀴비에의 정밀한 비교해부학적 작업에서 괴물의 문제가 무시되는 까닭을 여기서 찾을 수 있다. 그가 괴물의 문제에 관심이 없었다면 결국 괴물의 출현은 일시적이고 우연적인 까닭이다. 소위 형태상의 위반을 갖고 태어났어도 오랫동안 생존하고 충분히 자신의 생물학적 기능을 수행하는 존재를 괴물이라고 보아야 할까? 반면에 유기체 내부의 기능적인 결함으로 생존이 불가능한 존재들은 얼마든지 있었고 앞으로도 계속 출현할 것이다. 그렇다면 괴물은 이 둘 중 어느 쪽일까?

이지도르 조프루아 생틸레르의 기형학

퀴비에가 동물 구조의 기능에 주목하면서 단절된 문門 사이의 불연속성과 문 내부의 안정성을 강조한다면, 조프루아 생틸레르는 동물들의 무한에 가까운 변이와 다양성에 주목한다. 퀴비에가 종과 속의 개체들의 변이 가능성을 무시하지 않았대도 사정은 마찬가지이다. 자연이 지금 우리가 보고 있는 개체들을 창조할 때 한 개가 아닌 다수의 설계도를 이용했다는 사실을 어떻게 받아들일 수 있는가? 더욱이 최초의 개체에서 현재의 다양한 개체들이 갈라져 나왔다고 설명하는 것이 종의 다양성을 설명하는 더욱 합리적이고 더욱 진지한 입장이 아닌가? 앞서 잠시 언급했던 대로 에티엔 조프루아 생틸레르는 자연이 작용하는 법칙의 단순성la simplicité des voies에 뷔퐁의 동물의 원형le prototype 개념을 접합하고, 아울러 디드로와 보네의 존재의 연속la chaîne des êtres에 대한 입장을 수용하여 자신의 체계를 구성하고 있다. 이른바 존재들 사이에는 비약이 없고 '연속성'이 존재한다는 주장이다. 18세기 중반 트랑블레가 발견하고 보고하여 그 생태가 알려진 폴립polype이 그 대표적인 사례이다. 식물계와 동물계의 중간적인 지점에 놓인 생명체들이 존재한다는 점이 알려지면서, 과연 실제 자연에서 자연사가들의 인위적인 '분류'가 가능한 것인지 의심스러워졌다. 18세기 초 라이프니츠가 제시한 "존재의 연속성" 이론이 자연사가들에게 큰 반향을 일으킨 것도 바로 이런 상황에서이다. 근본 입장은 서로 달랐지만 이 시기 디드로와 샤를 보네는 "자연에는 비약이 없다"는 점을 공식적으로 내세웠다. 계와 종은 물론 개체들

. .

1. Charles Bonnet, *Contemplation de la nature*, t. I, Lausanne, Jean Pierre Heubach, 1770, p. 54. 이 생각은 라이프니츠에게서 가져온 것이다. 라이프니츠는 이를 '연속성의 원리(la loi de la continuité)라고 불렀다. "자연학에서 이 법칙의 유용성은 막대하다. 이것은 단계에서 뿐만 아니라 부분에서도 항상 중간을 지나 작은 것에서 큰 것으로 그리고 그 역으로 진행된다는 것, 그리고 운동은 결코 정지 상태에서 매개 없이 생성되지 않으며, 더 작은 운동을 통하지 않으면 정지 상태로 환원되지도 않는 것을 함축한다. 이것은 마치 어떤 더 짧은 선을 통과하기 전에는 결코 어떤 선도 어떤 길이도 완전히 통과해 지나갈 수 없는 것과 마찬가지이다." (Leibniz, *Nouveaux Essais sur l'entendement humain*, Paris, GF–Flammarion, 1990, p. 43; 『신인간지성론 1』이상명 역, 이카넷, 2020, 33쪽)

사이에도 동일한 두 존재가 있을 수 없으며, 이 모든 차이는 '단계적으로par degrés' 이어진다는 내용이다.

조프루아 생틸레르는 아리스토텔레스 이래 오랜 철학 전통이었던 이 문제를 자신의 자연사 이론에 적극 도입했다. 동물계는 물론 동물계와 식물계 사이의 경계에 이르기까지 모든 동물은 동일 평면에 늘어놓을 수 있다는 것이다. 물론 여기서 조프루아 생틸레르는 이들 존재 사이에 어떤 위계나 우월성을 전제하지 않는다는 점에서 디드로(와 사드)의 입장을 따른다. 더욱이 조프루아 생틸레르가 세상에는 오직 '하나의 동물un seul animal'이 존재할 뿐이라고 주장할 때 그는 디드로가 비판했던 모페르튀의 '(신)스피노자주의'로 귀결하는 것처럼 보인다.

> […] 여러 동물이 존재하는 것이 아니라 오직 하나의 동물만이 존재한다. 그 동물의 구성적인 부분들은 상이한 발육이 그들의 결합에 새겨 놓은 수많은 형태의 다양성에도 불구하고 필연적으로 모든 종에 동일하다. 이 결합물 자체, 즉 기관은 이름이 변해도 본성은 결코 변하는 일이 없다.[2]

• •

2. Etienne Geoffroy Saint-Hilaire, *Principes de philosophie zoologique, op. cit.*, p. 216.

자연의 요소들은 불변하며 이들은 서로 다양한 양상으로 결합하면서 원칙상 무수히 많은 존재들을 만들어낸다. 편의상 자연사가들은 이들을 여러 종과 속, 강과 목 등으로 분류하지만 자연의 어떤 존재도 선험적으로 이 분류에 정확히 들어맞는다고 볼 수 없다. 엄밀한 눈과 손을 지닌 비교해부학자였던 퀴비에와는 달리 조프루아 생틸레르는 뷔퐁 이후의 자연사가들, 특히 계몽주의 철학자들이 관심을 가졌던 실험의학과 생리학에 더욱 의존하고 있다. 그래서 퀴비에가 괴물의 문제에 소홀했던 점은 단지 이 주제에 대한 그의 무관심으로만 해석할 수는 없다. 결국 18세기에 괴물의 문제는 '존재의 연쇄' 개념과 떼려야 뗄 수 없는 관계이기 때문이다. 퀴비에는 유기체의 기능에 주목하면서 사소하거나 심각한 모든 변이형들variations 의 차이는 제외했다. 그렇지만 초점을 이 변이형들 혹은 개체들 사이에 다소 빈번하게 나타나는 괴물성monstruosités에 맞추고자 한다면 문제는 달라질 수밖에 없다. 변이형과 괴물성은 반드시 '기원'과 '정상'을 전제할 수밖에 없고, 기원이 되고 변질되기 이전의 어떤 '원형'적 존재를 가정할 수밖에 없기 때문이다. "한마디로 말해서 자연사가들의 법칙에는 예외가 있지만 자연의 법칙에 예외란 없다. 단일성 속에 다양성이 있고 다양성 속에 단일성이 있다는 유명한 표현처럼 모든 종은 그러한 원리가 유지되는 저 거대한 전체에 존재해야 하는 그대로 존재한다."³ 여기가 라이프니츠를 필두로 한 18세기의 이념 전체가 요약되어 있는 곳이다. 여전히 모든 변이형들이 원형에서 갈라져 나왔음을 인정하는 입장이 제시되어 있다. 더군다나 이런 점에서 18세기 초의 괴물논쟁에서 에티엔 조프루아 생틸레르의 아들 이지도르가 레므리의 입장을 높이 평가하는 것도 우연은 아니다. 괴물의 종자가 따로 존재하는 것이 아니라 수많은 외부적이고 환경적인 요인에 따라 원칙적으로 무수히 다양한 형태의 존재가 나온다는 점을 강조하는 것이다. 다음이 이지도르 조프루아 생틸레르가 그의 기념비적 저서 『비정상의 일반적이고 개별적인 역사』의 전제prolégomènes의 도입부이다.

모든 종toutes les espèces의 동물 중에서도 특히 인간과 인간이 기르는 가축은 대단히 다양한 환경에 널리 퍼져 살고 있으며, 변형을 일으키는 셀 수도 없이 많은 인자들의 작용을 받지 않을 수 없으므로 신체 기관에 따른 형태와 크기가 무궁무진한 다양성을 따를 수밖에 없다. 동일한 개체le même individu라도 이를 서로 다른 두 세대에 걸쳐 지켜보거나, 심지어 계절이 바뀔 때 지켜보아도 눈에 확 띄는 수많은 차이들이 나타난다. 그렇지만 이렇게 다양한 가운데에도 한 종을 이루는 모든 개체

• •

3 . Isidore Geoffroy Saint Hilaire, *op. cit.*, t. I, p. 27.

들 대다수가 공통으로 갖는 특징들의 집합이 존재하기 마련인
데, 우리는 그러한 공통적인 특징들의 집합을 '종의 유형le
type spécifique'이라고 부르겠다.

　종의 유형에서 조금이라도 벗어나거나, 한 개체를 그것이
구성하는 종, 연령, 성별에 따른 모든 개체들과 비교했을 때
그 개체의 신체 기관에서 조금이라도 특이성이 보일 때 우리는
그것이 '비정상Anomalie'을 이룬다고 말하겠다.[4]

이지도르 생틸레르는 자신의 저작을 '모든 종'이라는 말로
시작한다. 어떤 예외도 없고, 인간 역시 마찬가지이다. 여기에
'대단히 다양한très divers', '수많은 변형의 원인들un grand nombre
de causes modificatrices', '대단히 많은 다양성une multitude de varia-
tions'이 덧붙는다. 어떤 종도 예외 없다는 점에서 이는 유기체
전체를 지배하는 '단일성'을 가리키고, 그 종에 속한 어떤
개체도 서로 같지 않다는 점에서 그 단일성은 원칙적으로
무한에 가까운 '다양성'에 종속된다. 더욱이 이런 단일성과
다양성의 관계는 동물계의 고정성이라는 퀴비에의 입장을
완전히 거부하고 있을 뿐 아니라, 모든 유기체의 과거, 현재,
미래의 '역사'를 설명하겠다는 야심을 갖고 있다. 세상에 똑같

• •

4 . *Ibid.*, p. 21.

이 닮은 두 개체가 없으며, 개체들은 서로 단계적인par degrés 차이를 보이며 하나의 스펙트럼 위에 위치해 있다. 더욱이 이러한 관점은 어떤 동물의 원형에서 시작되어 고등 동물까지 이어지는 종의 통시성과, 가장 복잡한 동물에서 시작해서 식물계와 맞닿아 있는 가장 단순한 동물까지 연속되는 종의 공시성을 동시에 충족시켜줄 수 있다는 점에서 큰 의미가 있다.

아울러 이러한 관점은 종들 간의 차이와 개별적인 존재들의 일탈les écarts을 설명할 수 있다는 장점도 갖는다. 조프루아 생틸레르 부자에게 '괴물성monstruosité'이란, 자연의 질서에 대한 위반이 아니라 모든 개체가 더 혹은 덜 갖고 있는 차이들을 말한다. 조프루아 생틸레르 부자에게 괴물성은 자연의 다양성을 가능하게 한다는 점에서 긍정적인 것이며, 괴물성을 지닌 개체들의 연구와 분류를 통해 한 종에 속한 소위 정상적인 개체들의 본성에 더욱 가깝게 다가갈 수 있을 것이다. 그런데 자연 속의 모든 개체가 전부 다르고 다소간의 괴물성을 갖추고 있다면 그것은 비정상이라고도, 괴물이라고도 말할 수 없는 것이 아닐까? 그래서 이지도르 조프루아 생틸레르는 흔히 특별한 구별 없이 혼동해서 썼던 일탈déviation, 기형difformité, 신체상의 결함vices de conformation, 비정상anomalie과 괴물성monstruosité 등의 용어를 구분해야 한다고 생각한다. 특히 그는 비정상과 괴물성이라는 말을 선호하면서 기존에 이러한 존재

들에게 덧붙곤 했던 자연의 진기함bizarrerie de la nature, 무질서dé-
sordre, 불규칙성irrégularité 등의 표현을 자제하기를 바란다. 뒤의
표현들은 통상ordinaire, 정상régularité, 질서ordre를 전제하는 '가
치론적axiologique' 의미를 자연스럽게 갖기 때문이다. 오히려
그에게 괴물은 심리적인 특징을 가진 단어로 표현된다는 점이
특이하다. 그는 비정상이란 '엉뚱한insolite', '익숙하지 않은in-
accoutumé'5 것을 가리키는 것에 불과하다고 보는 것이다. 그러
므로 이지도르 조프루아 생틸레르의 '기형학'의 이념은 명백
하다. "유기적으로 형성된 것들 중 법칙에 따르지 않는 것이
없고 [⋯] 자연의 어떤 산물에도 적용될 수 없는 것은 없"6으며,
"동물학에서 이러한 [기이한] 종들에는 진기함이며, 불규칙한
것이 전혀 없다. 그런 종들을 보고 우리가 놀란다면 그것은
이들을 검토할 때 편견이나 판에 박힌 생각들이 끼어들기
때문이다."7 이 점에서 조프루아 생틸레르는 "자연은 부정확한
것은 결코 만들지 않는다"고 했던 디드로의 생각을 정확히
따른다.

'괴물성monstruosité'이라는 말을 특히 현대의 저자들은 '비정

· ·
5. *Ibid.*, p. 27.
6. *Ibid.*, p. 26.
7. *Ibid.*, p. 27.

상Anomalie'이라는 말과 같은 의미로 사용했다. 이런 관점에서 본다면 종의 유형type spécifique에 일어난 경미한 손상에서 가장 심각한 손상에 이르기까지 조금이라도 손상이 일어나면 그것은 괴물성이다. 신경이나 혈관의 분맥分脈이 신기하게 착생된 것에서부터 생존을 불가능non-viabilité하게 만들거나 가장 중요한 신체 기관의 형태, 배치, 구조, 수數, 연관connexions을 변화시키는 비정상에 이르기까지 전부 괴물성인 것이다.

반대로 다른 저자들은 '괴물성'이라는 말의 의미를 아주 좁게 해석해서 더없이 심각하거나 더없이 뚜렷한 비정상les anoma-lies les plus graves ou les plus apparentes의 경우만 인정한다. 본 저작에서 나는 이들 최근의 해부학자들의 입장을 따라서 그들처럼 괴물성과 종의 유형을 벗어나는 경우를 구분할 것이다. 그 이유는 내가 그들과 마찬가지로 정상 상태l'état normal나 다름없는 존재들을 괴물이라는 이름으로 정말 부르고 싶지 않아서이기도 하지만, 특히 비정상을 여러 대분류에 따라 나눈다면 이는 비정상이지만 가장 심각하지 않은 것과 비정상으로 가장 심각한 것, 즉 괴물성 사이에 존재하기 마련인 해부학적 관계들의 본성 자체가 그러한 분류를 필요로 하기 때문이다.[8]

· ·
8. *Ibid.*, pp. 21-22.

이런 관점에서 이지도르 조프루아 생틸레르는 '비정상'적인 존재들은 아래의 도표[9]로 구분해볼 수 있다고 주장한다.

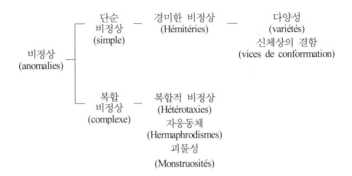

단순비정상은 신체 기능상 전혀 문제가 없고 유전이 되지 않는 것(다양성)과 약간의 기능상의 문제가 있고 유전이 되는 것(신체상의 결함)으로 구분할 수 있고, 복합비정상은 해부학의 관점에서 외관상 정도가 심하지만 기능상의 문제가 전혀 없는 것(복합적 비정상), 신체 기능이 상당히 불가능하고 그것이 속한 종과 외관상으로 상당한 기형의 형태를 갖는 것(괴물성)으로 구분한다.[10] 한편, 자웅동체의 경우에는 이러한 구분에 딱히 자리 잡을 곳이 없으므로 복합비정상에 별도의 자리를

9. *Ibid.*, p. 26.
10. *Ibid.*, p. 24.

마련한 것이다.[11]

그런데 조프루아 생틸레르에 의한 비정상의 네 개의 부문, 즉 단순비정상, 복합비정상, 자웅동체, 괴물성의 구분은 "복잡한 정도와 심한 정도complication et gravité"[12]를 어떤 기준으로 판단해야 하는가의 문제를 먼저 해결해야 한다.

이런 [네 가지] 구분이 필요하거나 적어도 유용하다는 점을 이론적으로 확립한 것으로 충분한 것은 아니다. 네 가지의 구분이 어떤 성격에 기인하는지 살펴보았으므로 이 구분을 위해서 관찰이 용이한 어떤 외부적인 성격들이 있는지 지적해 보도록 하자.

이미 살펴본 바와 같이 심각하지 않다고 말할 수 있는 비정상이 있다. 생명 유지에 필수적인 신체 기관들이 비정상이지만 경미한 변형, 다시 말하면 변형이 표면에서만 이루어진 경우일 때 말이다. 이때 그다지 중요성이 떨어지는 이들 기관들의 위치가 바뀌거나 크기가 감소되거나 증가될 수 있을 뿐 아니라 기관들의 수가 두 배가 되거나 완전히 사라질 수도 있다. 그 결과 이들 사이에 존재하는 기관이 어떤 것인지, 크게 중요하

• •

11. *Ibid.*, p. 23 참조.
12. *Ibid.*, p. 34.

지 않다고 간주되는 기관들의 존재 조건은 어떤 것인지 일반적인 방식으로 결정하는 일은, 경미하다고 말할 수 있는 비정상이 어떤 것인지, 정말 심각하다고 볼 수 있는 다른 비정상들은 어떤 것인지 일반적인 방식으로 결정하는 일일 것이다.[13]

요컨대 신체 기관에 일어난 '변형'과 '일탈'이 괴물성을 결정짓는 요소가 아니라, 그것이 개체나 종의 '생존conservation'에 관한 기능을 수행하여, 이 기능의 완수가 생명의 보존에 필요불가결할 때 이를 '괴물성'과 관련시켜야 할 것이다. 무엇보다 이지도르 조프루아 생틸레르가 강조하는 것은 유기체 전체가 각 부분과 갖게 되는 연쇄 관계이다. 외적 형태의 독립적인 기형은 생존은 물론 유기체의 변형에 큰 영향을 끼치지 않을 경우도 있다. 그러나 아무리 사소해 보이는 부분의 기형이라고 해도 그것이 유기체 전체를 완전히 무너뜨릴 수 있다는 점을 기억해야 한다.

여러 개의 기관들이 끝과 끝을 맞대어 자리하는 경우가 있다. 예를 들면 사지四肢를 구성하는 서로 다른 뼈들이 그런 경우이다. 그 다수의 기관들이 서로 결합되어 있고, 기관들 전체가

· ·
13. *Ibid.*, p. 40.

일종의 사슬을 형성하고 그 뼈들 하나하나는 사슬을 이어주는 고리가 된다. 이 사슬의 말단 중 하나를 이루는 뼈들 중 하나 혹은 여럿이 사라지거나 수가 두 배가 되는 경우보다는 사슬의 중간 부분을 연결하는 사슬고리 하나가 사라지거나 수가 두 배가 되는 경우가 더 심각한 비정상임이 틀림없다. 예를 들면 손가락을 이루는 지골指骨 하나 혹은 여럿이 없더라도 다른 지골, 장골掌骨은 말할 것도 없고 흉곽의 다른 국부적인 기관들 전체는 그대로 정상적인 조건을 보존하는 데 문제가 없지만, 이와는 반대로 상박골上膊骨이 없는 경우에는 사지 전체가 심한 변형을 겪게 되리라는 것은 쉽게 알 수 있다. 팔을 이루는 뼈가 사라졌을 때 상박을 이루는 뼈들도 역시 사라지든지, 요골橈骨과 척골尺骨은 그대로 남는다고 봐야 하든지 둘 중 하나 이다. 이 경우 이 뼈들은 원래 자리 잡곤 하는 자리에 그대로 남아서 사슬이 끊어지고 사지 전체가 당연히 변형을 겪게 되든 지, 견갑골肩甲骨과 연결되어 자연에 반反해 연동하게 되든지 둘 중 하나일 것이기 때문이다.[14]

그러므로 괴물의 문제는 그저 정상에 반하는 존재에 대한 반감이나 놀라움으로 그치는 대신 세상에 존재하는 모든 다양

14. *Ibid.*, p. 42.

한 종들과 변이형들을 더 잘 이해할 수 있게 해주는 데 없어서는 안 되는 지식의 체계를 구성한다. 왜냐하면 비정상의 문제는 단지 국부적인 기형으로 그치는 것이 아니라 개체와 종이 그 기형의 상태로부터 변화하고 적응하는 개체와 종의 역사 전체에 대한 지식을 전제로 하기 때문이다. 모든 개체와 종은 생존을 위해 외적인 조건과 내적인 조건을 내재화하면서 변화를 겪게 마련이다. 그런 변화의 과정은 일방적일 수도 없지만, 그렇다고 무한한 무질서에 내맡겨져 있는 것도 아니다. 이지도르 조프루아 생틸레르는 "단일성 속의 다양성, 다양성 속의 단일성"[15]이라는 18세기의 표어를 염두에 두면서 그의 아버지

· ·

15. "단일성 혹은 총체성은 필연적으로 다수의 부분들을 전제한다. 그리고 이 다수성에는 다양성이 있기 마련이다. 그래야 사물이 우리에게 아름답게 보이게 된다. 단일성에서도 그렇지만 다양성에는 무수한 단계들이 있다. 어떤 대상의 단일성이 아무리 완전할지라도, 그 대상의 부분들이 아무리 많을지라도, 그 부분들이 모두 동일하다면 그 작품은 전혀 아름답지 않거나 거의 아름답지 않다." (Johann Georg Sulzer, *Nouvelle théorie des plaisirs,* 1767, s.l., pp. 79–80) 라바터 역시 다음과 같이 말한다. "오 신이여! 얼마나 크신 힘과 얼마나 선한 마음으로 당신을 인간에게 계시하신 것입니까! 인간의 육체여! 보다 완전한 아름다움, 보다 화려한 의복을 어디에서 찾을 수 있단 말입니까! 다양성 속의 단일성이여! 단일성 속의 다양성이여! (Unité dans la variété! Variété dans l'unité!) 인간의 육체는 고상하고 완전한 통일성을 가질 때 얼마나 멋진 모습인가! 얼마나 우아한 모습인가! 얼마나 정확한 균형인가! 모든 부분들과 모든 사지들이 얼마나 대칭적으로 배치되어

가 제시한 '구성의 단일성'의 기획을 보다 확장해냈다. 이제 괴물은 정상의 어둠, 정상적인 존재의 반대쪽에 놓인 존재가 아니라 생명체의 구성의 역동성이 현재화된 것이며, 모든 유기체의 과거, 현재, 미래의 흐름 위에 놓여져, 개체와 종의 무한한 변화의 가능성에 대한 탐색의 조건이 된다. 이러한 맥락에서 이지도르 조프루아 생틸레르는 괴물에 대한 정의를 자신의 방식으로 새롭게 내린다.

• •

있는가! 또 얼마나 놀랄 만한 다양한 모습이던가! 항상 하나이며 항상 다양하다. 부드럽고 우아한 층위에서 유쾌하게 진동하기라도 하는 듯하다!" (Johann Caspar Lavater, *La physiognomonie ou l'art de connaître les hommes d'après les traits de leur physionomie*, trad. H. Bacharach, Paris, Gustave Havard, 1845, p. 2) 다음은 빅토르 쿠쟁의 입장이다. "식자든 무식자든 사람들치고 세상에 지속적인 조화가 있다는 것을 보지 못하는 이들이 있습니까? 세상이 조화롭게 운동한다는 것을 부정할 수 있습니까? […] 세상이 조화롭게 운동하지 않았다면 세상은 그만 무너지고 말 것이기 때문입니다. 그런데 조화라는 것은 무엇입니까? 조화는 단일성을 전제로 합니다. 조화는 단일성만을 전제하는 것일까요? 그렇지 않습니다. […] 단일성은 조화를 만들어낼 수 있지만 조화는 아니기 때문입니다. 조화에는 벌써 다양성이 존재합니다. 더욱이 다양성과 단일성에는 어떤 관계가 있습니다. 완전한 척도 속에는 단일성과 다양성의 결합이 있습니다. 바로 이것이 조화와 세상의 삶이라 하겠습니다. […] 세상을 아름답게 만드는 것은 단일성과 다양성의 이러한 긴밀한 결합입니다." (Victor Cousin, *Cours de l'histoire de la philosophie*, Paris, Didier, 1841, pp. 148–149).

결국 괴물성les monstruosités이란 종의 유형에 일어난 복잡하고, 대단히 심각하고, 결함을 가지고, 외적으로 명백하고, 태어날 때부터 가진 변형變形, déviations이다.

그러한 변형이 나타난 존재들만을 '괴물monstres'이라고 할 수 있다. 이들 역시 […] 자연의 방법의 원칙과 형태들이 적용될 수 있고 적용되어야 하는 존재들이다.[16]

일탈déviation이란 말 그대로 '길voie'에서 벗어났다는 것이다. 이지도르 조프루아 생틸레르가 이 용어를 탈선écart과 변성abérration[17]이라는 다른 단어와 나란히 두는 것도 같은 의미에서이다. 그래서 괴물의 신체는 방향direction과 위치position가 유기체가 일반적으로 따라 나가는 길과 비교했을 때 다소 차이가 있다. 그러나 그 어느 정도의 '차이'를 일탈로 볼 것인가? 이 점에 이지도르 생틸레르는 '상당히 심각한' 정도라고 답한다. 생명 활동을 유지하고 해당 기관이 다른 기관과 함께 생명 현상을 유지하는 데 심각한 어려움을 겪게 하는 정도에 놓여야 한다. 그러나 괴물은 자연에 반하는 존재이기는커녕, 여전히 자연의 "원칙과 형태들의 적용"을 받을 수 있는 존재들이다.

• •

16 . *Ibid.*, p. 58.

17 . *Ibid.*

반면, 상상할 수 있는 이상의 외적인 기형성을 갖고 있더라도 그것이 생명 활동과 생명 현상을 방해하지 않는다면 그 존재는 '괴물성'을 가졌다고 판단할 수 없다. 괴물은 어디에 있는가? 그 존재는 정상이라고 판단된 존재들의 과거의 모습이었거나, 미래에 나타날 수 있는 모습의 존재이다. 그러므로 괴물의 연구는 정상의 연구 반대쪽에 있는 것이 아니라 소위 정상들의 '역사'의 연구와 '미래'에 대한 조망 속에 자리 잡는다.

자연의 위반에서 자연의 유희로

괴물의 역사에서, 더 정확히 말하면 괴물에 대한 논의의 역사에서 18세기는 특이한 시대이다. 이 시대의 많은 지식인들은 괴물에 대한 언급을 삼가려고 애썼다. 중세를 거쳐 르네상스 시기까지 흔히 '괴물'이라고 불렸던 존재들이 사실 우리의 상상력 속에서 얼마나 과장되고 부풀려졌는지 깨닫기 시작했기 때문이다. 과거에 괴물이라고 생각했던 존재가 고작 다소 멀리 떨어진 대륙에 살아가고 있는 이색적인 종에 불과하다는 점이 밝혀졌을 때, 그 존재는 더는 호기심을 일으키지 못하게 된다. 더욱이 이 지식의 세기에 괴물을 신의 계시로 바라보는 해석은 낡은 신학이 마지막으로 붙들고 있는 미신이나 편견과 다른 것이 아니었다. 그런데 이런 생각은 학자들이나 문학공화국République des lettres의 식자들에게 국한된 것이 아니었다. 장터의 민중조차 괴물의 존재를 더는 믿지 않았다.

그렇지만 18세기가 그런 시대였다고 해도, 괴물에 대해 말하지 않을 수 없는 순간이 있다. '정상'과는 다른 기이한 모습의 '괴물'들이 태어나는 것이다. 그때 괴물의 출현은 이중적으로 충격을 주었다. 질서 있게 운동하고 있는 우주의 원리를 밝혀낸 시대에 간헐적으로 마주치게 된 괴물은 형이상학과 자연학의 안정적인 체계로 설명이 어려운 약한 고리와 같았다. 예전이었다면 괴물의 출현에 이러저러한 해석을 가하는 것으로 그만이었다. 산모의 상상력이든, 타락한 풍속이든, 이종교배의 결과든, 악마의 개입이든 이유야 얼마든 댈 수 있었다. 그러나 18세기가 되면 이런 해석은 대개 불가능해졌다. 괴물의 출현을 설명하는 보다 합리적이고 보다 체계적인 이론이 필요했지만, 이제 갓 시작된 해부학, 생리학, 생물학, 분류학으로는 적절한 답을 찾을 수 없었다.

그러나 이 시대는 이전 세기에 기록된 괴물의 보고로 만족하지 않고 직접 자기 눈과 손으로 그 존재를 보고, 그리고, 서술하고, 해부하고, 실험하게 된 시대이다. 그리고 그 결과는 더욱 참혹했다. 겉으로 보이는 괴물의 끔찍한 모습에도 불구하고 그 내부만을 놓고 본다면 정상과 괴물의 차이가 그다지 크지 않음을 깨닫게 되었다. 지식의 증가와 확산을 특징으로 하는 이 빛의 세기에 괴물은 너무도 다양한 지식의 스펙트럼을 통해 분광되기라도 하는 것 같았다. 이제 괴물이란 정상과 본성상 차이가 없는 다양성의 산물일 수밖에 없는 것처럼 보였다. 한 부모에게서 난 아이들의 모습과 성격이 제각각 다른 것처럼, 정상과 괴물에는 질적인 차이가 아니라 다소 가볍거나 다소 심각한 외관상의 차이가 있을 뿐일지도 몰랐다.

그렇다면 내 눈앞의 이 존재를 나와 같다고 해야 할 것인가, 나와 다르다고 해야 할 것인가? 여기서 의견이 갈라진다. 내가 보고 있는 이 존재는 어떤 질적인 차이도 없는 나와 같은 존재인가, 아니면 어떻든 나와 다른 존재인가? 괴물의 문제는 결국 '그것을' 바라보는 나의 판단을 전제로 한다. 어떤 존재가 괴물인 것은 그것을 바라보는 '내'가 괴물이라고 판단하기 때문이다. 그때 주체의 시선은 저 괴상하게만 보이는 존재 앞에서 망설이게 된다. 저 존재를 나와 같다고 보기 위해서 나는 내 시선을 내게로 되돌려야 한다. 괴물을 괴물이라고 선언하기 위해서 나는 내가 누구인지부터 밝혀야 하는 것이다. 내가 가졌거나 가지지 않은 무엇이 나와 그 존재를 가를 수 있는 조건이 되는지 판단해야 한다. 어떤 존재를 머리가 둘이거나 눈이 하나이기 때문에 괴물이라고 부른다면 나는 머리가 하나이고 눈이 둘인 존재를 '나'라고 파악하는 것이다. 그런데 그것이 '나'라는 자의 본질인가? 내가 나이기 위해서 절대적으로 갖춰야 하는 조건이 고작 그런 것인가?

그래서 18세기에 괴물의 문제에 대해 말할 때 신중할 수밖에 없다면, 그것은 도대체 나를 '나'이게 하는 것이 무엇인지 지금까지 몰랐다는 점을 깨닫게 되었기 때문이기도 하다. 형이상학은 이 문제에 대해 아무런 대답도 해줄 수 없었다. 내 몸이 어떻게 구성되어 있는지도 모르고, 내가 어떻게 사유하는지도 모르고 있음을 18세기 사람들은 진지하게 받아들였다. 완전하다는 것이 무엇인지는 안다. 그것은 우리가 가진 모든 속성들을 부정하기만 하면 쉽게 얻을 수 있는 개념이기 때문이다. 나는 언젠가 죽으므로 유한한 존재이고, 나는 쉽게 감각의 착각에 사로잡히므로 내 지식은 결함을 가질 수밖에 없고, 나는 동시에 여러 곳에 있을 수 없고, 여러 시대를 동시에 살 수도 없으므로 내 이해의 범위는 엄격히 제한되어 있다. 인간이 완전성이며 완전한 존재라는 개념을 갖는 것은 자신의 이런 한계 너머를 상상해보았기 때문이다.

그렇지만 있는 그대로의 나 자신은 어떻게 규정할 수 있으며, 그렇게 판단할 수 있는 기준은 무엇일까? 가장 손쉬운 방법은 이번에는 앞서 말한 완전성을 극단적으로 '결여'한 존재를 상상해보는 일이다. 나는 완전성을 사유할 수 있는 동시에 그 완전성을 전적으로 결여한 존재들 사이에 있다. 구원이 아니면 전락이다. 구원이 완전성을 향해 나아가 결국 육체와 정신이 '하나'가 되는 일이라면, 전락은 이 둘의 간극이 절대적으로 넘어설 수 없게 되는 사건일 것이다. 괴물이 이 전락의 은유로서 재현되는 까닭이 여기 있다. 숭고한 정신에 어울리지 않는 육체나, 아름다운 육체에 어울리지 않는 타락한 정신을 가진 존재가 괴물이다. 『트레부 사전』(1771)은 괴물의 형용사형 '괴물 같은monstrueux'을 "떨어져 있어야 할 것이 붙어 있거나 붙어 있어야 할 것이 떨어져 있는" 상태라고 설명한다. 여기서 괴물의 의미는 그저 신체적인 결함을 가진 존재뿐 아니라 정신적인 결함을 가진 존재를 가리키는 말로 넓어진다. 디드로의 라모가 괴물인 것은 그의 음악적 재능과 미적 감식안이 그의 도덕과 완전히 분리되어 있기 때문이고, 사드의 악한들이 괴물인 것은 떨어져 있어야 할 미덕과 악덕을 하나로 붙여 놓았기 때문이다. 자기 보존과 쾌락의 추구라는 개인의 선을 위해서 타인의 자유와 생명을 희생시킬 수 있는가, 라는 질문에 그들은 주저 없이 그렇다고 대답하니 말이다.

물론 디드로의 라모와 사드의 악한들을 반박하기란 쉽다. 이들의 기행奇行과 궤변에 즉각 반감이 들기만 한다면 말이다. 그렇지만 라모와 대화하는 철학자 디드로도, 사드의 주인공들에게 희생당하는 순박한 주인공들도 그 괴물들이 내세우는 논리에 무력한 듯 보인다. 그들은 마치 두려움에 발이 떨어지지 않는 악몽을 꾸듯, 길길이 날뛰며 그들 앞으로 다가오는 괴물들을 바라보고만 있을 뿐이다.

그러므로 괴물은 밤의 세계이며, 악몽의 위협이다. 한낮의 평화로움이 뒤이어 들어설 동요와 혼란의 불길한 전조일 뿐이라면, 규칙적이고 불변하는 질서의 차분한 외관 아래에 무질서한 다른 세계가 사납게 들끓고 있는 것이라면 어쩔 것인가. 그래서 저 아래의 세계가, 이성의 힘이 미치지 못하는 심연의 공간으로부터 질서와 평온을 단번에 뒤집어엎는 어떤 가공할 힘이 언젠가 솟아오른다면 어쩔 것인가. 그래서 18세기 후반의 문학작품들에 상투적일 정도로 자주 등장했던 화산폭발의 비유가 이런 두려움의 소산이었음을 이해하기는 정말 어렵지 않다.

잠잠한 산봉우리에서 불현듯 터져 나오는 불길처럼, 평온한 질서의 베일을 찢고 나타나는 괴물은 그래서 질서의 위반이기에 앞서 우리가 이해하지 못했던 질서의 이면이 돌출하는 사건과도 같다. 그렇게 출현한 괴물을 마주했을 때 마음속에는 이중적인 정서가 새겨진다. 생각과는 달리 너무 쉽게 무너져 내린 질서 앞에서의 공포이자, 형이상학의 폐허 위에서 과거의 질서를 추억하는 노스탤지어가 그것이다. 공포가 직접적인 자극이라면 노스탤지어는 반성적인 의식이다. 괴물은 '그것'을 바라보는 주체로서의 나를 압도하는 동시에 나로 하여금 '그것'을 나의 내부로 이끌어가도록 하는 '미끼leurre' 같은 것으로 작동한다. '그것'이 틀림없이 내게 줄 두려움과 반감을 예상하여 시선을 다른 데로 돌리지만 그것은 여전히 내 시선을 자기 쪽으로 끌고 간다. 내가 그것을 보든 안 보든 내 시선과 의식은 이미 그쪽을 향해 나아가고, 그 앞에 멈춰 서 있다.

그러나 그렇게 내 앞에 나타난 괴물은 짧은 공포의 시간이 지나면 벌써 연민의 대상이 된다. 이제 괴물은 신체적으로나 정신적으로 극단적으로 자유롭지 못한 존재, 자신의 몸에 갇혀 그 밖을 지각할 수 없는 가련한 존재의 모습으로 나타난다. 그때 느끼는 '연민'은 그 괴물의 모습에 내가 가진 결함과 서글픈 운명을 비춰볼 때 드는 감정이며, 나는 그 존재를 통해 내가 잊고 있었던, 혹은 잊고자 했던 내 자신의 모습을 바로 보게 된다.

확실히 18세기 후반이 되면 괴물은 자연의 위반이기보다 자연이 마련한 놀라운 다양성의 증거로 간주되었다. 그러면서 정상과 비정상, 형상과 기형을 나누는 절대적인 표지는 사라지고, 이 둘의 차이는 내재화되었고, 주관적인 것이 되었다.

그래서 이 시기에 괴물의 정의에 중요한 변화가 일어났다는 점이 더는 놀랍지 않다. 앞에서 보았듯이 할러는 괴물을 "통상적인 구조와 동떨어졌기 때문에 보면 놀라게 되고 자연학자의 주의를 끌게 되는 구조를 가진 모든 동물"로 보았고, 이지도르 조프루아 생틸레르는 "저속한 사람들이 바라볼 때 놀라움을 주는 존재"로 정의했다. 괴물이냐 아니냐를 판단하는 기준을 엄정한 객관성이 요구되는 과학의 영역으로 넘겼으니, 이제 능숙한 해부학자의 손과 매서운 분류학자의 눈만이 괴물이냐 아니냐의 여부를 결정할 수 있다.

그렇지만 어떤 점에서 괴물을 바라보는 관점이 변화했대도 여전히 괴물에 대한 두려움은 남아 있다. 분명 18세기는 괴물의 존재를 부정하는 시기라고 해야 할 것이다. 더 정확히 말하자면 예전에 알려진 괴물이란 존재하지 않음을 강변하는 시대였다. 그렇지만 동시에 18세기만큼 괴물의 본질, 형태, 패턴에 대해서 열렬한 논의가 벌어진 세기도 없다는 점을 기억하자. 다른 의미로 18세기 지식인들에게 괴물은 마치 강박관념처럼 존재하는 것 같다. 한쪽은 늘 괴물에 대해 말하고 다른 한쪽은 괴물에 대한 언급을 애써 피하고자 한다. 볼테르, 뷔퐁, 퀴비에는 괴물의 언급을 최대한 자제했지만 그들과 달리 괴물은 모페르튀, 디드로, 조프루아 생틸레르 부자를 평생 사로잡은 주제였다.

괴물을 언급하지 않고자 했던 이들은 '괴물'이라는 말이 가질 수밖에 없는 미신과 편견의 개념이 이 개화된 과학의 시대에 어울리지 않을 뿐 아니라 오랫동안 그 말이 가졌던 형이상학과 신학의 의미가 되살아날 것을 두려워했다. 조프루아 생틸레르 부자가 그들의 새로운 학문을 명명할 때 라틴어

대신 그리스어에서 취한 *téras*를 가지고 '기형학la tératologie이라
고 한 까닭도 여기에 있다.

　18세기는 분명 괴물을 지식의 영역에서 제거하고 추방하고
자 했지만, 그런 노력을 기울이는 중에도 괴물이 다시 모습을
드러내기 시작한다는 점은 의미심장하다. 낭만주의 예술이
지식의 영역에서 추방된 괴물을 상상력의 영역에서 되찾는
것이 그 예이다. 『크롬웰』 서문에서 빅토르 위고는 "기형,
추, 그로테스크는 결코 예술의 모방의 대상이 될 수 없다"고
주장하는 고전주의자들에 맞서 "그로테스크는 곧 코미디이고,
코미디는 필경 예술의 한 분야"[1]일 뿐 아니라 "그로테스크는
드라마의 지고한 아름다움의 한 가지"임을 역설한 바 있다.
위고에 따르면 "미는 단지 한 가지 유형일 뿐이지만 추에는
수천 가지 유형이 있"고 "미가 완전하기는 하지만 인간처럼
제한된 전체를 제공한다면, 이와 반대로 추는 우리가 파악할
수 없는 엄청난 규모의 전체를 제공하며, 이것은 인간이 아니라
고스란히 천지창조와 어울릴 만한 것"[2]이다. 그러므로 미와
추, 정상과 기형, 이성과 정념, 영웅과 괴물의 위계질서를 전복

‥

1. Hugo, Préface de *Cromwell,* in *Critique, Œuvres complètes,* sous la dir.
　Jacques Seebacher et Guy Rosa, Paris, Robert Laffont, coll. Bouquins, 1985,
　p. 17.
2. *Ibid.,* p. 13.

하고자 했던 낭만주의 예술에는 르네상스 시대에 상상했던 괴물보다 더 끔찍하고 더 잔혹한 괴물이 넘쳐난다. 그렇지만 이제 우리가 보는 괴물은 고대 신화 속 괴물이 더는 아니다. 과거의 영웅들이 가공할 괴물을 물리치고 정복했다면, 이제 주인공들은 끊임없이 괴물에 시달리고, 괴물과 동화되기까지 한다. 18세기 내내 관찰하고 해부하고 분류했던 괴물들이 이제 일부는 해부학의 대상으로, 일부는 발생학의 대상으로, 또 일부는 정신현상을 다루는 과학의 대상으로 흡수되었다. 과거에 괴물이 자연의 위반으로 규정되어 자연 속에서 제 자리를 찾지 못했다면, 이제는 자연 속에 간혹 등장하는 그다지 특별할 것 없는 사건으로 간주되었으니 지식의 세계에서 또다시 추방되기는 마찬가지이다. 그러나 이렇게 추방된 존재들은 일몰의 세상이 되면 끊임없이 경계를 넘어 우리 안으로 밀려들어 온다. 18세기 말, 고야의 판화 제목처럼 "이성이 잠들면 괴물이 깨어나는" 것이다.

참고문헌

■ 19세기 이전의 문헌

Bordeu (Théophile de), *Œuvres complètes*, Paris, Caille et Ravier, 1818, 2 vol.

Bonnet (Charles), *Considérations sur les corps organisés* (1762), Fayard, 1985.

―――― *Principes philosophiques*, Neuchatel, S. Fauche, 1770.

Buffon (Georges Louis Leclerc de), *Œuvres complètes*, éd. Flourens, Paris, Garnier, 1853, 12 vol.

Burke (Edmond), *Recherche philosophique sur l'origine de nos idées du sublime et du beau*, trad. Baldine Saint Girons,

Paris, Vrin, 1998.

Cuvier (Georges), *Leçons d'anatomie comparée*, Paris, 1800–1805, 5 vol.

Descartes (René), *Œuvres complètes*, éd. Charles Adam et Paul Tannery, Paris, Vrin, 1996, 11 vol.

Diderot (Denis), *Œuvres complètes*, éd. H. Dieckmann, J. Proust et J. Varloot, Paris, Hermann, 33 vol parus.

Haller (Albrecht von), *Sur la formation du cœur dans le poulet*, Lausanne, Bosquet, 1758, 2 vol.

—— *Eléments de physiologie*, trad. H. Bordenave, Paris, 1769.

Hartsoeker (Nicolas), *Essay de dioptrique*, Jean Anisson, 1694.

Holbach (Paul–Henri Thiry d'), *Œuvres philosophiques complètes*, éd. par Jean–Pierre Jackson, Paris, Editions Alive, 1999, vol. 3 (parus).

Kant (Immanuel), *Critique de la faculté de juger*, trad. Fernand Alquié, Paris, Gallimard, coll. Folio, 1985.

Le Guay (André–Pierre, dit de Prémontval), *Du Hazard sous l'empire de la Providence, pour servir de présérvatif contre la doctrine du fatalisme moderne*, Berlin, J. C. Kluter, 1755.

Leibniz (Gottfried Wilhelm), *Essai sur la théodicée*, éd. par

J. Brunschwig, GF Flammarion, 1969.

La Mettrie (J. O. de), *Œuvres philosophiques*, éd. par F. Markovits, Paris, Fayard, 1987, 2 vol.

Macquer (Pierre–Joseph), *Dictionnaire de Chymie*, Paris, Lacombe, 1766.

Malebranche (Nicolas), *Œuvres complètes*, éd. Geneviève Rodis–Lewis, Paris, Vrin, 1967–1984, 20 vol.

Maupertuis (Pierre–Louis Moreau de), *Œuvres*, Lyon, J.–M. Bruyset, 1756, 4 vol.

Needham (John Turberville), *Nouvelles recherches sur les découvertes microscophiques et la génération des corps organisés*, Londres, Paris, Lacombe, 1769, 2 vol.

Montaigne (Michel de), *Les Essais*, éd. Pierre Villey, PUF, coll. Quadrige, 2004.

Montesquieu (Charles–Louis Secondat de), *De l'esprit des lois*, éd. par Laurent Versini, Gallimard, Folio, 1995, 2 vol.

Pluquet (André–Adrien), *Examen du fatalisme, ou Exposition & refutation des différens Systèmes de Fatalisme qui ont partagé les Philosophes sur l'origine du Monde, sur la nature de l'Ame, & sur le Principe des Actions humaines*, Paris, Didot & Barrois, 1757, 3 vol.

Régis (Pierre−Sylvain), *Cours entier de philosophie ou Système de philosophie*, Amsterdam, 1691, 3 vol.

Rousseau (Jean−Jacques), *Œuvres complètes*, éd. Marcel Raymond et Bernard Gagnebin, Gallimard, Bibliothèque de la Pléiade, 1959−1995, 5 vol.

Sade (Donatien Alphonse François), *Œuvres*, éd. Michel Delon, Gallimard, Bibliothèque de la Pléiade, 1990−1998, 3 vol.

Saint-Hilaire (Etienne Geoffroy), *Principes de philosophie zoologique*, 1830.

Saint−Hilaire (Isidore Geoffroy), *Histoire générale et particulière des anomales de l'organisation chez l'homme et les animaux ou traité de tératologie*, Bruxelles, Hauman, 1837, 3 vol.

Stahl (Georg−Ernst), *Œuvres médico−philosophiques et pratique*s, trad. par T. Blondin, Paris, J.−B. Baillère, 1859−1863, 6 vol.

Swammerdam (Jan), *Histoire générale des insectes*, Utrecht, Guillaume de Walcheren, 1682.

Voltaire, *Œuvres complètes*, éd. E. Moland, Paris, Garnier Frères, 1878, 52 vol.

■ 18세기 괴물에 관련한 연구 문헌

이충훈, "Réflexion sur les monstres et l'écriture réflexive chez Montaigne", 프랑스학회, n° 64, 2013, pp. 281-307.

───「형상과 기형 ─ 디드로의 회화이론과 미학 사상 연구」, 불어불문학연구, n° 90, 2012 여름, pp. 285-311.

───「문학속의 악, 악의 문학: 사드의 쥐스틴 연작 연구」, 프랑스어문교육, n° 49, 2015년, pp. 433-462.

───「디드로 후기 저작에 나타난 운명론」, 프랑스어문교육, n° 50, 2015 가을, pp. 197-236.

─── "Monstre condamné, monstre plaidé: une étude sur le concept "monstres" chez Rousseau", 불어불문학연구, n° 105, 2016 봄, pp. 59-84.

─── "La polémique entre Maupertuis et Diderot", 불어불문학연구, n° 114, 2018 봄, pp. 263-289.

───「무두인과 쌍두인: 디드로 소설의 기형학적 접근」, 불어불문학연구, n° 115, 2019, pp. 141-179.

─── "Le mulet est ─ il un monstre? Etude sur la controverse entre Buffon et Bonnet", 프랑스어문교육, n° 65, 2019년, pp. 125-151.

이찬웅, 『들뢰즈, 괴물의 사유』, 이학사, 2020.

Ancet (Pierre), *Monstre, handicap et tératologie. Essai sur l'ombre du corps*, Paris, PUF, 2006.

Baltrusatis (Jurgis), *Réveils et prodiges*, Paris, Flammarion, 1988.

Beck (William), *Montaigne et Paré: leurs idées sur les monstres*, Rinascimento, Firenze, seconda serce, vol. XXX, 1990, pp. 317-342.

Callot (Emile), *La Philosophie de la vie au XVIIIᵉ siècle*, Paris, Editions Marcel Rivière et Cie, 1965.

Cassirer (Ernst), *La Philosophie des Lumières*, trad. par Pierre Quillet, Paris, Fayard, 1966.

Céard (Jean), *La nature et les prodiges. L'insolite au XVIᵉ siècle en France*, Genève, Droz, 1977.

Cherni (Amor), *Epistémologie de la transparence,* Paris, Vrin, 2000.

───── *Diderot. L'ordre et le devenir*, Genève, Droz, 2002.

Dagron (Tristant), "Les Etres contrefaits d'un monde malade. La Nature et ses monstres à la Renaissance: Montaigne et Vanini", *Seizième siècle*, n° 1, 2005, pp. 289-311.

Delon (Michel), *L'Idée d'énergie au tournant des Lumières (1770-1820)*, Paris, PUF, 1988.

———— *Diderot, cul par —dessus tête*, Paris, Albin Michel, 2013.

Duchesneau (François), *La Physiologie des Lumières, emprisime, modèles, théories*, The Hage, Nijhoff, 1982.

———— *Les Modèles du vivant de Descartes à Leibniz*, Vrin, 1998.

Favre (Robert), *La Mort au siècle des Lumières*, Presses Universitaires de Lyon, 1978.

Fink (Béatrice) et Stenger (Gerhardt) (et al.), *Etre matérialiste à l'âge des Lumières. Hommage offert à Roland Desné*, Paris, PUF, 1999.

Flourens (Pierre), *De l'unité de composition*, Paris, 1865.

Foucault (Michel), *Les anormaux,* Paris, Seuil, 1999.

Freud (Sigmund), *Œuvres complètes*, Gallimard, 1989–2015, 20 vol.

Girons, Baldine Saint, *Fiat Lux. Une philosophie du sublime*, Paris, Quai Voltaire, 1993.

———— *Les Monstres du sublime. Victor Hugo, le génie et la montage*, Paris, Editions Paris–Méditerranée, 2005.

Guyénot (Emile), *Les Sciences de la vie aux XVIIe et XVIIIe siècles. L'idée d'évolution*, Paris, Albin Michel, 1941.

Ibrahim (Annie) (et al.), *Qu'est—ce qu'un monstre?*, PUF,

2005.

Jeanneret (Michel), *Perpetuum mobile. Métamorphoses des corps et des œuvees de Vinci à Montaigne*, Macula, 1997.

Kearney (Richard), 『이방인, 신, 괴물(*Strangers, gods and monsters*)』, 이지영 역, 개마고원, 2004.

Lascault (Gilbert), *Le monstre dans l'art occidental*, Paris, Klincksieck, 2004.

Martin (Ernest), *Histoire des monstres*, Grenoble, Jérôme Millon, 2002.

Mathieu–Castellani (Gisèle), "La séduction du monstre. Méduse, Hermaphrodite, chimères et monstres fantasques", in *La beauté et ses monstres dans l'Europe baroque 16e–18e siècle*, sous la dir. Line Cottegnies, Tony Gheeraert, Gisèle Venet, Paris, Presses Sorbonne Nouvelle, 2005, pp. 93–112.

Moreau (Denis), *Deux cartésiens. La polémique entre Antoine Arnaud et Nicolas Malebranche*, Vrin, 1999.

Metzger (Hélène), *Newton, Stahl, Boerhaave et la doctrine chimique*, Alcan, 1930.

Perrin (Jean–François), *Politique du Renonçant. Le dernier Rousseau des Dialogues aux Rêveries*, Paris, Eds. Kimé, 2011.

Quintili (Paolo), *Matérialismes et lumières. Philosophies de la vie, autour de Diderot et de quelques auteurs 1706−1789*, Paris, Honoré Champion, 2009.

────── *Pensée critique de Diderot. Matérialisme, science et poésie à l'âge de l'Encyclopédie (1742−1782)*, Paris, Honoré Champion, 2016.

Rey (Roselyne), *Naissance et développement du vitalisme en France de la deuxième moitié du XVIIIᵉ siècle à la fin du Premier Empire*, Oxford, SVEC, 2000.

Roger (Jacques), *Les Sciences de la vie dans la pensée française au XVIIIᵉ siècle*, Paris, Albin Michel, 1993.

Roux (Olivier), *Monstres. Une histoire générale de la tératologie des origines à nos jours*, Paris, CNRS, 2008.

Starobinski (Jean), *J.−J. Rousseau. La Transparance et l'obstacle*, Gallimard, 1971.

────── *Le Remède dans le mal. Critique et légitimation de l'artifice à l'âge des Lumières*, Gallimard, 1989.

────── *Action et Réaction. Vie et aventures d'un couple*, Editons du Seuil, 1999.

────── *Diderot, un diable de ramage*, Gallimard, 2012.

Stead (Evanghélia), *Le monstre, le singe et le fœtus*, Genève,

Droz, 2004.

Sticker (Henri–Jacques), *Les fables peintes du corps abîmé. Les images de l'infirmité du XVIe au XXe siècle*, Paris, Cerf, 2008.

Tort (Patrick), *L'ordre et les monstres. Le débat sur l'origine des déviations anatomiques au XVIIIe siècle*, Paris, Eds. Syllepse, 1998.

Vernière (Paul), *Spinoza et la pensée française avant la Révolution*, Paris, PUF, 1982.

Wolff (Etienne), *La science des monstres*, Paris, Gallimard, 1948.

Zanconato (Alessandro), *La dispute du fatalisme en France: 1730–1760*, Paris, PU Paris–Sorbonne, 2006.

Dictionnaire européen des Lumières, sous la dir. de Michel Delon, PUF, 1997.

이충훈 서강대학교 불어불문학과를 졸업하고 같은 학교 대학원에서 불문학을 공부했다. 프랑스 파리 제4대학에서 『단순성과 구성: 루소와 디드로의 언어와 음악론 연구』로 문학박사 학위를 받았다. 현재 한양대학교 프랑스학과 부교수이다. 디드로의 『미의 기원과 본성』, 『백과사전』, 『듣고 말하는 사람들을 위한 농아에 대한 편지』, 『자연의 해석에 대한 단상』, 장 스타로뱅스키의 『장 자크 루소. 투명성과 장애물』, 사드의 『규방철학』, 모페르튀의 『자연의 비너스』 등을 번역했고, 『우리 시대의 레미제라블 읽기』, 『18세기 도시』를 공동으로 펴냈다.

자연의 위반에서 자연의 유희로

초판 1쇄 발행 2021년 4월 23일

지은이 이충훈 | 펴낸이 조기조
펴낸곳 도서출판 b | 등록 2003년 2월 24일 제2006-000054호
주소 08772 서울특별시 관악구 난곡로 288 남진빌딩 302호
전화 02-6293-7070(대) | 팩시밀리 02-6293-8080
홈페이지 b-book.co.kr | 이메일 bbooks@naver.com

ISBN 979-11-89898-49-6 93160
값 18,000원

* 이 저서는 2017년 정부(교육부)의 재원으로 한국연구재단의 지원을 받아 수행된 연구임
  (NRF-2017S1A6A4A01022110).
* 이 책 내용의 일부 또는 전부를 재사용하려면 도서출판 b의 동의를 얻어야 합니다.
* 잘못된 책은 구입하신 곳에서 교환해드립니다.